AÑOS CRÍTICOS: DEL CAMINO DE LA ACCIÓN AL CAMINO DEL ENTENDIMIENTO

COLECCIÓN CUBA Y SUS JUECES

EDICIONES UNIVERSAL, Miami, Florida, 1996

ENRIQUE ROS

AÑOS CRÍTICOS:
DEL CAMINO DE LA ACCIÓN AL CAMINO DEL ENTENDIMIENTO

© Copyright 1996 by Enrique Ros

Derechos de autor, ©, por Enrique Ros. Todos los derechos son reservados. Ninguna parte de este libro puede ser reproducida o transmitida en ninguna forma o por ningún medio electrónico o mecánico, incluyendo fotocopiadoras, grabadoras o sistemas computarizados, sin el permiso por escrito del autor, excepto en el caso de breves citas incorporadas en artículos críticos o en revistas. Para obtener información diríjase a Ediciones Universal.

Primera edición, 1996

EDICIONES UNIVERSAL
P.O. Box 450353 (Shenandoah Station)
Miami, FL 33245-0353. USA
Tel: (305)642-3234   Fax: (305)642-7978

Library of Congress Catalog Card No.: 96-86701

I.S.B.N.: 0-89729-814-4

Composición de textos por María Cristina Zarraluqui

Diseño de la portada por Eduardo Fiol

ÍNDICE

PRÓLOGO 9

LA ZIGZAGUEANTE POLÍTICA DE KENNEDY HACIA CUBA 13

CAPÍTULO I *EL CAMINO DE LOS CAMPAMENTOS* 15
   CONSTRUCCIÓN DE LAS BASES /18. SE COMPRAN LAS ARMAS /23. DECLARACIONES INDISCRETAS /25. LOS CAMPAMENTOS: TEMA DE DEBATE PÚBLICO /27.

CAPÍTULO II *EL CAMINO DE LA ACCIÓN* 29
   ATAQUES AL LGOV Y AL BAKU /30. CASTRO ATACA Y DA EXPLICACIONES /33. MARZO DE 1963. SE CUBRE DE SANGRE EL SUELO CUBANO /35. ESCALADA MILITAR PARA EL 13 DE MARZO /37. CAYO ANGUILA I /42. ACCIONES POR LA LIBRE /48. LA EXTRAÑA AVENTURA DE NEW ORLEANS /50. LOS "COMPROMISOS CONTRAÍDOS" SE PONEN EN VIGOR /52. CONTINÚA EL ESCABROSO CAMINO DE LA ACCIÓN /55. EL MIRR SE REACTIVA /56. UNA OPERACIÓN DE INFILTRACIÓN /59. NUEVA OPERACIÓN DE INFILTRACIÓN /61. LA OPERACIÓN DEL REX: EN BUSCA DE INFORMACIÓN /64.

CAPÍTULO III *EL CAMINO HEMISFÉRICO* 68
   1963 Y LA "UNIDAD" CUBANA /68. DE NUEVO, "LAS ARMAS DEFENSIVAS" /69. CASTRO VIAJA A MOSCÚ /72. CRISIS DEL CONSEJO REVOLUCIONARIO. RENUNCIA MIRÓ /75. LA RENUNCIA DE JOSÉ MIRÓ CARDONA /75. "LA UNIDAD". CONVERSACIONES PARA TRATAR DE ALCANZARLA /79.

CAPÍTULO IV *EL CAMINO DEL SABOTAJE* 84
   PROGRAMA DE CUATRO PUNTOS /85. IRRITAR, PERO NO DERROCAR /86

CAPÍTULO V *EL CAMINO DE LA LIQUIDACIÓN FÍSICA* 90
   LA "ACCIÓN EJECUTIVA" /93. RIDÍCULOS PLANES CON LA MAFIA /94. LOS PRIMEROS INTENTOS CON CUBELA /95. UNA MIRADA RE-

TROSPECTIVA /99. ROBERT KENNEDY ESTABA INFORMADO /102. DISTANCIAMIENTO DE McCONE. LA MUERTE DE DIEM /103

CAPÍTULO VI *EL CAMINO DEL ENTENDIMIENTO*............................ 106
DE ÁFRICA LLEGA UN MENSAJE /110. LA VERSIÓN DE CARLOS LECHUGA /114. UN NUEVO MENSAJERO /115. LAS PALABRAS DEL PRESIDENTE /117. CONVERSACIONES CON CASTRO /118

CAPÍTULO VII *LA MUERTE DEL PRESIDENTE KENNEDY*............... 122
CASTRO CULPA A LA EXTREMA DERECHA /122. LAS EVIDENCIAS APUNTAN HACIA LA IZQUIERDA /124. LA COMISIÓN WARREN /127. LA CIA INVESTIGA LA CONEXIÓN CASTRISTA /128. PESQUISAS E INFORMES DEL FBI /129. ENORME RESISTENCIA A INVESTIGAR LA CONEXIÓN DE CASTRO /133. LO QUE NO CONOCIÓ LA COMISIÓN WARREN /136. INFORME DEL INSPECTOR GENERAL /138. COMPLICAN A UN CUBANO EN LOS PLANES /140

CAPÍTULO VIII *PULSANDO EL TEMPLE DE JOHNSON*.......................144
UN DESASTRE NATURAL QUIEBRA LA "SOLIDARIDAD" SOCIALISTA /144. KENNEDY Y LA TRANSICIÓN KENNEDY-JOHNSON /145. 1964: UN AÑO QUE MAL COMIENZA /148. CUBA SANCIONADA POR LA OEA /151. JOHNSON MARGINA A BOBBY KENNEDY /152.

CAPÍTULO IX *EL JUICIO DE MARCOS (MARQUITOS) RODRÍGUEZ*.. 155
SE INICIA EL JUICIO EN LA AUDIENCIA /158. LAS PRIMERAS DECLARACIONES DE FAURE CHOMÓN /159. CARTA DE FIDEL CASTRO AL "COMPAÑERO BLAS" /161. EL JUICIO DE APELACIÓN /164. ORDOQUI Y LA VIEJA GUARDIA EN EL BANQUILLO /167. LA "CINTA MAGNETOFÓNICA" DEL PRESIDENTE DORTICÓS /170. CASTRO, TESTIGO ESTELAR /173. LA LEY DE SATURNO /177

CAPÍTULO X *ACCIONES INTERNAS Y ACCIONES COMANDOS*.... 179
LA PEQUEÑA FUERZA AÉREA DE LOS CAMPAMENTOS /180. ATAQUE AL CENTRAL PILÓN /182. EL JURE Y MANOLO RAY /183. FELIPE VIDAL SANTIAGO. EL MÁRTIR IGNORADO /185. TRES MÁRTIRES CAMAGÜEYANOS /186. LA OEA PARECE AVIVARSE /188. SANCIONES A CUBA /189. PROSIGUE LA ACCIÓN EN CUBA /191. OTRA VEZ, NEW ORLEANS /192

CAPÍTULO XI *EN LAS PRISIONES DE CASTRO*............................ 194
CONSPIRACIONES INFILTRADAS /195. MANOLO VIERA. AGENTE DOBLE /196. JOSÉ LUIS (EL PORTUGUÉS) /200

CAPÍTULO XII *SERIOS PROBLEMAS EN LOS CAMPAMENTOS*..... 202
LA MUERTE DE ROBERTO TRUJILLO RODRÍGUEZ /206. BASES EN REPÚBLICA DOMINICANA /208. REUNIÓN CON REID CABRAL /210.

OPERACIÓN RESCATE Y OPERACIÓN CARLAY III /212. RINDE HONORES EL COMODORO DOMINICANO A LA GUERRA NAVAL CLANDESTINA /212. OTRAS BASES /213. EL SIERRA DE ARANZAZU. COSTOSÍSIMO ERROR /214. CONTINÚA LA ACCIÓN /220. CONFERENCIA DE LOS PARTIDOS COMUNISTAS EN CUBA /220. ACCIONES Y DOCUMENTOS /221

CAPÍTULO XIII *DISTANCIAMIENTO DE CUBELA* 223

DEL TRÓPICO HACIA EUROPA /224. ENTRA ARTIME EN ESCENA /227. INDISCRECIONES DE CUBELA /229. INDISCRECIONES DE ARTIME /231. CONVERSACIONES CON CUBELA /231. HABLAN ARTIME Y CUBELA /234. CUBELA, SUS CONTACTOS EN EUROPA Y SU JUICIO /237

CAPÍTULO XIV 239

DESEMBARCO Y DETENCIÓN DE ELOY GUTIÉRREZ MENOYO /240. LOS CAMPAMENTOS, DE NUEVO, TEMA DE DEBATE PÚBLICO /242. UNA UNIDAD QUE NO FUNCIONA /244. SIGUE LA ACCIÓN /246. CONDUCTA IMPROPIA. LA UMAP /247. AUMENTAN LAS DIFICULTADES /249

CAPÍTULO XV *REPÚBLICA DOMINICANA: NO SERÁ OTRA CUBA* .. 250

ESTALLA LA CRISIS DOMINICANA /250. CASTRO Y EL PSP DOMINICANO /250. EL GENERAL ELIAS WESSIN WESSIN /252. EL CORONEL FRANCISCO CAAMAÑO /252. LA BATALLA DEL PUENTE DUARTE /253. WASHINGTON CALIBRA LA SITUACIÓN DOMINICANA /254. NO SE PERMITIRÁ OTRA OPERACIÓN CASTRISTA /257. LA ONU: CAJA DE RESONANCIA PARA CASTRO /258

CAPÍTULO XVI *LIQUIDACIÓN POLÍTICA DE ERNESTO GUEVARA* ... 261

SE VAN DISTANCIANDO CASTRO Y EL CHÉ /261. LAS RELACIONES CHINO-SOVIÉTICAS HACEN CRISIS /264. GUEVARA EN LAS NACIONES UNIDAS /266. HACIA EL CORAZÓN DE ÁFRICA /269. EL VIAJE VEDADO /271. CHÉ GUEVARA: UN CADÁVER POLÍTICO /276. DESAPARECEN NOMBRE Y FIGURA /278. LA CARTA SIN FECHA DE GUEVARA /281. SE QUIEBRAN LAS RELACIONES CHINO-CUBANAS /283. LA MUERTE DEL CHÉ, UN ALIVIO PARA CASTRO /285

CAPÍTULO XVII *CAMARIOCA Y LOS VUELOS DE LA LIBERTAD* .. 286

OCTUBRE DE 1965. MES CRÍTICO PARA EL RÉGIMEN /286. CAMARIOCA /287. LLEGAN LOS PRIMEROS BARCOS /288. JOHNSON Y LA CIA. CAMBIOS EN LA AGENCIA CENTRAL. /291. INTENTOS DE ASESINATOS, SU EJECUCIÓN O FRACASO, PASOS EN LA DIVULGACIÓN DE LOS MISMOS /293. SE PUBLICA EL REPORTE FINAL /294 LA "TEORÍA DEL DOMINÓ" EN EL SURESTE ASIÁTICO Y "LA VITRINA" PARA CUBA /295.

BIBLIOGRAFÍA 298

ENTREVISTAS 301

ANEXOS 302

MIEMBROS DE LA BRIGADA 2506 QUE TERMINARON EL CURSO ESPECIAL DE ADIESTRAMIENTO EN LA ACADEMIA MILITAR DE FORT BENNING, GEORGIA, EN 1963 **/302**. LISTA PARCIAL DE LOS CUBANOS ENTRENADOS EN FORT JACKSON, SOUTH CAROLINA, EN 1963 **/305**. AGENCIA CENTRAL DE INTELIGENCIA (CIA). DEL MONCADA AL MARIEL **/306**.

ÍNDICE ONOMÁSTICO 307

PRÓLOGO

En 1894, en Francia, el oficial francés de carrera Alfred Dreyfus, fue acusado falaz e injustamente de pasar o revelar secretos militares al alto mando de los ejércitos alemanes. Su condena, el resultado de un juicio en donde se torcieron los principios de justicia procesal, fue a trabajos forzados en la Isla del Diablo. Dreyfus había sido la víctima, o el "chivo expiatorio", de un grupo de altos oficiales franceses en donde es posible que se encontraran los verdaderos culpables de tan alto crimen.

El "Asunto Dreyfus," como se dio en llamar a este caso, no se vino a resolver hasta 1906 cuando después de una gran campaña del escritor Emile Zola, un tribunal de casación, después de revisar las pruebas llenas de falsedades, perjurios y falsificaciones, exoneró por fin a Dreyfus restituyéndole en su cargo y rango militar. La verdad y la justicia por fin se habían impuesto a la mentira y a la calumnia. El "Asunto Dreyfus", sin embargo, por más de tres décadas dividió profundamente a Francia causando extensos estragos morales en la fe que el pueblo francés, especialmente su juventud, había depositado en sus instituciones y militares. Sus fatales consecuencias se hicieron sentir hasta en el desastre militar de 1940.

El caso de Cuba bajo el brutal y despiadado régimen comunista de Fidel Castro es el "Asunto Dreyfus" de nuestro Hemisferio Occidental. La libertad de Cuba, como la exoneración del oficial Dreyfus, por los últimos 37 años, se ha encontrado encadenada a la mentira y a la falacia. Todo comenzó con las patrañas mal intencionadas de Herbert Mathews en 1957, cuando Castro aún estaba en la Sierra Maestra. Esta fue la Leyenda del Robin Hood cubano. Después surgió la "Leyenda Roja" con la cual, para justificar los excesos que Castro cometía contra la nación cubana y su traición a la lucha del pueblo de Cuba contra Batista, se presentó a Cuba y a su población como pobre, miserable y degradada por amos extranjeros en los que, por supuesto, sobresalía el "coloso del norte". El poder de esta leyenda que hacía de Castro el redentor de un pueblo aherrojado por el imperialismo norteamericano, se evidencia al verla repetida nada menos que en los labios del mismo presidente John F. Kennedy quien, en uno de sus intentos por encontrar un acomodo con el tirano cubano, le mandaba a decir que comprendía muy bien su lucha ya que ¡¡¡"yo creo que no existe un país en el mundo, incluyendo los de las regiones africanas, y todos aquéllos bajo dominación colonial, donde la colonización económica, la humillación y la explotación hubieran sido peores que en Cuba, en parte debido a la política de mi país...."!!! El presidente Kennedy, que había visitado a Cuba años antes de la victoria castrista y que conocía muy bien la situación económica, social, y cultural del país era otra increíble víctima de la Leyenda Roja.

Las falsedades, como hidra insaciable, continuaron multiplicándose con el desastre de Bahía de Cochinos y la resolución de la Crisis de los Cohetes en 1962, que en lo que respecta a Cuba se le llama el "Acuerdo Kennedy-Kruschev." En el primer caso las falacias se inventaron para ocultar la desidia e inepta incapacidad del presidente Kennedy en llevar la operación a una conclusión exitosa. En el segundo, para tapar y justificar un acuerdo que de hecho, patentemente cruel, condenó al pueblo de Cuba a vivir sometido a la tiranía más rapaz y sanguinaria que ha presenciado el hemisferio occidental.

Conciente de que en todo este proceso la verdadera voz del pueblo de Cuba, la víctima, el de adentro y el de la diáspora, ha sido silenciada por el coro de una extraña e irónica coalición a ambos lados del estrecho de la Florida, que por sus propios y diferentes intereses teme a la verdad, muchos cubanos se han alzado, pluma en mano, para sacar a flote la verdad. Uno de estos es Enrique Ros, quien conciente de la vieja sabiduría que dice "solamente la verdad nos hará libre" se ha lanzado a desfacer los entuertos en el "Asunto de Cuba".

El presente volumen es la lógica secuela a sus dos recientes estudios intitulados "Girón: La Verdadera Historia", publicado en 1994, y "De Girón a la Crisis de los Cohetes: La Segunda Derrota", en 1995. En este nuevo estudio, una vez más, Ros saca a la luz una serie de preciosísimos documentos que hasta fechas muy recientes se hallaban clasificados en archivos oficiales norteamericanos. Con ellos en la mano, Ros retoma el via-crucis cubano desde la Crisis de los Cohetes, en 1962, hasta la caída en desgracia en Cuba del desastrado aventurero internacional Ernesto "Ché" Guevara, y los llamados "Vuelos de la Libertad".

Con una técnica historiográfica que nos recuerda a las páginas sesudas, incisivas y afiladas de un Tucídides, o de un Tácito describiéndonos el horror moral de los tiempos de Nerón, Ros va desgranando ante el lector los pasos vacilantes y llenos de duplicidades de los hermanos Kennedy en su política para con Cuba, que después de la Crisis de los Cohetes fluctuaban, de espaldas al pueblo de Cuba y su libertad, de la eliminación a un bochornoso acomodamiento con Castro. Algunos de los capítulos más interesantes son: los de los campamentos militares de los exiliados cubanos y sus relaciones con las administraciones norteamericanas; los de la muerte de Kennedy, y el extraño caso de un cubano que al retortero del asesinato, saliera de Tampa, pasara a Texas, y de aquí desapareciera por Méjico: el caso de Cubela y su planeado atendado contra Fidel Castro; y la liquidación política de Guevara en Cuba que Ros, paso a paso, y de documento en documento, magistralmente le va relatando al lector.

También es preciso indicar que Ros, a través de todas sus páginas, hace una verdadera contribución a la verdad histórica al destacar lo que los cubanos anticastristas por esos desesperados años, dentro y fuera de Cuba, abandonados y en contra de todo y todos, hacían por derrocar al tirano. Con esto se destruye otra falacia. Aquella que esparció por todo el mundo de que el cubano, por su falta de rebelión, otorgaba su asentimiento y consentimiento al régimen de Castro. Por las páginas de Ros van cayendo y siendo borrados del libro de la vida frente al paredón de fusilamiento, con una espeluznante monotonía, cientos y cientos de cubanos que no estaban conformes a vivir sumidos en oprobio y en afrenta. Tanto se empeña el autor en no olvidarse de ningún nombre para estas víctimas que el lector no puede dejar de pensar que con esta sangrienta narración se recuerda, con fe y aliento para un futuro no distante, aquello que dijera Kierkegaard de que "si cuando muere el tirano cesa su mandato, cuando muere el mártir comienza el suyo".

Este libro debe ser de lectura imprescindible no sólo para los cubanos, víctimas directas de la bárbara tiranía de Castro, sino también para todos aquéllos que en este planeta se preocupan por la libertad y la dignidad del ser humano, dondequiera que éste se encuentra. Y por la imprescindible y ansiada verdad en el "Asunto de Cuba", la verdad que, aherrojada por las mentiras de 37 largos años, han impedido la libertad a todo el pueblo de Cuba, a ambos lados del Muro del Agua, ese estrecho que ya para siempre será conocido como el Corredor de la Muerte.

Manuel Márquez-Sterling
Plymouth, New Hampshire
Julio, 1996

LA ZIGZAGUEANTE POLÍTICA
DE KENNEDY HACIA CUBA

Al trazar su política hacia Cuba las distintas administraciones norteamericanas tratan de ceñirse a un programa de acción, o de posibilidades, delineado, a ese efecto por la propia administración.

Así, hemos visto como, durante la administración del General Dwight Eisenhower, la política llevada a cabo estaba enunciada en "el Programa de Acción Encubierta contra el Régimen de Castro", al que hicimos amplia referencia en la obra "Girón: La Verdadera Historia". Fueron los cambios que, a aquel programa, realizó el Presidente Kennedy lo que condujo al fracaso de Girón.

En el período que siguió a la frustrada invasión del 17 de abril de 1961, la política a seguir fue trazada en otro documento —por supuesto, secreto y así clasificado durante más de 30 años— que recibió el nombre de "Operación Mongoose".[1] Era un proyecto fantasioso, absurdo, como absurda fue la política del Presidente Kennedy hacia Castro que concluyó en la vergonzosa claudicación de octubre de 1962.

Las nuevas relaciones que surgen con posterioridad, y como consecuencia de la Crisis de los Cohetes, entre un presidente norteamericano que sabe, aunque el pueblo lo ignora, que ha claudicado ante la Unión Soviética, y un Fidel Castro que ha sido ignorado por su socio y protector soviético, aparecen delineadas en dos memorándums que —como los anteriores— habrán de permanecer secretos durante más de una treintena de años.

La política que llevará a cabo el Presidente Kennedy, con las vacilaciones propias de su débil caracter, está expresada en el memorándum de enero 4 de 1963 y en el de abril 21 del propio año. Tan temprano como enero 4 de 1963 —pocas semanas después de la salida de los cohetes nucleares de Cuba—

---

[1] Ver amplios detalles de "la Operación Mongoose" en la obra "De Girón a la Crisis de los Cohetes: La Segunda Derrota", del autor.

McGeorge Bundy había propuesto al Presidente Kennedy que se explorara la posibilidad de comunicarse con Castro. El memorándum de abril 21, en papelería de la Casa Blanca —clasificado como secreto hasta el 21 de diciembre de 1993— hace mención, con total desnudez, a las antagónicas alternativas que J.F.K., permanentemente hasta su muerte, estará barajando: una "solución no-comunista en Cuba, *por todos los medios necesarios*", y "el desarrollo gradual de un *acomodo* con Castro".

Son documentos que plantean, con descarnada crudeza, los opuestos caminos que, simultáneamente, se habrán de recorrer. Sólo conociendo estos dos escritos podemos comprender con claridad, aunque lamentándola, la zigzagueante política de John F. Kennedy hacia Cuba hasta el momento de su muerte en Dallas, Texas. Vacilante política que luego fue seguida, en lo que a Cuba se refiere, por su sucesor.

Mientras en los fríos y aislados salones de Washington, sin el asesoramiento de un solo cubano, se elaboran planes —infantiles unos; los más, criminales hacia los abnegados combatientes— en la isla se lucha sin descanso.

En esta cruenta y prolongada lucha los cubanos han combatido con abnegación y heroísmo. Este libro es un homenaje de recordación y reconocimiento a los miles de cubanos que en acciones heroicas ofrendaron sus vidas, ignorantes de la duplicidad de un aliado nada confiable.

CAPÍTULO 1

EL CAMINO DE LOS CAMPAMENTOS

Dos hechos, de signos opuestos, coinciden en el tiempo: la bochornosa tramitación de la Crisis de Octubre y la libertad de los miembros de la Brigada 2506, encarcelados desde la frustrada invasión del 17 de abril del pasado año.

La Crisis se soluciona —luego de las entrevistas y concesiones de Robert Kennedy con el Embajador Soviético Dobrynin, que por tantos años estuvieron ocultas al juicio de la historia— el 27 de octubre de 1962 con el compromiso del Presidente Kennedy de retirar los cohetes Júpiter de Turquía e Italia y de no permitir ataques a Cuba desde los Estados Unidos ni desde otras naciones del hemisferio. Los brigadistas, tras largas negociaciones que nada tuvieron que ver con las que le pusieron fin a la Crisis de los Misiles, comienzan a llegar a tierras de libertad la noche del 23 de diciembre.

En abril había arribado un grupo de brigadistas. Eran los heridos, mutilados o enfermos. Entre éstos venía Enrique Ruiz Williams, ingeniero, graduado de la Escuela de Minería de la Universidad de Colorado. Herido en combate, Harry fue designado vocero de la Brigada 2506 cuando el grupo de 54 heridos llegó a Miami "considerándose a sí mismos como prisioneros de guerra hasta que el último fuese liberado". Lo espera otro joven brigadista que había recibido, en Fort Belvoir, Virginia y Fort Benning, Georgia, entrenamiento militar. Roberto San Román había formado parte de aquel "barco de la muerte" que en horas de la tarde del miércoles 19 de abril había salido de Girón con 22 hombres a bordo, sin agua, sin comida, y quince días después, fue avistado y recogido cerca de New Orleans. Sólo 12 de aquellos 22 hombres sobrevivieron. Uno de ellos era Roberto San Román.

Apenas restablecido de la intensa deshidratación, San Román había sido citado para testificar ante la Décimo Sexta Sesión de la Comisión Taylor[2] el 17 de mayo de 1961. Es, aquélla, una de las más extensas sesiones. Robert Kennedy es quien lleva el peso de la investigadora Comisión. El tiempo transcurrido analizando y discutiendo un evento que, por distintas razones, a ambos apasiona, hace brotar una amistad entre el brigadista y el Fiscal General. Encuentran aficiones comunes, una de ellas la equitación. Robert Kennedy invitará a su homólogo a visitarlo en su rancho en Massachussett.

Cuando llega Ruiz Williams, junto con los demás heridos, lo espera en el aeropuerto Roberto San Román. Le tiene concertada a este ingeniero de minas educado en Estados Unidos, una entrevista con Robert Kennedy. Desde el propio aeropuerto llama a la oficina del Fiscal General y queda concertada la cita para dos días después. Apenas puede Ruiz Williams permanecer en Miami, en el Mercy Hospital, 48 horas. La entrevista de Ruiz y Roberto con Bobby se celebra en Washington el 6 de mayo de 1962. En aquel momento hablan de las negociaciones que se están efectuando para el canje de los brigadistas presos. Se van a producir nuevos contactos.

Transcurrirán seis meses. En los últimos días de diciembre, aprobadas ya las condiciones para el canje, Bobby Kennedy le manifiesta a Ruiz Williams y a Roberto San Román su interés de conocer a Manuel Artime cuando éste llegue a los Estados Unidos. En diciembre ya han quedado libres los combatientes de Girón.

Comienza enero y el que había sido Jefe Civil de la Brigada ya está en Washington hablando con el Fiscal General quien le esboza un plan: preparar un campamento para realizar acciones comandos. La idea del Fiscal era que fuese una operación totalmente independiente, con completa autonomía, no dirigida por la CIA, aunque la Agencia financiaría la operación. Los planes los desarrollarían los propios cubanos. Es ésta, al menos, la versión de Rafael (Chichi) Quintero persona de confianza de Artime y quien actuaba como su intérprete en todas las reuniones pero no, necesariamente, en ésta con Bobby Kennedy.

---

[2] La Comisión Taylor fue constituida por el Presidente John F. Kennedy para estudiar las causas del fracaso de la invasión del 17 de abril. (Ver Enrique Ros, "Girón: La Verdadera Historia").

Acompaña a Artime en algunas de estas reuniones Manolín Hernández[3] que ya residía en Washington. "Llegaron también Oliva y los San Román... cada uno tenía planes. Oliva se quitó; los San Román también. Sólo quedó Artime", expresa Manolín Hernández en extensa entrevista con el autor para este libro.

Esbozado el plan, Artime y Quintero van a la primera reunión. Durará tres días. Una con el experto en comunicaciones; otra con la persona a quien podrán acudir en lo relacionado con logística (los barcos que necesitarán, armas, etc.); la tercera con un oficial de mayor jerarquía —que se hará llamar Martín Ferrer—, que luego ocuparía una alta posición en el Departamento de Defensa.

La primera tarea era la de trasladarse a Nicaragua, Costa Rica y Venezuela en busca de apoyo, semioficial, a esta operación *cubana*. En Managua, Luis Somoza les ofrece todas las facilidades y los refiere al comandante Reinaldo Pérez Vega.[4] El contacto en Miami, recuerda Quintero, sería José Graham Alegrett.

Siguió Artime a Costa Rica a entrevistarse con el Presidente Francisco Orlich quien lo puso en contacto con su hermano Cornelio Orlich, Presidente de la Asamblea Legislativa. En Venezuela el gobierno ADECO se mostró más reacio y los contactos sólo pudieron establecerse con el secretario del Presidente Betancourt y nada pudo concretarse.

Se cuenta con fondos y se ordena la fabricación de dos barcos Swifts, cuya marca luego se hizo muy conocida. Quien va a estar al frente de estas embarcaciones será Ricardo Chávez (el

---

[3] José M. Hernández fue delegado alterno de Manuel Artime en el Frente Revolucionario Democrático (FRD). Luego del desastre de Girón se trasladó a Washington donde volvió a unirse a Artime cuando éste visitó la capital en enero de 1963 para entrevistarse con Bobby Kennedy.

[4] Reinaldo Pérez Vega ascendería con los años a General y moriría asesinado el 8 de marzo de 1978 en una acción preparada por Nora Astorga, quien luego moriría de cáncer.

Mexicano)[5], quien recibirá su entrenamiento en New Ovrleans, junto con Santiaguito Álvarez.

El próximo paso sería la localización de los sitios más convenientes para las bases. Para el gobierno de Costa Rica, los primeros meses de 1963 van a ser tiempos difíciles para eludir el escudriño de su territorio por corresponsales extranjeros. San José sería la sede de la Conferencia de Presidentes Centroamericanos con el mandatario norteamericano que se celebraría el 19 de marzo. Ya, desde muchos días antes, corresponsales de la prensa norteamericana y del continente comenzaban a indagar si la conferencia, que había estado precedida una semana antes con otra reunión de los cancilleres de las naciones centroamericanas, tendría vinculación con algún tipo de decisión o acción regional relacionada con Cuba.

El domingo 17 de marzo comienzan a llegar a la capital tica los presidentes centroamericanos. Arriba Ramón Ydígoras Fuentes; minutos después Roberto F. Chiari, y luego Ramón Villeda Morales, de Honduras. Más tarde Julio A. Rivera, de El Salvador. El último en llegar es Luis Somoza que viene acompañado del Presidente electo René Schick. Al día siguiente llegará John F. Kennedy.

Más de 200 mil costarricenses se congregan para darle una calurosa recepción al presidente norteamericano, en apreciable contraste con el formal recibimiento ofrecido a los presidentes de la región.

CONSTRUCCIÓN DE LAS BASES

Pero no se detienen los planes para la construcción de las bases. Tres estarán en Costa Rica; dos en Nicaragua.

La primera, que llamarán Base Francisco —recuerda Manolín Hernández—, estaba en una finca de Yoyo Quirós, también miembro de la Asamblea Popular de Costa Rica. Era un sitio aislado,

---

[5] Ricardo Chávez fue hombre de acción en el MRR. Ver amplios detalles del Mexicano Chávez en la obra "De Girón a la Crisis de Octubre: La Segunda Derrota" de Enrique Ros.

escondido en la selva, que contaba con una pista muy peligrosa donde se tiraba un Cessna 180, pero muy pequeña para un DC-3. Colindaba con un pequeño río, El Caño de la Suerte, con varios afluentes, uno de los cuales conducía a la base. Se navegaba en cayucos, construidos de un tronco de árbol e impulsados con un motor portátil. La población más cercana era Tortuguero, nombre por el que muchos llamaban la base y que le servía de punto de acceso a la misma. El primer jefe de la Base Francisco fue Adolfito Jiménez; luego, Hatuey Infante.

La segunda base en Costa Rica, denominada Base Guillot, serviría como centro de entrenamiento a los teams de infiltración. Se construye en la finca de Cornelio, el hermano de Orlich, cerca de la carretera que une al pueblo más cercano, Sarapiquí, con San José. Segundito Borges era el Jefe de Operaciones y Julio Yáñez el jefe Militar de la Base. Junto a ellos: Luis Grillo, Armando Caballero y Humberto López que fueron de los primeros en incorporarse.

El terreno había sido explorado por Luis Arrizurieta[6] que ya desde agosto (1963) había llegado de San José y estará a cargo, por su experiencia contable, de la administración de los fondos.[7]

El campamento de Sarapiquí contaría con una seis casetas y una nave grande. La base se encontraba en la afluencia de dos ríos: El Río Sucio y el Río Sarapiquí.

Se impartiría un entrenamiento total: guerra irregular, guerra de guerrilla, guerra suburbana, explosivos, demolición, sabotaje, armamentos (armas muy variadas: no sólo las norteamericanas,

---

[6] Luis Arrizurieta, que militaba en el MRR clandestino, había abandonado la isla el 30 de diciembre de 1960, en un pequeño bote, con Rafael Villavicencio, que era teniente del Ejército Rebelde en Las Villas, y Osvaldo Cabrera Docal, antiguo capitán de la columna de Huber Matos. Los tres ingresarían en los campamentos de Guatemala en la primera semana de abril de 1961 y formarían parte del batallón 6 que desembarcó en Playa Girón.

[7] La cuenta, a nombre de Luis A. Sardiña, como empresa dedicada a la explotación maderera, estaba abierta en el Banco Agrícola de San José. Transfería fondos a la "Marítima BAM" (iniciales invertidas de Manolo Artime) desde donde se administraban los fondos para la operación de Nicaragua.

Se inicia la construcción de la base Francisco, cerca de la población de Tortuguero, Costa Rica, nombre por el que la base sería más conocida.

Un aspecto de la base enclavada en Tortuguero. A la derecha, José M. (Manolín) Hernández quien, días después, viajaría a Europa para adquirir armas.

Dormitorios de la base "Zenón Viera", en "Monkey Point", Nicaragua. La construcción de la base estuvo a cargo de Ernestino Abreu.

Comedor de la base "Zenón Viera", en "Monkey Point", cerca de la frontera de Honduras.

sino también, las que Castro tenía en aquel momento —la metralleta checa, la ametralladora soviética liviana) y armas cortas.[8]

La tercera base era, de hecho, una patana custodiada por una guarnición, al frente de la cual estaba Román.

En Nicaragua se van a construir dos bases. La primera, cerca de Puerto Cabezas, dirigida por Pedro Acebo, y que será el centro de acción de los comandos. Está junto a una aldea de indios miskitos, muy próxima al lago. A unas 8 millas se encontraba una aldea de indios sumos, que hablaban un distinto dialecto. Los comandos se trasladaban por avionetas de su base hasta Bluefields donde, muy cerca, se encuentra el pequeño pueblo de Bluff y la base naval desde donde salían los barcos.

Este campamento, cerca de Puerto Cabezas, es una base operacional; es decir, no un campamento para recibir entrenamiento sino de donde parten los comandos.

Quien preparó Monkey Point (Punta del Mono) fue Ernestino Abreu quien hizo una extraordinaria labor al construir la pista y los muelles. Monkey Point era un lugar retirado para evitar problemas con la oposición que ya enfrentaban los Somoza, encabezada por el contador Carlos Fonseca Amador, que había sido detenido en varias ocasiones y deportado a Guatemala y otras naciones vecinas. Había sido herido en 1959 y huido a Cuba. Es detenido nuevamente en julio de 1960 y deportado a Guatemala (su padre había sido Gerente General de la Fundación Somoza que administraba los bienes de la familia Somoza). Regresa otra vez y muere en una escaramuza con el ejército. A Fonseca se le considera como el fundador del sandinismo porque por iniciativa de él se adicionó ese nombre al Frente Nacional de Liberación.[9]

El 13 de septiembre de 1963, Ernestino Abreu se traslada en una pequeña avioneta hasta Bluefields y, de allí, a Bluff que es una base de la marina nicaragüense. Es el Comandante Brenes

---

[8] Entrevista de Julio Yáñez, Jefe Militar de la Base Guillot, con el autor.

[9] Carlos Fonseca organiza en febrero de 1961 el Movimiento Nueva Nicaragua (MNN) y el 23 de junio de 1961 funda, con Tomás Borge y Silvio Mayorga, el Frente de Liberación Nacional. En 1962 Fonseca propone y logra que se le agregue el adjetivo "sandinista" al movimiento. En 1964 había sido arrestado nuevamente y deportado en 1965 a Guatemala. Muere en combate el 8 de noviembre de 1976.

quien está al frente. El propósito del viaje es explorar en busca de la mejor localización para un campamento en Nicaragua. La encuentran en Caraguala, un afluente del caudaloso Río Grande, a unos 3 kilómetros del Atlántico, un poco al norte de Puerto Cabezas. Vuelven a Managua. Mes y medio después, el 30 de Octubre, están de regreso, para iniciar la construcción de la base, Tony Iglesias, Pedro Acebo y Ernestino Abreu. Comenzó, con la valiosa ayuda de los indios misquitos, la construcción de las barracas y de una pequeña pista. Para enero se habían incorporado Erelio Peña y una treintena de hombres. Pero hubo que abandonar el campamento de Caraguala. El 8 de enero de 1964, salía en la prensa de Nicaragua que los cubanos estaban construyendo una base en aquel lugar.

El inconveniente no quitó el entusiasmo a los ya curtidos pioneros y el 3 de febrero se iniciaba, 64 kilómetros al norte de Puerto Cabezas, cerca de la frontera con Honduras, un nuevo campamento. Llevaría el nombre de Zenón Viera en honor de uno de los expedicionarios que había muerto en un accidente aquel mes tratando de montar un B-7 en una patana. Pero todos conocerían la base como Monkey Point.

De la administración de la Base se ocupará Guillermo Reboredo, que había combatido en las guerrillas de Matanzas. Florentino Solón y el propio Abreu trabajaban con la grúa y el martinete. El brazo derecho de la construcción de la base fue Angel (Lito) García, que había desembarcado en Playa Girón pero pudo evadir el cerco a La Habana y ser exfiltrado por Miguel Díaz.

Comienzan a incorporarse jóvenes que habían participado en los teams de infiltración y en operaciones comando en la etapa anterior y posterior al desembarco de Girón y algunos que habían sido hecho prisioneros en la invasión. Se une Carlos Hernández (Batea) que se incorpora al grupo comandado por Pedro Acebo. Está allá, también, como jefe del team #2, Pedro Tamayo, que había estado en Girón pero que no cayó preso. Como artillero se encontraban ya Pedrito Blanco y Generoso Bringas. También Ramón Orozco.[10]

---

[10] Ramón Orozco había formado parte de los activos equipos de infiltración que habían operado hasta la Crisis de los Cohetes en octubre de 1962. Su hermano, Miguel

Están Tony Iglesias y Pedro Arosamena. Funcionan allí, en las duras labores de preparación de los campamentos, Ernestino Abreu y Erelio Peña. A cargo de las comunicaciones están Félix I. Rodríguez y, como su segundo, Jorge Giraud. Reboredo asiste a Ernestino Abreu. En la construcción de las casas se encuentra Roberto (Bobby) Fuentes. Activos están también Mario Delgado (el Chino); Eulogio Reyes (el Negro Papo), que era el que manejaba la planta eléctrica en las bases de Costa Rica; Javier Otero, telegrafista; Alfredo Rodríguez Santana (hermano de Carlay), radiooperador; Tony Izquierdo, Roberto Manso.

Por supuesto, Jorge Navarro (el Puma).[11] En las bases están Elpidio Delgado Soto y Nilo Ruiz Alonso Morejón. Este último en la Base de Monkey Point. Delgado Soto en Sarapiquí. También el mexicano Chávez (Ricardo); Edgar Sopo, que viaja con frecuencia.

No podía faltar un infiltrado, Gabriel Albuerne quien utilizó sus conocimientos de electricidad para dañar los generadores de las embarcaciones.[12] Descubierto, es detenido por un tiempo en los campamentos y luego entregado al gobierno de Nicaragua (detenido allí; logró escapar durante el terremoto de Managua en 1972. Refugiado en la Embajada de Chile regresó a Cuba donde, según apunta Félix I. Rodríguez en su libro "Guerrero de las Sombras", se incorporó a la DGI).

Como ingeniero actúa Papo Reyes.

En Costa Rica no sólo funcionan los campamentos. También se edita, con cierta regularidad, la revista "Tridente" en cuya redacción participan Alberto Varela, Roberto Fernández y Mayito

---

Orozco, y Pedro Viera se habían infiltrado el 20 de octubre para ser recogidos el 23 de aquel mes. Al anunciarse por el Presidente Kennedy el 22 de octubre la aplicación de la cuarentena fueron abandonados Miguel y Pedro en las cercanías de las Minas de Matahambre sin que se les permitiese a sus compañeros ir a recogerlos. (Ver "De Girón a la Crisis de Octubre: La Segunda Derrota" de Enrique Ros.

[11] Jorge Navarro (el Puma) fue de los primeros en incorporarse, en 1960, a lo que llegaría a ser la Brigada 2506. Infiltrado en Cuba el 7 de febrero de 1961 junto con Pedro Acebo se unen, en la isla, con Manolo Blanco Navarro. Allá los sorprende el 17 de abril (Ver "De Girón a la Crisis de Octubre: La Segunda Derrota").

[12] "Guerrero de las Sombras". Félix I. Rodríguez.

Tápanes; así como Adelfa Casteli. Están allí también, Macho Morera y Pepe Iglesias.

Todo estaba preparado para iniciar la guerra de guerrilla naval laboriosamente planificada. Sólo faltaban las armas.

SE COMPRAN LAS ARMAS

Transforman a Monkey Point de una selva inhóspita en un lugar donde se podía vivir. Para ir a Monkey Point tenían que volar a Bluff. Con el objetivo de avituallar los campamentos se decide la compra de armas. Artime confecciona una lista (morteros pesados, minas, C4, C3, ametralladoras de distintos tipos, rifles...) con el asesoramiento de Carl James, hombre de la Agencia que había trabajado con los cubanos en los campamentos de Guatemala. Se selecciona a Manolín Hernández para realizar en Europa la compra. Viaja con el Jefe de Seguridad de Costa Rica en el gobierno de Orlich porque las armas se comprarían como destinadas al gobierno tico. Se le compraban a una entidad denominada Interarm Co., controlada por intereses de países capitalistas del mundo. Interarm tenía su sede en Montecarlo "por razones de impuestos"; muy probablemente por ser un territorio neutral, un principado, no sometido a la influencia de otro gobierno. Las armas no estaban allí; estaban en Alemania. Allá fueron.

Una transferencia bancaria nutría de fondos la cuenta de la organización de Artime.

La firma Interarm les aclara que aunque las armas estaban en perfectas condiciones no eran nuevas. Ellos las compraban al terminar, sobre todo en África, una lucha civil en la que la parte vencida entregaba todas sus armas que eran adquiridas por esa empresa. La orden pesaba cerca de 200 toneladas. Una conveniente transferencia bancaria situó los fondos. La operación quedaba cerrada. Faltaba sólo el transporte del armamento.

Como están yendo a Venezuela muchas patanas para llevar equipos de la Corporación de Pozos de Petróleo, se contrata al capitán de una de estas barcazas, para, sin conocer en lo que consiste el cargamento, deje la patana en altamar en un punto determinado, a tantos grados de latitud y más cuantos de longitud. Así se hace y Rolando Cabezas, del MRR de Costa Rica, toma un pequeño avión y localiza la barcaza.

Se remolca la patana hasta Tortuguero. Al pretender pasarla por el Caño de la Suerte, en la afluencia de los dos ríos, se encalla la barcaza y se hace necesario descargarla en aquel punto para que, librada del peso de las casi doscientas toneladas de armas, la barcaza pudiera atravesar el bajío formado en la desembocadura del río. Luego, vuelve a cargarse la patana y ésta marcha hacia la base.

Este incidente creó una imprevista fricción con el Presidente Orlich por el daño político que podía haber sufrido el mandatario costarricense si era detectado este trasiego de armas. Prevaleció el poder persuasivo de Manolo Artime y las buenas relaciones con aliados poderosos con cuyo respaldo se contaba.

Además de las dos lanchas Swifts rápidas se cuenta, también, con el Joanne, el barco madre capitaneado por el Capitán Munné y, luego, por René Cancio quien recientemente en enero de 1964, había conocido a Artime en una reunión con varios amigos comunes: Félix I. Rodríguez, el Gallego Sanz [13], Jim García, y Manolín Gutiérrez.[14] En aquella reunión Cancio por su amplia experiencia, fue designado jefe de Operaciones Navales y Capitán del Santa María, que se encontraba, en aquella etapa, permanentemente fondeado al sur de Bluefields y servía como base del "Estado Mayor".

El Santa María estaba equipado con antenas especiales para las comunicaciones, y contaba con un cuarto de operaciones y un cuarto de comunicaciones. Se había determinado que el Santa María no navegaría y permanecería fondeado en Monkey Point, pero luego de un incidente que se presentó con el

---

[13] Antonio Sanz (El Gallego) era miembro de MRR, amigo de Nilo Messer y de Rafael (Chichi) Quintero y, luego, mantuvo estrecho contacto con Rolando Cubela. (Ver más detalles en el capítulo XIII).

[14] Manolín Gutiérrez tomó parte del Grupo de Acción del MRR en Cuba en los meses anteriores a Girón. Luego participó en operaciones de infiltración y exfiltración en el período que termina en la Crisis de los Cohetes, octubre de 1962 (Ver detalles en "Girón: La Verdadera Historia" y "De Girón a la Crisis de los Cohetes: La Segunda Derrota").

Joanne[15], el Santa María se convirtió en un buque madre y prácticamente todas las operaciones se hicieron con ese barco.

Las lanchas rápidas, conocidas como embarcaciones intermedias o de ataque eran las Monty y la Gitana, operadas por el Mexicano Chávez y por Santiaguito Álvarez.

DECLARACIONES INDISCRETAS

Terminando junio, Luis Somoza quiere ponerse en contacto con Robert Kennedy: ¿el tema a tratar? Los campamentos en Nicaragua. El Departamento de Estado recomienda al RFK que "se limite a una respuesta vaga, en términos generales"; Bob Kennedy podrá expresarle simpatía hacia los exiliados pero no un conocimiento particular sobre Artime.[16]

Manuel Artime, de paso por Miami, hace nuevas declaraciones. Esta vez, para anunciar el "establecimiento de la sede en algún lugar de América Central para dirigir nuevas operaciones militares contra el régimen de Fidel Castro". Afirmó el dirigente del MRR que "los obstáculos puestos en el camino de los exiliados cubanos por las autoridades de los Estados Unidos, motivaron la decisión del MRR de salir de este país". Dijo algo más de lo debido: "Durante varios meses hemos estado trabajando en América Latina y hemos obtenido apoyo material y moral. Creo que estamos en condiciones de organizar las operaciones". La admisión de "apoyo moral y *material*" en América Central creaba innecesarias dificultades a los gobiernos que cooperaban con el carismático dirigente cubano.

Las declaraciones de Manolo Artime habían sido formuladas en julio 17. Tres días después, la radio de La Habana gritaba a los cuatro vientos que Cuba esperaba una invasión procedente

---

[15] En uno de sus primeros viajes el Joanne chocó en un viaje de rutina en Panamá y al ser sometido a inspección por las autoridades aduanales se encontró una subametralladora. De inmediato se recibieron instrucciones para deshacerse del Joanne. Fuente: René Cancio.

[16] Memorándum de J.H. Crimmins a RFK de junio 24, 1963. (Citado por A. Schlesinger, obra citada).

de Nicaragua. Ya, desde antes, la prensa regional se venía haciendo eco de la existencia de estos campamentos. La creciente presión de la prensa sobre los gobiernos amigos forzó al Secretario General del MRR a ofrecer nuevas declaraciones al llegar a Managua: "No es posible una invasión como la de Girón". Trataba de calmar la inquietud periodística despertada por sus declaraciones días atrás.

En julio (1963), como se esperaba, pasó por Miami el expresidente Luis Somoza que venía a entrevistarse con varios dirigentes cubanos exiliados, principalmente con la gente del MRR. A través de Tito Mesa, José Angel Ortega, Laureano Batista y Pepín Ceñal, dirigentes del Movimiento Demócrata Cristiano, se entrevistaron con Somoza quien les habló de un plan de "acciones comandos" y de entrenamiento en Nicaragua. Somoza corría con "los gastos" y ofrecía armamento moderno. Fue una oferta general a muchos cubanos aunque él la hizo siempre en privado. Como José Angel Ortega, expresidente del MDC, le informó del viaje que ya él tenía proyectado a Costa Rica, Somoza le pidió que se entrevistara con Orlich y luego pasara por Managua a informarle el resultado de las conversaciones. Ortega estaba eufórico con el resultado de la entrevista, pero no así Laureano Batista quien cree que, "en esto, Somoza no es más que un agente de la CIA cualquiera".[17]

El 5 de agosto se encuentran en Managua Carlos Prío Socarrás, Manuel Antonio de Varona y Manuel Artime. Llega también Laureano Batista Falla, que está al frente de la actividad militar del Movimiento Demócrata Cristiano. Arribarán, separadamente, aunque la prensa no lo recoge, Ernesto Rodríguez y José Angel Ortega, presidente y ex-presidente, respectivamente del MDC.

"Nicaragua se va convirtiendo en centro de preparativos militares. Todo el mundo está muy activo en torno a los Somoza. Pero no sé que grado de trascendencia pueda tener".[18]

---

[17] Carta de julio 27, 1963. Enrique Ros. Archivo personal

[18] Carta de agosto 21, 1963, de un dirigente demócrata cristiano al autor. Archivo personal de Enrique Ros.

Positiva, no tuvo repercusión alguna.

Prío se dirigió a la prensa: "Estamos en la misma lucha. Creemos que lo que Artime pretende tiene buenos visos y lo respaldamos por completo". La prensa se hacía eco de que "en una región apartada del país hay exiliados cubanos que se están preparando para la guerra de guerrilla". Los campamentos se hacían, cada vez más, de total dominio público.

LOS CAMPAMENTOS: TEMA DE DEBATE PÚBLICO

Para agosto de 1963 ya la existencia de campamentos en Nicaragua y Costa Rica era ampliamente conocida. Hasta la prensa castrista colocaba, con cierta precisión, la ubicación de algunos de estos campos.[19] Algo hay que hacer.

Un cable de la AP del 30 de agosto, da a conocer que "Manuel Artime, llegó a San José, Costa Rica, procedente de Managua, para conversar con los exiliados". En su primer párrafo, la agencia cablegráfica, gratuitamente, se refiere a "los exiliados cubanos en Costa Rica y Nicaragua, donde, se dice, que las organizaciones anticastristas han estado entrenándose para una invasión a Cuba".

Como antes habíamos mencionado, a Managua llegan en busca de apoyo, y de reconciliación del uno con el otro, dos personalidades revolucionarias cubanas: Carlos Prío Socarrás y Manuel Antonio de Varona. Tony Varona arriba acompañado de un joven combatiente que respetuosamente se ha mantenido distante del Frente Revolucionario Democrático y del Consejo Revolucionario: Laureano Batista Falla. Son todos recibidos por el Presidente René Schick. Coincide esa visita, en el tiempo y el espacio, con la presencia en Managua de Manolo Artime. Pero no hay acuerdo.

Manolo Ray, que ya había constituido el JURE, en sustitución de su antiguo MRP, impugna la extraña "Santa Alianza" que se pretendió fraguar, sin éxito, en Managua. El antiguo Ministro de

---

[19] En sus ediciones de agosto la revista Bohemia, de la Habana, hace repetida mención a los campamentos y a la "bizarra reaparición de Manuel Artime en Managua".

Obras Públicas del gobierno revolucionario, —que luego de haber atacado inmisericordiosamente al FRD se unió a ese organismo para constituir el Consejo Revolucionario— impugna con estas palabras aquel intento:

"La Junta Revolucionaria Cubana (JURE) condena el pacto increíble realizado entre un sector del exilio y la dinastía tiránica de Somoza".

Manolo Artime no tenía fe alguna en las posibilidades de aquella reuniones celebradas en Managua. Pero sabía, como dijimos antes, que algo tenía que hacer para mantener —tal vez la palabra correcta será, justificar— los campamentos. Las acciones comandos realizadas en los ocho meses transcurridos de ese año habían sido efectuadas por otras organizaciones. Definitivamente, habría que hacer algo.

Al comenzar septiembre de 1963, Luis Somoza vuelve a Miami y se entrevista, por separado, con Carlos Prío, Aureliano Sánchez Arango y Carlos Márquez Sterling. Habla en una convención de Miami Beach y destaca la posición que asumiría la Organización de Estados Centroamericanos (ODECA) como un útil instrumento de la liberación de Cuba.

A Villeda Morales le quedarían muy pocos días en el poder. El 29 de septiembre sería derrocado por un golpe militar (días antes, era también depuesto Juan Bosch, Presidente de República Dominicana).

Para octubre no sólo se hablaba de las Bases sino que, lamentablemente, se mencionaba la localización de algunas de ellas. Los periódicos "Libertad" y "Prensa Libre", de Costa Rica, uno de ellos moderado y el otro de franca filiación izquierdista, dedicaban sus columnas a denunciar los campamentos. "Tortuguero", "Sarapiquí", "Puerto Cabezas" eran nombres que a diario aparecían en la prensa y eran mencionados en las transmisiones radiales.

Meses tomó la preparación de estos campamentos, su dotación y el avituallamiento de los mismos. Ya, pronto, comenzarán a salir los comandos desde su base cercana a Bluefields.

CAPÍTULO II

EL CAMINO DE LA ACCIÓN

Mientras tanto, el peso de la lucha la llevaban otras organizaciones.

En enero de 1963, el gobierno de Cuba se ve obligado a informar que ha "desbaratado organizaciones norteamericanas de espías cuyo propósito era atentar contra la vida del Ministro de las Fuerzas Armadas Raúl Castro y provocar revueltas en la isla". La noticia la difunden, desde La Habana, las distintas agencias cablegráficas. El gobierno ubica en la provincia de Oriente la actuación de "estas bandas que pretendían provocar revueltas en la isla como medio para preparar el terreno para futuros desembarcos en masa de contrarrevolucionarios". Así comienza 1963 para el régimen de Castro.

Aparecen acusados el "supuesto jefe de la banda" Pedro Camerón Pérez, a quien le presentan, entre otros cargos, haber entrado y salido clandestinamente de la provincia de Oriente en dos ocasiones para introducir "armas en gran cantidad". Aparecen otros nombres: Carlos Serrat Almenares, Hortensia Vaquero; Roberto Gómez Crea; Francisco Iribar Martínez; los hermanos Antonio y Arturo Casto, Manuel Horacio Corrales y Carlos Pascual.

El 17 de febrero de 1963 ocho cubanos que navegan por el Banco de las Bahamas a bordo del vivero Blanca Estrella, fueron interceptados alrededor de las seis de la tarde por tres torpederas cubanas que repentinamente abrieron fuego sobre la embarcación lo que forzó a los ocho tripulantes a lanzarse al agua y refugiarse, a nado, en la ribera sur de Elbow Key, territorio de Gran Bretaña.

Miembros de las torpederas cubanas desembarcaron y capturaron a cuatro de los expedicionarios, Juan Reyes, Armando Morales, Agustín Vizcaíno y Juan Morales. Tres días después desembarcaban en el pequeño cayo varios soldados que venían a bordo de la fragata Antonio Maceo, de la Marina de Guerra de Castro; tras una intensa búsqueda localizaron y detuvieron a los cuatro restantes: Eumelio Viera, Domingo Martínez, Rafael Santana y Eleno Oviedo Álvarez, los que fueron conducidos hasta la Bahía de Cárdenas.

La prensa oficial, como siempre, tuerce los hechos. Habla de la captura de "ocho piratas" y muestra, en la edición de Revolución de enero 23, la foto y los nombres de los 8 detenidos. Luego, nada más habrá de publicarse sobre estos cubanos.

Durante más de siete años permanecieron en prisión sin ser sometidos a un proceso legal. Finalmente, el 26 de septiebre de 1970 comparecieron ante un tribunal militar en la prisión de la Cabaña y sometidos a un juicio "que duró escasamente unos veinte minutos". Todos fueron condenados. A Eleno Oviedo Álvarez le impusieron una sanción de 30 años de privación de libertad porque "aunque abandonó legalmente el país en junio de 1959... se le considera afín a los grupos terroristas del exilio."[20]

La rebeldía se mostraba también en las montañas cubanas: continuaban alzados, combatiendo con las pocas armas que obtenían, grupos de ya avezados combatientes. En Las Villas, en un punto entre Trinidad y Sancti Spiritus, el primero de marzo, muere combatiendo Tomás San Gil,[21] que había mantenido en jaque a batallones de milicianos cuyas "hazañas" son recogidas y alabadas por periodistas al servicio del régimen.[22]

ATAQUES AL LGOV Y AL BAKU

El 18 de marzo en Isabela de Sagua comandos anticastristas en una lancha rápida disparan varias ráfagas de ametralladora

---

[20] Ernesto Díaz Rodriguez. "Rehenes de Castro".

[21] Amplios datos sobre la actividad guerrillera de Tomás San Gil pueden encontrarse en la obra "Escambray, la Guerra Olvidada", de Enrique Encinosa.

[22] Entre ellos, Norberto Fuentes. Ver "Cazabandido" y "Condenados del Condado".

calibre 30 sobre el barco soviético Lgov. La prensa castrista se ve obligada a dar la información. Atacan también un campamento militar ruso en la cercanía del puerto. El ataque lo realiza Alfa 66, que se ha nutrido de las filas del Segundo Frente Nacional del Escambray. Pasan unos días y se produce el segundo ataque.

Esta vez el objetivo es el barco de carga ruso "Baku" que se encuentra en el puerto de Caibarién, a sólo unas pocas millas de Sagua la Grande. El ataque se produce en la madrugada del miércoles 27 de marzo. Lo efectúa "Comandos L", que capitaneará el bravo combatiente Tony Cuesta. Desde la entrada del puerto habían preparado una lancha cargada de explosivos que fue dirigida, por control remoto, hacia el buque soviético.

Es el propio Castro quien da a conocer, esta vez, "el nuevo y pirático ataque, de una lancha artillada por el gobierno yanqui contra un buque mercante soviético".

Era la una y treinta de la madrugada del miércoles 27 de marzo. Así describe la prensa castrista la acción de los combatientes cubanos:

> "De pronto, viniendo del mar, una lluvia multicolor de luces de bengala descendió sobre el mercante, iluminándolo como si fuera de día. Enseguida, por encima del ladrido de las "treinta" se escucharon las secas detonaciones de los cañones de veinte mm. Estaban ametrallando al Baku".

Tan demoledora para el régimen fue esta acción que la revista "Verde Olivo", órgano oficial de las Fuerzas Armadas Revolucionarias, le dedica un extenso, gráfico y detallado artículo en su edición del mes de abril. Admite algo que había silenciado la prensa oficial: "Fondeada, cerca de allí,... se encontraba una fragata de la Marina de Guerra Revolucionaria". Reconoce algo más: "el ataque pirata dura aproximadamente diez minutos". La realidad es una: la fragata "puesta de inmediato en zafarrancho de combate" nada hace.

Ya era mucho para el comandante cubano quien emite un comunicado oficial amenazando adquirir "aviones de bombardeo de gran radio de acción y buques de escolta, de la Unión Soviética, para proteger las rutas de abastecimiento y repeler a los agresores". De paso, culpa "a los agentes yanquis de haber saboteado, también, el avión boliviano que se estrelló recientemente en el Perú". Se refería Castro al desastre del avión boliviano que el 15 de marzo se había accidentado en Perú pereciendo 41 personas.

Nada menos que Pablo Neruda, el bien cotizado poeta marxista, culpa a "agentes de Washington de colocar una bomba de tiempo en el avión de Lloyd Boliviano". Va más lejos el chileno. Afirma que "ahora no sólo han colocado la bomba en el avión civil boliviano sino que, con cinismo, esperan sus aviones en Panamá la noticia de la catástrofe para volar como buitres a saquear los cadáveres, a robar los muertos"[23]. No fue, éste, uno de los mejores momentos de Neftalí Reyes.

El 30 de abril, sin la alharaca publicitaria que habían desplegado desde la caída del avión del Lloyd Aéreo Boliviano, Ramón Aja[24], encargado de negocios cubano, recogía en la Cancillería de la Paz los documentos y efectos personales de los dos correos diplomáticos cubanos que habían perecido en el accidente del pasado mes. Entre los inofensivos objetos personales de los "diplomáticos" se encontraban dos ametralladoras. La prensa de La Habana no se hizo eco de la entrega de estos enseres diplomáticos.

Ramón Aja Castro había sido el jefe del "Departamento de Asuntos Latinoamericanos" (DAL). De hecho, era el "Departamento de Exportación de la Revolución". Resultaba frecuente el peregrinaje de Ramón Aja a La Paz. Ya antes, había visitado la capital boliviana en 1959 con el recién designado embajador cubano José Tavares del Real quien, de inmediato, se dio a la tarea de promover un movimiento revolucionario contra el Presidente Hernán Siles Suazo, por cuya actividad Tavares del Real fue expulsado en diciembre 8 de 1960.

---

[23] Revista Bohemia, La Habana, marzo 29, 1963.

[24] No es una democión para Ramón quien, cuando aún Bolivia no había roto relaciones con Cuba, queda como Encargado de Negocios en aquel país. ¿Su misión? Mantener estrechos contactos con dirigentes comunistas de la región, para facilitar los intentos castristas de subvertir Bolivia. Denunciado por la prensa de La Paz de haber entregado altas sumas de dinero a líderes políticos para "promover una revolución en la nación", Aja Castro se ve obligado a abandonar, ya definitivamente, la nación del Altiplano.

Volvió Ramón Aja a La Paz en Junio de 1961 para tratar de evitar, infructuosamente, que también expulsasen del país, por las mismas actividades subversivas, al recién designado Encargado de Negocios, Mauro García Triana. En 1963 poco después de haber recogido en La Paz los "enseres diplomáticos", Ramón Aja es sustituido de la Dirección del Departamento de Asuntos Latinoamericanos. Será, nada menos que el Comandante Piñeiro Losada, Barba Roja, quien tendrá a su cargo esa función tan estrechamente ligada a la Dirección General de Inteligencia (DIG).[25]

CASTRO ATACA Y DA EXPLICACIONES

Fidel Castro está histérico. Por eso, aviones MIG cubanos dispararon "probablemente por error" el 28 de marzo al buque mercante norteamericano "Floridian" cuando éste navegaba por aguas internacionales al norte de las costas de Cuba.

El ataque se había producido a las 6:35 de la tarde "ahora manteniéndose los aviones a no más de 200 pies sobre la superficie del mar" disparando continuas ráfagas de ametralladoras sobre la embarcación que mantenía enarbolada la bandera norteamericana.[26]

Quince minutos después ya estaba Castro ofreciendo explicaciones al gobierno norteamericano.[27] Explicaba Castro que en horas de la tarde aviones cubanos "habían descubierto un pequeño barco de 55 pies a unas 25 millas al noroeste de Cayo Fragoso en la provincia de Las Villas. Se había presumido que podía ser un barco pirata". Castro había "confundido" un pequeño barco de 55 pies con el barco mercante Floridian de 360 pies de longitud que navegaba con la bandera americana en el asta.

---

[25] En 1964, Aja Castro estaba al frente de la Misión Diplomática Cubana en Madrid (su nombre apareció en el juicio del Comandante Rolando Cubela, en marzo de 1965).

[26] Informe del oficial de la guardia costera de marzo 28, 1963 al Centro de Operaciones. Documento que estuvo clasificado durante varios años.

[27] Comunicación al centro del comando militar nacional en el Pentágono.

El Presidente Kennedy conferenció con el Secretario de Estado Dean Rusk. Ambos consultaron con la Comisión Ejecutiva del Consejo Nacional de Seguridad Nacional que se reunió en sesión plenaria. Fue un momento tenso.

Castro fue pródigo en explicaciones. Dos horas después el gobernante cubano, personalmente, se dirigía a la embajada suiza (que atendía los asuntos norteamericanos) y ésta a Robert A. Hurwitch[28] explicando que "el ataque a la embarcación había sido no intencional y un error... y que si el Departamento de Estado deseaba enviar una nota formal de protesta sobre el tema el gobierno cubano ofrecería todas las explicaciones necesarias".

Kennedy aceptó que "probablemente el MIG cubano había disparado por error".

Coinciden los ataques de los grupos comandos con la creciente desaparición en la isla de barcos y armas. Tan preocupante se torna la situación que Raúl Castro, en su condición de Ministro de las Fuerzas Armadas Revolucionarias, se ve obligado a exteriorizar una seria advertencia a sus mandos militares. No sólo se da a conocer en la prensa diaria (Revolución, Hoy, El Mundo) el 28 de marzo (1963) sino, también, en la revista "Verde Olivo", órgano de las fuerzas armadas.

La comunicación va dirigida "a todos los Instructores Revolucionarios, a todas las tropas de nuestras Fuerzas Armadas Revolucionarias". Dice la advertencia que Raúl ha sido informado de "invitaciones que se han hecho para robar armas, parque, incluso embarcaciones, bajo el aparente noble propósito de emprender

---

[28] Robert A. Hurwitch era en la Secretaría de Estado el oficial a cargo de los Asuntos Cubanos. Hurwitch había trabajado para cuatro Subsecretarios de Estado para Asuntos Interamericanos: con Thomas Mann durante los tres primeros meses de la Administración de Kennedy; luego con Wymberley Coerr, que en la primera semana de abril, cuando ya era inminente la invasión de Girón, sustituyó a Mann que había sido designado embajador en México; más tarde, bajo el liberal Robert Woodward cuando la OEA, en Punta del Este, aprobó la exclusión de Cuba del Sistema Interamericano. Tal disgusto le produjo esta decisión al liberal y temperamental Woodward que se creyó conveniente designarlo como embajador en España y nombrar a un nuevo Subsecretario de Estado para Asuntos Latinoamericanos: Edwin N. Martin, que ocupaba la posición durante la Crisis de los Cohetes en octubre de 1962 donde, contrario a Woodward, realizó un espléndido trabajo en agrupar a las naciones hispanoamericanas en su respaldo a la cuarentena impuesta el 22 de octubre.

supuesta acción revolucionaria en otros países de América Latina". Por supuesto, visiblemente preocupado e irritado, ordena realizar las investigaciones necesarias para "identificar a los iniciadores de tales actividades ilegales y condenables". Se hace una clara admonición:

> "Todo miembro de las Fuerzas Armadas Revolucionarias y todo civil que se sorprenda en estas actividades, recibirá el castigo que se merecen tales actividades aventureras, irresponsables y comprometedoras a los intereses de la nación".

MARZO DE 1963. SE CUBRE DE SANGRE EL SUELO CUBANO

Para conmemorar un nuevo aniversario del ataque al Palacio Presidencial, Castro tenía anunciada su comparecencia en un acto público a celebrarse en la Universidad de La Habana. Cubanos anticastristas coordinaron esfuerzos para realizar un atentado. Detectada la operación por Seguridad del Estado, fueron detenidos Luis David Rodríguez González,[29] del MRR; Ricardo Olmedo Moreno, de la Agrupación Montecristi; Tomás Sobrado Martín, Coordinador de Unidad Revolucionaria; José Zamora Sosa del MRR; José Martínez Valdés, que había operado con Tomás San Gil y Raúl Prado Sardiñas.

Es esa la sucinta versión oficial que recoge Luis Báez, periodista al servicio del régimen, en su obra, editada en Cuba, "Guerra Secreta".

La verdadera historia es otra. Más compleja, más sangrienta.

"Los compromisos contraídos" dificultan, en los primeros meses de 1963, la lucha interna. Con el celoso cerco de las armadas norteamericanas y británicas se entorpece el aprovisionamiento de los que se encuentran alzados en la provincia de Matanzas y en el Escambray. Se hace difícil, también, la coordinación de las antiguas organizaciones clandestinas que han sido diezmadas.

---

[29] Luis Báez. "Guerra Secreta", editado en Cuba en 1978.

Pero el cubano se niega a desistir de la lucha. Desde finales del año anterior ya habían comenzado a trabajar coordinadamente organizaciones que agrupaban a miembros de la resistencia urbana y a grupos alzados, principalmente en las provincias de Matanzas y Las Villas.

Dos de estas organizaciones eran la Resistencia Cívica Anticomunista (RCA) Y el Frente Interno de Liberación (FIL). Ocupa la coordinación militar del RCA, Ricardo Olmedo, de gran prestigio entre las filas revolucionarias por haber participado el 13 de marzo 1957 en el Asalto a Palacio en cuya operación resultó gravemente herido.[30] El Coordinador Civil de la organización era Luis David Rodríguez, de larga y probada trayectoria revolucionaria frente al régimen castrista. En la etapa anterior a la Crisis de los Cohetes, Luis David había sido asignado a la Sección de Acción y Sabotaje dentro del MRR donde había actuado junto a los hermanos Alfredo Quesada (Malacara) y Antonio Quesada que se habían alternado como jefes de acción del MRR en La Habana, y con Enrique Murgado, con quienes participa en distintas acciones.

La Coordinación Militar del Frente Interno de Liberación (FIL) la ocupa Jorge Sánchez-Villalba, que había sido Coordinador Nacional de la "Juventud Anticomunista Revolucionaria" (JAR) y, a fines de 1962, había ocupado la jefatura nacional de acción de Unidad Revolucionaria. El Coordinador Civil del FIL era Luis O. Vizcaíno.

Saben que no podrán contar con ayuda del exterior pero tienen los hombres y las armas necesarias para realizar el plan que ya, a fines de noviembre, están elaborando.

Llegaba ese mes Luis David Rodríguez de entrevistarse con Tomás San Gil[31], jefe de uno de los grupos más activos que se

---

[30] Ricardo Olmedo Moreno había formado parte, junto con Faure Chomón, Menelao Mora, José Antonio Echeverría, Rolando Cubela, Luis Rodríguez Loeches y otros, del Directorio Revolucionario que, luego del Ataque a Palacio, tomó el nombre de Directorio Revolucionario 13 de Marzo.

[31] Alzado desde 1960, San Gil ocupa la jefatura suprema de los guerrilleros del Escambray desde 1962. (Para una detallada información sobre la lucha en la provincia central, ver "Escambray. La Guerra Olvidada", de Enrique Encinosa).

encontraban alzados en el Escambray. Sánchez-Villalba se había reunido con Pedro Sánchez González ("Perico Sánchez"), de Jaguey Grande quien, junto a sus hijos Pedro y Ramón, Juan José Catalá (Pichi), Juanito Sosa y otros se mantenían combatiendo en las lomas de la provincia de Matanzas.

ESCALADA MILITAR PARA EL 13 DE MARZO

Se reúnen los grupos urbanos y rurales en Boca de Camarioca, cerca de una modesta residencia que allí tenía Juanito Sosa. Concretan el plan. Se realizará una escalada militar que habrá de iniciarse en enero 28 de 1963, aniversario del natalicio de José Martí, y culminará el 13 de marzo con la liquidación física de Fidel Castro en el acto que cada año se celebra ese día en la Universidad de La Habana para conmemorar la fecha del Asalto a Palacio. El ejecutor del tiranicidio, consciente de que ofrendaba así su propia vida, sería Ricardo Olmedo que, como veterano de aquella acción, era siempre invitado a la conmemoración de esa fecha.

El plan era sencillo pero, como de costumbre, se fue agrandando innecesaria y peligrosamente.

En busca de municiones, botas y cascos para un número de hombres con los que aún no se contaba se estableció contacto con el Teniente Roberto Rodríguez, "El Colorado", del Ejército Rebelde. Mientras, Tomás San Gil había designado a uno de sus mejores hombres, Juanín Morales, para que, en La Habana, le diese a Ricardo Olmedo la cobertura necesaria inmediatamente de producido el atentado.

En las primeras semanas de 1963 se mantenía una fluida coordinación entre los grupos urbanos de la RCA y FIL y los alzados de Matanzas y el Escambray. Armando Saavedra y Julio Emilio Carretero, lugartenientes de San Gil, ofrecían todo su respaldo. Se produce en La Habana la última reunión para decidir los últimos detalles de la escalada militar. Están presentes por el RCA: Jorge Espino Escalá[32], Ricardo Olmedo[33] y Luis David Ro-

---

[32] Morirá fusilado en La Cabaña en mayo 31 de 1963.

dríguez.[34] Por el FIL se encuentran Luis O. Vizcaíno y Jorge Sánchez-Villalba.[35] En Matanzas, como jefe civil de la provincia y representante de los alzados, sigue trabajando activamente Roberto Delgado.[36]

En la provincia de Matanzas se encuentra también un líder agrario que vivía en el batey del Central Tinguaro, el joven Orestes Fariñas que aún conservaba armas que habían pertenecido a las guerrillas del MRR recientemente desactivadas. En la reunión de Boca de Camarioca se acordó cederle a Catalá Conde (Pichi) y a Perico Sánchez esas armas porque ya éstos se encontraban alzados. Todo marchaba bien. Hasta la delación del Teniente Rodríguez.

Descubierta la conspiración son detenidos en La Habana, en los últimos días de enero de 1963, Jorge Espino Escalá, Ricardo Olmedo y Luis David Rodríguez. Los dos primeros morirán frente al paredón el 31 de mayo de aquel fatídico año de 1963 y el tercero, Luis David, caerá al disparar contra dos de sus tres custodios con un arma que llevaba escondida y ser ajusticiado por el tercer custodio. Más tarde fueron detenidos Luis O. Vizcaíno, Jorge Sánchez-Villalba y Camilo Pestana.

Como se había acordado, las guerrillas de Perico Sánchez atacaron el 28 de enero a las fuerzas militares de Jaguey Grande, mientras Catalá (El Pichi) atacaba la base soviética en las inmediaciones de Pedro Betancourt moviéndose luego hacia esa población. Ramiro Almeida[37] con su grupo guerrillero atacó dota-

---

[33] Morirá fusilado en La Cabaña en mayo 31 de 1963.

[34] Morirá combatiendo en febrero de 1963.

[35] Vizcaíno y Sánchez-Villalba serán detenidos a mediados de febrero y condenados a 30 años.

[36] Roberto Delgado morirá fusilado el 2 de abril de 1963. (No confundirlo con Alberto Delgado y Delgado, el Hombre de Maisinicú).

[37] Ramiro Almeida Socarraz morirá frente al paredón en la ciudad de Matanzas el 11 de junio de aquel año.

ciones militares de Manguito y Colón. Montenegro[38] asaltó con éxito camiones militares en los límites de las provincias de Matanzas y La Habana.

Aquel 28 de enero la quema de cañaverales en la provincia de Matanzas alcanzó proporciones alarmantes según la admisión del propio régimen. Orestes Fariñas, denunciado por el Teniente Rodríguez, escapó milagrosamente de una emboscada en unos cañaverales cercanos a Colón. El joven dirigente agrario pudo escapar hacia La Habana; luego se alzó en Matanzas; fue detenido y murió, frente al paredón, en Las Cumbres, en la propia provincia de Matanzas, el 19 de diciembre de 1963.

Más de cinco mil soldados, casi todos procedentes de la provincia de Oriente, para evitar contactos personales o familiares, utilizó el régimen para limpiar de alzados la provincia de Matanzas. Fuerzas aún superiores fueron utilizadas en la limpia del Escambray en la cercana provincia de Las Villas.

La delación del Teniente Rodríguez sigue causando estragos. Roberto Delgado es arrestado en Jaguey Grande y fusilado en la misma ciudad de la que había sido alcalde. El Pichi Catalá, oriundo de Jovellanos, muere combatiendo el 22 de marzo en el Central Limonar de su provincia matancera. Perico Sánchez fue sorprendido cuando se encontraba en Güira de Melena, en la Provincia de La Habana y asesinado el 15 de mayo de aquel año. Sus dos hijos, Pedro y Ramón, morirán combatiendo.

Se llenan de sangre las dos provincias centrales. Tomás San Gil, que había asumido la comandancia del Escambray después de la muerte de Osvaldo Ramírez, muere combatiendo en el Monte de las 40 Caballerías, en Las Villas, el 1o. de marzo del 63. Junto a él caerá también su lugarteniente Armando Saavedra y Gil, más conocido como Mandy Florencia.

En Matanzas se inmolan, combatiendo, entre otros, tan sólo en el mes de marzo, Carlos Alemán, Candelario Balzal, Francisco Cabrera Rivero, de Bolondrón; Enrique Carballo, de San José de los Ramos; Wilfredo Casanova de Jaguey Grande;

---

[38] Ramón Montenegro, oriundo de Santa Ana/Cidra, morirá pocos meses después, en abril, combatiendo cerca de Varadero.

Ramón Díaz González, que muere en Agramonte; Celestino Díaz, de Bolondrón; Eliover González, Evelio Gutiérrez, también de Bolondrón; Venancio Suárez, Roberto Morales; Raúl Ramos, de San José de los Ramos; y Fredo Rodríguez; los hijos de Perico Sánchez, que caen combatiendo en la finca Cantabria en Jaguey Grande. Los que no mueren combatiendo pierden su vida ante el paredón.

El mes de marzo de 1963 lo emplea el régimen en anegar con sangre la provincia.

Roberto Alfonso es fusilado en la ciudad de Bolondrón el 23 de aquel fatídico mes. Muere Evaristo Boitel Beruvides, de Jovellanos, cuyos hermanos y padre también perdieron su vida frente al paredón. Fusilan a Mario Bravo; el mismo día 23 es ejecutado Ramón Correa Coto en Agramonte; luego Israel Delgado, de Pedro Betancourt; muere Roberto Hernández Trujillo de Bolondrón; Facundo Herrera y Leopoldo Herrera, el primero de Matanzas y el segundo de Cidra; y así, decenas y decenas de cubanos, en menos de 30 días, perdieron su vida en la más pequeña de nuestras seis provincias.

Iguales actos de heroísmo se multiplican de Pinar del Río a Oriente. El cubano, dentro de la isla, sin esperar ni confiar en la ayuda externa que no llegaría, incendia cañaverales, asalta camiones militares, ataca guarniciones de soldados en un heroico esfuerzo por romper las cadenas que lo oprimen.

Al terminar el mes de marzo lleno acciones de revolucionarias realizadas por cubanos en el exterior y dentro de la isla, el régimen se muestra comprensiblemente preocupado.

Desde Moscú, los soviéticos tratan de calmar la intranquilidad de los hermanos Castro. El 3 de abril, pocos días después de los sorpresivos y efectivos ataques, llegan palabras, tan sólo palabras, de apoyo:

"Ninguna provocación de los contrarrevolucionarios cubanos detendrá a los marinos soviéticos".

Distintas motonaves soviéticas celebran actos de "solidaridad con la Revolución Cubana" y de condena a los ataques realizados a los buques Lgov y Baku.[39]

La demanda del régimen de Castro para que "cesen los ataques piratas desde territorio de Estados Unidos" surte efecto. El Presidente Kennedy da a conocer medidas que restringen las actividades de los exiliados cubanos para evitar actos como los realizados contra las naves soviéticas. A este efecto destina el gobierno de Washington seis aviones, seis patrulleros y seis barcos de menor calado para reforzar el servicio de guardacostas en la zona situada al este de la Florida, Cuba y Puerto Rico. Castro estaba de plácemes.

El 4 de abril, a los pocos días del ataque se produce un enfrentamiento entre guerrillas alzadas en la provincia de Matanzas y miembros del Ejército Rebelde. Mueren en el encuentro, entre otros, Orlando de Armas Hernández y Felicito Martínez González que operaban en las cercanías de Pedro Betancourt.

Los cubanos combatían desde distintos frentes.

Aunque la lucha continúa, Castro se empeña en cantar victoria. Así, al hablar en Cárdenas el 19 de junio, repite, una y otra vez, que ha destruido la oposición interna:

"Los contrarrevolucionarios han sido aplastados,". "Las bandas contrarrevolucionarias han sido barridas de la provincia". "Hemos barrido las bandas". "Hay que seguir combatiendo, sin embargo, contra el enemigo, contra los intentos de traer explosivos, de introducir saboteadores y de organizar nuevas bandas". "Seguirá contra ellos la lucha implacable en todos los frentes; seguirá la revolución a la ofensiva, barriendo todos los baluartes del enemigo".

Pero, poco después, se contradice. No ha sido aplastada toda la "contrarrevolución".

"Los bandidos... han sido reducidos a 50% en Las Villas y ahora emprenderemos la barrida final contra ese 50%. No quedará una sola banda, no quedará un solo bandido" dice Fidel en la

---

[39] Cable de Prensa Latina, abril 3, 1963.

clausura de la Reunión Nacional Azucarera donde se ve obligado a admitir un nuevo fracaso:

"Ya pasó la zafra más baja desde el triunfo de la revolución".[40]

Días después fueron juzgados y fusilados en Las Villas Macario Quintana Carretero y Aquilino Zerquera, acusados de haber sido los que habian dado muerte a Conrado Benítez.[41] El 30 de junio vuelve a funcionar el paredón. Son cuatro combatientes los que caen aquella noche: Angel Paleo Nieto, José Manuel Rodriguez Suárez, Rasiel Royer Zagarel, y Enrique García Palomino. Se les había acusado de enviar informaciones militares, politicas y económicas a la Agencia Central de Inteligencia. En la misma causa son condenados a 20 años de prisión, Manuel Álvarez Panego, Luis Prieto Fernández e Ignacio Madruga Alonso y, a doce años de prisión, Manuel Álvarez Pita.

La "contrarrevolución" que "estaba aplastada" continúa activa. El 15 de agosto el Ministerio de las Fuerzas Armadas Revolucionarias se ve obligado a informar que han sido "apresados piratas agentes de la CIA, en Cayo Anguila, posesión inglesa, situado en el banco de Cayo Sal".

CAYO ANGUILA I

Los grupos anticastristas no quieren darle tregua al régimen. Dos potencias, la inglesa y la norteamericana, unen su poderío militar para detener a 17 combatientes cubanos que en una lancha pretenden realizar una acción comando contra el gobierno castrista.

"Una nave de guerra británica, guiada por un avión de patrulla norteamericano, interceptó y capturó a un grupo de exiliados cubanos que se dirigía hacia Cuba en una incursión de guerra".

---

[40] Discurso de Fidel Castro. Junio 27, 1963.

[41] Conrado Benítez, Capitán de Milicias, maestro de profesión, había participado en encuentros con guerrilleros que combatían en Las Villas. Murió en un enfretamiento con los alzados en aquella provincia.

Así describe la prensa internacional la *heroica* acción de las dos grandes naciones baluartes del mundo democrático. Permanecerán presos en Nassau por varios días los 17 cubanos.

Ya antes, a mediados de febrero, ocho exiliados cubanos, que se habían detenido brevemente en Cayo Elbow, Bahamas, habían sido secuestrados por tropas castristas y conducidos a Cuba. Fue un mes después, el 12 de marzo, que se dio a conocer el vandálico hecho.[42] El gobierno de las Bahamas había ocultado la noticia.

No serán los únicos servicios que la corona británica le presta a Castro y al tolerante gobierno norteamericano. El 31 de marzo otro grupo de 17 combatientes cubanos que se había detenido momentáneamente en uno de los cayos de la cadena de las Islas Exuma era detenido por la fragata inglesa "London Derry". No había sido fortuita la presencia de la fragata inglesa en aguas de las Bahamas. El barco de la marina británica acababa de ser transferido a las Bermudas para "patrullar las aguas de las Bahamas, de acuerdo con las órdenes de la Cancillería dirigidas a impedir ataques piratas contra Cuba". La detención de los diecisiete combatientes se había producido el 31 de marzo.

¿Cuál era ese barco? ¿Quiénes, los organizadores de esta expedición? ¿Por qué se dirigen y se detienen por breve tiempo en aquel cayo?. La prensa de Miami ni la de Nassau ofrecieron detalles. Esta es la verdadera historia:

La "Alianza para la Libertad de Cuba"[43] fundada por el ya anciano pero prestigioso, Gral. Generoso Campos Marquetti, contaba, entre las muchas organizaciones a ella adheridas, con los "Pinos Nuevos, Comandos de Acción". Ésta última adquirió a través de Carlos Hevia (sin relación alguna con el Ingeniero Carlos Hevia que fuera por muy breve tiempo presidente de la República y, luego, candidato a la presidencia) el barco Violynn III. Juan Vargas, experto en soldadura y el Ing. Jorge Taraja prepararon la embarcación para realizar acciones comandos colocán-

---

[42] Cable de la UPI de marzo 12, 1963.

[43] La "Alianza para la Libertad de Cuba" operaba desde su local situado en la avenida 17 y la calle 35 del N.W. en Miami.

dole una base sobre la que instalaron una ametralladora, desmontable, calibre 20 y, a través de Santiago Babún, adquirieron, por conducto del abogado Juan Ramón García, del MRR, las armas necesarias que Babún había comprado en Norfolk, VA.[44]

Pero antes de partir el Violynn III, Orlando Bosch solicitó de "Los Pinos Nuevos, Comandos de Acción" que trasladasen al cayo de las Bahamas a un grupo de expedicionarios del MIRR, comandado por Evelio Duque, que allí serían recogidos por otra embarcación para ser infiltrados en Cuba.

Los hombres del Violynn III, dirigidos por Zacarías Acostaiban a realizar una acción comando contra un barco carguero. El grupo de Evelio Duque iba a infiltrarse en Cuba.

El viernes 5 de abril el Violynn III con todos los expedicionarios se escapa de Nassau para dirigirse a Cuba, pero es finalmente abordado por un guardacosta norteamericano, luego de una prolongada persecución.

La guardia costera norteamericana se mantenía activa. A las 24 horas detenía otra embarcación con cinco combatientes a bordo. La captura se produce al oeste de la Isla Andros luego de 3 horas de una persecución en la que alegremente participan también dos patrulleros británicos. Al frente del pequeño grupo expedicionario estaba Eloy Gutiérrez Menoyo. Lo acompañaban Rafael Huguet, René Cruz y Julio Cruz. Habían partido de William Island poco después que otros nueve exiliados habían sido detenidos en Andros Island por oficiales británicos y conducidos a Nassau.

Desde La Habana, Castro aplaude la efectiva cooperación que está recibiendo de la Administración de Kennedy. "Las medidas tomadas por los Estados Unidos para impedir los ataques comandos de los exiliados cubanos son un paso positivo hacia la reducción de los peligros de la crisis".[45]

Se hace difícil evadir el cerco de los buques ingleses y norteamericanos que tan eficazmente están sirviendo a Castro. Los

---

[44] Fuente: Dr. Roberto Rodríguez Aragón en entrevista con el autor.

[45] Cable de la AP de abril 10, 1963.

MIG rusos piloteados por aviadores del régimen participan en el asfixiante asedio. Tan grande es su celo por impedir toda expedición a Cuba que el 28 de marzo disparan, por error, como antes expusimos, al carguero norteamericano Floridian. Los Estados Unidos protesta a través de los canales diplomáticos; Castro se apresura a presentar excusas que, de inmediato, les son aceptadas por Washington.[46] Todo queda zanjado como entre buenos amigos.

Para suavizar la creciente inquietud del gobierno venezolano, se organiza una visita a Washington del Presidente Betancourt. Está programada para el lunes 18 de febrero, con una escala inicial en San Juan cubriendo, luego, las capitales de México y República Dominicana. Pero algo imprevisto ocurre.

El martes 13, siete destructores y numerosos aviones de las Fuerzas Armadas Venezolanas recorren frenéticamente las aguas y el espacio aéreo del Mar Caribe en busca del mercante "Anzoátegui", capturado en alta mar por comandos guerrilleros.

El barco de carga venezolano que se dirigía a Houston, Texas, desde el puerto de La Guaira, había sido asaltado por extremistas de las FALN (Fuerzas Armadas de Liberación Nacional).[47] El propósito del secuestro en alta mar era evidente: Forzar la cancelación de la anunciada visita del mandatario venezolano, altamente reconocido por su militante posición anticomunista.

La prensa mundial cubrió con ribetes sensacionalistas la irregular travesía de la nave. Castro se apresuró a ofrecerles asilo político "a todos los revolucionarios venezolanos ... y a los miembros de la tripulación que deseen permanecer en Cuba". La "invitación" no le fue aceptada. "Los revolucionarios venezolanos" preferían la azarosa travesía marítima a la insegura hospitalidad castrista.

---

[46] Cable de la AP de abril 4, 1963.

[47] En 1962 más de 200 venezolanos se entrenaron en Cuba como guerrilleros. Fue el núcleo que constituyó la FALN como brazo armado del Partido Comunista de Venezuela, con el que luego rompió toda vinculación acusando al PCV de burocrático y contrarrevolucionario. Fuente: Robert H. Riefe, "Moscú, La Habana y la Liberación Nacional en Latino América".

Perseguidos por barcos de las marinas de guerra venezolana y estadounidense, el Anzoátegui —y, a bordo de ella, los militantes de la FALN— se mantenían, por días, en la primera página de los periódicos. Aviones de la marina norteamericana lanzan cohetes de advertencia sobre la nave tratando, inútilmente, de forzarla a cambiar su rumbo y dirigirla hacia Puerto Rico.[48]

Pero será a las costas brasileñas a las que —horas antes del caluroso recibimiento que se le ofrece en Washington al Presidente Betancourt— arriba el buque. El gobierno de Brasil les concede asilo político.

Las medidas de restricciones que está aplicando la Administración de Kennedy a la acción de los grupos anticastristas, obliga a los dirigentes de estas organizaciones a buscar la forma de evadir las limitaciones que les imponen. Están poniéndose en efecto "los compromisos contraídos".[49]

Se reúnen el Directorio Revolucionario Estudiantil, Alfa 66, Comandos L, Segundo Frente del Escambray y otros que en los últimos tres meses han efectuado siete ataques sobre las costas de Cuba y buques mercantes soviéticos.

Pero como el gobierno de Kennedy está decidido a hacer cumplir la aplicación de la "Ley de Neutralidad", envía hacia la zona del Mar Caribe seis aviones, seis buques patrulleros y otros seis barcos de menor calado. El peligro no es Castro. El portavoz de los guardacostas norteamericanos, descarnadamente honesto, explica la decisión:

"Esta medida se tomó para lograr la aplicación de las leyes a los navíos que van rumbo a Cuba con la intención de atacar".[50]

Castro y Kruschev celebrarán su victoria diplomática.

---

[48] Cable de la AP de febrero 17, 1963.

[49] Los "compromisos contraídos" se refieren a los acuerdos que, en secreto, han tomado John F. Kennedy y Nikita Kruschev, cuatro meses antes, como bochornoso precio para resolver la Crisis de los Cohetes. Ver "De Girón a la Crisis de Octubre: La Segunda Derrota", del autor.

[50] Cable de la AP de Abril 6 de 1963.

El 27 de abril, como ya lo hemos mencionado, partía Castro sigilosamente hacia Moscú, dominada ya, por las persuasivas palabras del Vice Primer Ministro Anastas Mikoyán, su irritación hacia Kruschev. Pero los grupos anticastristas le dieron, con sus acciones, un gran colorido a esa subrepticia salida.

Este día, dos refinerías de petróleo, cerca de La Habana, fueron atacadas "por un grupo de contrarrevolucionarios" según admitía el propio gobierno cubano. La radio de La Habana afirmaba que el avión atacante "despegó de territorio norteamericano y regresó a su base con absoluta impunidad". La transmisión cubana describió los objetos arrojados como "material inflamable... y una bomba de 45 kilos de napalm —gasolina gelatinosa— que no hizo explosión". Le fue atribuida al Movimiento Demócrata Cristiano esta acción que, algunos señalaban, había sido concebida y perpetrada por Laureano Batista Falla, que tenía a su cargo las acciones militares de esa organización.

Los militantes cubanos arreciaban sus ataques con los pocos medios con que contaban y a pesar de las grandes dificultades que enfrentaban. La Administración andaba por un camino opuesto. En marcado contraste con las acciones de los militantes anticastristas, el Departamento de Justicia de los Estados Unidos anunciaba, el 23 de abril, que pondrían en libertad a cuatro comunistas cubanos que se encontraban presos en los Estados Unidos.

Quedaban libres, Fancisco Molina del Río (El Gancho)[51]; Roberto Santiesteban Casanova, miembro de la Delegación cubana ante las Naciones Unidas; Antonio Sueiro y José García Orellana. Los tres últimos detenidos hacía algunos meses acusados de tratar de sabotear instalaciones de defensa en los Estados Unidos. Los cuatro partieron de inmediato para La Habana.

---

[51] Juan Francisco Molina del Río (El Gancho) había sido condenado por la muerte de una joven venezolana cuando la visita de Fidel Castro a Nueva York en 1960. Su indulto era una burla de la Administración de Kennedy a la justicia: Sólo 3 meses antes, el 23 de enero de 1963, la Corte de Apelación de Nueva York había confirmado la pena de 20 años de prisión impuesta al Gancho Molina.

ACCIONES POR LA LIBRE

Los combatientes cubanos continúan su lucha. Cuatro organizaciones —Segundo Frente del Escambray; Alfa 66; el MRP y el Frente Anticomunista de Liberación— realizan un sorpresivo ataque en la Playa de Tarará, a unos quince kilómetros de La Habana. Coincide este ataque con la firma de un manifiesto suscrito por el Segundo Frente del Escambray, Alfa 66 y el MRP, cuyo documento creará serias diferencias en el seno de estas organizaciones.

Celebrará Fidel Castro el Primero de Mayo junto a Nikita Kruschev en la Plaza Roja. Habrá intercambio de elogios y de promesas. No escatima Kruschev las zalemas "al héroe popular de la Cuba Revolucionaria"; "enviamos saludo de combate al heroico pueblo de Cuba, nuestro hermano y compañero de lucha"; "la heroica Cuba no está sola en su lucha"; "seguiremos apoyando los cinco puntos de Fidel". No podía Castro resistir tantos halagos. La irritación, el rencor, la desconfianza que había sentido, por su doblez, hacia el Primer Ministro Soviético desaparecían con estas palabras tan gratas a sus oídos.

Días después, el 20 de mayo, se produce un nuevo ataque de combatientes anticastrsitas al Puesto Naval de Tarará. El régimen se ve obligado a confirmar la acción culpando, por supuesto, "al gobierno norteamericano por estos hechos vandálicos y por las graves consecuencias que de los mismos puedan derivarse".

Ese 20 de mayo en un encuentro en la hacienda Santa Catalina, en Colón, provincia de Matanzas, muere Raúl Ramos Ramos y otros dos combatientes. La radio oficial se vio obligada a dar la noticia.

Las organizaciones revolucionarias se han empecinado en quitarle lustre al viaje de Castro a la metrópoli. Así, en el momento que está recibiendo su "Doctorado Honoris Causa" en la Universidad de Lomonosov, Alfa 66 y el Segundo Frente Nacional del Escambray están ametrallando al puesto naval de Tarará. Armando Fleites y Antonio Veciana le dan crédito por la acción a las fuerzas internas. Nadie se llama a engaño.

Castro continúa su larga visita a la Unión Soviética. Se encuentra en mayo descansando, junto con el Primer Ministro Kruschev, en una casa de campo sobre el Mar Negro. Ya están ambos totalmente reconciliados. Castro se abraza a Nikita y se aleja de Guevara. La nueva situación se hará visible a su regreso, dentro de pocos días.

La Administración de Kennedy cierra sus ojos —como hizo en la etapa anterior a la Crisis de los Cohetes— a lo que en Cuba sucede. Increíblemente, en junio 3, de 1963, el Secretario Auxiliar de Defensa, Paul H. Nitze, manifiesta que Estados Unidos no tiene pruebas de que la Unión Soviética esté construyendo una base de submarinos en Cuba. Sólo el Ministerio de Defensa y el Presidente de los Estados Unidos pretenden ignorar un hecho de todos conocido.

Con grandes esfuerzos, las organizaciones que no tienen el respaldo oficial realizan sus acciones y mantienen en jaque al régimen castrista. En la madrugada del 12 de junio diez exiliados desembarcan cerca de Cárdenas para atacar una refinería. El grupo lo componen Evangelio Rufín, los hermanos Roberto y Jorge Rodríguez Triana, Reinaldo Lermo; Ellie Mor Ruiz; Juan Espinosa; Jorge Rufín, Ricardo Morales y Ramón Cuevas Conte. A su regreso son detenidos en Cayo Maratón. El Departamento de Estado informó que la Oficina de Aduana de los Estados Unidos y el Servicio de Inmigración los habían retenido "pendiente de ulteriores investigaciones". Eran miembros de Comandos L.

Cinco días después va a partir, a bordo de un bimotor Beech Craft, otro grupo de seis combatientes. Tienen señalado como objetivo una de las refinerías de petróleo en las afueras de La Habana. Pero son detenidos cuando se acercan al pequeño avión. Este grupo lo componen Carlos E. Hernández[52] —que había participado como miembro del Directorio Revolucionario Estudiantil, en el ataque al Blanquita en agosto del año anterior—, Evelio Alpízar, René José Espinosa Hernández, Víctor Espinosa Hernández y Miguel Álvarez. También Humberto Solís, telegrafista de la Bri-

---

[52] Carlos E. Hernández (Batea), fundador del MRR, fue de los primeros en pasar a los campamentos de Guatemala, antes de Girón, en 1960, correspondiéndole el número 2523.

gada 2506. Permanecen detenidos por 2 ó 3 días pero son liberados por gestiones de Carlos Zárraga. Luego irán a New Orleans para otra acción que también se frustra.

Es la prensa castrista la que se hace eco de otro ataque. "En la madrugada del 10 de junio, un grupo de mercenarios... tripulantes de una lancha pirata artillada con ametralladoras y un cañón de 30 milímetros... desembarcó en Cayo Blanco, a 15 kilómetros de la Bahía de Cárdenas y atacó por sorpresa a una *patrulla de cuatro marineros*".

Los combatientes cubanos se mantenían activos en todo el continente. En el puerto de Veracruz, el 15 de junio, se realiza una acción para volar los barcos castristas "Oriente", "Las Villas" y "Bahía de Siguanea". La operación había sido planeada por un experimentado revolucionario, Manuel Cobo Sausa,[53] experto en pesca submarina quien intenta colocar una bomba magnética debajo de la línea de flotación del "Bahía de Siguanea". Falla el intento. Son detenidos Carlos Fernández Trujillo, delegado de Rescate Revolucionario y del Consejo Revolucionario. Junto a él son también arrestados José María Toral; Agustín Santana González, Carlos Samá Rabelo y Alejandro del Valle.

LA EXTRAÑA AVENTURA DE NEW ORLEANS

A mediados de julio partieron de Miami hacia New Orleans cerca de 20 jóvenes que irían a tomar un entrenamiento en aquella zona y luego pasarían un entrenamiento mayor en Centroamérica. Fueron cuatro pequeños grupos de cinco personas cada uno.[54] La movilización la costeó, con fondos personales, un modesto y trabajador militante del Movimiento Demócrata Cristiano: Heriberto Valdés Mollineda.

---

[53] Manuel Cobo Sausa había sido el delegado alterno de Aureliano Sánchez Arango cuando se constituyó el Frente Revolucionario Democrático en 1960. A la salida de Aureliano en septiembre de aquel año, Manolo Cobo se convierte en miembro del Frente Revolucionario representando a Acción Social Demócratica.

[54] Comunicación de junio 27, 1963 del autor a un compañero de la organización. Archivo personal de Enrique Ros.

El traslado de estos compañeros a New Orleans coincide —aunque no hay firme evidencia de la posible conexión— con la confiscación por el FBI de dinamita y diversos materiales para la confección casera de bombas aéreas, cerca del lago Pontchartrain. El campo de entrenamiento, originalmente organizado por Frank Sturgis (Frank Fiorini), fue usado por el MDC, el Directorio Revolucionario Estudiantil, el Movimiento 30 de Noviembre y el MIRR,[55] pero curiosamente, Laureano Batista, que estaba al frente de las operaciones militares del Movimiento Demócrata Cristiano, había partido hacia Venezuela el sábado 20 de julio.[56] Coinciden estos eventos con las declaraciones, prominentemente destacadas en la prensa, de Artime "que partirá para Centroamérica para desarrollar su plan de guerra".

El Consejo Revolucionario ha desaparacido de la actualidad. La oficina de Judicatura Cubana se vio obligada a desalojar su local de la calle 25 y compartir la casi desierta oficina del Consejo. Alabau Trelles mantiene a duras penas su Asociación de Funcionarios del Poder Judicial y, junto con el Colegio de Abogados Cubanos, el de Procuradores y la Asosiación de Funcionarios del Tribunal Electoral, crea La Federación de Organizaciones de Juristas que, tampoco, a nada habrá de conducir. Son los estertores de la crisis que se había hecho pública tres meses antes con la renuncia de José Miró Cardona a la presidencia del Consejo Revolucionario.

Para el 10 de agosto ya habían regresado a Miami los jóvenes que habían partido para iniciar su entrenamiento en New Orleans en el campamento que fue allanado por el FBI.

Carl M. Davis, que con frecuencia piloteaba algunos de los pequeños aviones del MIRR, de Orlando Bosch, mantenía en aquellos días frecuente contacto con militantes del Movimiento Demócrata Cristiano (MDC). Días después del viaje a New Orleans y de la breve ausencia de los miembros de esta última organización desapareció de la escena revolucionaria de Miami.

---

[55] "The Fish is Red", página 210.

[56] Archivo personal de Enrique Ros.

LOS "COMPROMISOS CONTRAÍDOS" SE PONEN EN VIGOR

El 28 de octubre del pasado año (1962), cuando Kennedy y Kruschev convienen los términos que pondrían fin a la Crisis de los Cohetes, el presidente norteamericano reafirmó al premier soviético que "los compromisos contraídos serán prontamente ejecutados".

De inmediato, tomó la administración Kennedy "todas las medidas necesarias para evitar que unidades de cubanos exiliados, con uno de sus ataques que realizan en busca de publicidad, afectaran el acuerdo a que se ha llegado".[57]

El 31 de marzo de 1963 el gobierno, que ya había decomisado barcos, equipos y armas a varios grupos combatientes, emitió nuevas órdenes. Éstas alcanzaban a todos los militantes y activistas.

El Departamento de Justicia envió a los dirigentes y miembros de las agrupaciones revolucionarias cubanas órdenes terminantes de permanecer dentro de la zona del Condado Dade. Trataban, así, de impedir nuevos ataques de los exiliados contra Castro.

La comunicación era aún más estricta: "Se le prohibe a usted salir del territorio de los Estados Unidos hasta nueva orden". Las sanciones a los violadores de este confinamiento eran severas: multa de $5,000.00 o condena de hasta cinco años de prisión. El FBI entra de inmediato en acción visitando e interrogando a los dirigentes cubanos en Miami.

Todos sabían lo que había originado la restrictiva medida de Robert Kennedy. El 28 de marzo, Comandos L había atacado en la bahía de Caibarién, como ya comentamos, al carguero ruso BAKU que tenía anclada a pocos metros una fragata de guerra cubana.

Pocos días antes, "una nave de guerra británica guiada por un avión de patrulla norteamericano, interceptó a un grupo de

---

[57] Ted Sorensen. "Kennedy".

exiliados cubanos que se dirigían hacia Cuba en una incursión de guerra".[58]

El hermano del Presidente, quien, desde sus propias oficinas había planeado, controlado y apoyado acciones contra Castro, no podía permitir, ahora, que los exiliados actuaran. Mucho menos, que lo hicieran por cuenta propia. A esto se había comprometido con Dobrynin y, su hermano, con Kruschev. Eran "los compromisos contraídos aquel 28 de octubre".

Quien le responde es Orlando Bosch. Lejos de acatar la medida, el dirigente del Movimiento Insurreccional de Recuperación Revolucionario (MIRR) anunció que estaba organizando otro raid contra un barco ruso en aguas cubanas. En igual forma responden Alfa 66 y el Segundo Frente del Escambray.

Aureliano Sánchez Arango emitió la nota discordante. El viejo combatiente, apagados ya sus ímpetus revolucionarios, aconseja que "los exiliados no deben actuar de manera que trastornen las actividades que se están desarrollando a un nivel más elevado, como parte de un plan general".[59] El dirigente del Movimiento Revolucionario Triple A se auto designaba vocero de la política norteamericana.

No está solo Aureliano. Desde La Habana llegan, también, palabras de respaldo al ucase kennediano. "El Primer Ministro Cubano, Fidel Castro, elogió al gobierno de los Estados Unidos en un discurso, por haberse opuesto al ataque de refugiados a Cuba" (Cable de la UPI de abril 22, 1963).

Este era el panorama de la lucha contra el régimen castrista el 26 de julio de 1963 fecha que, incomprensiblemente, destaca Bohemia con un amplísimo artículo con fotos y mensajes autógrafos "del Comandante Guevara dirigidos al Comandante Cubela". Lo escribe el propio dirigente del Directorio Revolucionario. El destaque es poco usual. Las frases laudatorias:

"En este artículo el Comandante Rolando Cubela, uno de los heroicos protagonistas de la batalla y el triunfo, describe una

---

[58] Cable de la UPI

[59] Cable de la UPI, abril primero, 1963.

de las fases más encarnizadas y decisivas de la operación..." "Se trata de una página inédita de la gesta revolucionaria que Bohemia ofrece a los lectores".

¿Qué persigue la prensa controlada de Castro elogiando desmesuradamente, sin una razón evidente, a un comandante que no es de la vertiente del 26 de Julio ni de la del Partido Socialista Popular? ¿Por qué, en una conmemoración de una fecha como la del 26 de Julio en la que Cubela no tuvo participación alguna, se reproducen mensajes de Guevara al Comandante Cubela? ¿Conocía ya la Inteligencia Cubana que desde 1961 mantenía Cubela contactos con la Agencia Central de Inteligencia?[60] ¿Ignoraba esto la Inteligencia Cubana o querían ofrecerle al dirigente del Directorio Revolucionario una falsa confianza para llegar a conocer quienes más estaban "contaminados"? Por supuesto, no lo ignora.

Es el General Fabián Escalante quien afirma en la conferencia de Antigua[61] que fue en marzo de 1961 cuando Cubela fue reclutado por la CIA, aunque no ofrece prueba para esta aseveración que da a conocer treinta años después de aquellos hechos. Igualmente informa, sin tampoco mencionar la fuente, que en el otoño de 1963 Cubela estaba envuelto en un plan para asesinar a Castro que conduciría a una insurrección armada. Más adelante analizaremos estos hechos.

Los intentos contra la vida de Castro continúan. Se ha preparado uno para ejecutarlo cuando en el mes de septiembre se celebre en La Habana la serie mundial de béisbol juvenil. Un mes antes son detenidos Osvaldo Valentín Figueroa Gálvez, Reynaldo Figueroa Gálvez y José Manuel Rodríguez Cruz, miembro de la organización "Movimiento de Liberación Nacional". Meses después, Felipe Alonso Herrera. Las autoridades castristas los aso-

---

[60] Fue en los primeros meses de 1961 que un funcionario de la CIA contactó por primera vez a Rolando Cubela asignándosele las siglas AM/LASH. Fuente: "Ad Interim Report" Comité Selecto, Senado de los Estados Unidos, noviembre 20, 1975. Dos distintos agentes de la CIA mantienen el contacto con Cubela. El primer agente hasta septiembre de 1963. El segundo, hasta mediados de 1965.

[61] Conferencia de Antigua, enero 4 de 1991. Dr. James G. Blight. Obra aún no publicada.

cian con Alberto y Frank Grau Sierra que serán calificados, por supuesto, como "agentes de la CIA".

La lucha dentro de Cuba se mantiene. Algunas acciones se realizan con éxito; otras se frustran. En el propio mes de septiembre son apresados militantes de las organizaciones "Ejército de Liberación Nacional"y "Frente Interno de Liberación" que fraguaban un atentado contra Castro. Son arrestados Nemesio Cubillas Pérez, Ángel Miguel Arencibia Vidán, Alfonso Torquemada Tendero, Marino Bailac Valdez y otros.[62] El atentado lo iban a realizar en la residencia de Celia Sánchez. Durante meses no se hacen públicos estos encarcelamientos.

CONTINÚA EL ESCABROSO CAMINO DE LA ACCIÓN

Durante los meses del verano de 1963, la actitud de los más altos funcionarios fluctúa entre la persecución a los militantes revolucionarios exilados y la tácita tolerancia a las acciones que se realizan.

La Administración se debate entre su interés en honrar los "compromisos contraídos" y su comprensible deseo de vengar viejos agravios autorizando acciones sobre la isla. La balanza, al menos momentáneamente, la moverá el interés político.

La revista Time en su edición de abril 5 de 1963, dio a conocer el resultado de una encuesta de opinión pública que la Administración conoció aún antes de ser publicada. El 60% de las personas entrevistadas consideraba que Cuba era una seria amenaza a la paz mundial. Era necesario realizar algo para detener "la presente tendencia hacia una creciente disminución de la confianza pública en la Administración."[63]

Pronto, aguijoneados por la frustrante encuesta, se tomarán decisiones sobre el tema cubano. Decisiones que, desafortunadamente, obedecían más a un interés doméstico electoral que a

---

[62] Luis Páez. Obra citada.

[63] Memos del personal de la oficina del Presidente, de marzo 8 y 22 de 1963. "Papeles sobre Cuba". Archivos de Seguridad Nacional.

la seguridad nacional o a coadyuvar a liberar de su opresión al pueblo cubano.

El 22 de julio fueron capturados Rolando Mathew Paz, Manuel Marrero Castillo y Francisco Marrero Castillo cuando desembarcaban en Cuba. Fueron juzgados en el Tribunal Revolucionario de Las Villas el 16 de agosto, sentenciados a muerte y ejecutados la madrugada siguiente. A fines de agosto se está debatiendo la "Fórmula de Centroamérica", aparentemente respaldada por los gobiernos de la región, y que es impugnada por Manolo Ray.

EL MIRR SE REACTIVA

Al ser sofocada la lucha del Escambray, muchos de los dirigentes de aquellos grupos (Joaquín Membibre, Evelio Duque, Orlando Bosch, Marcelino García, Andrés Marcos, Edel Montiel, Vicente Méndez, Barrero y otros) coinciden en Miami donde tratan de elaborar un plan de acción. Funcionarían como Ejército Cubano Anticomunista (ECA), "Frente Escambray".

Sobre el plan de acciones a realizar, tienen profundas diferencias con los sectores que aportarían las armas, y fracasan aquellos planes. El 12 de agosto de 1962, Orlando Bosch hace pública su denuncia.

Meses después, Bosch reactiva el MIRR y comienza a actuar, principalmente con pequeños aviones, sobre refinerías y centrales azucareros.

A principios de 1963 se realiza una acción sobre una refinería. Bosch es procesado en Orlando, Florida, y, con una oportuna intervención del Reverendo Max Salvador, son absueltos Bosch y los demás procesados.

La prensa castrista no puede ocultar la preocupación del gobierno cubano por las frecuentes incursiones a su territorio. El 15 de agosto, "una avioneta pirata" dejó caer pequeñas bombas sobre el Central Bolivia (el antiguo Cunagua) en el municipio de Morón. La acción la realiza el Movimiento Insurreccional de Recuperación (MIRR) que dirige Orlando Bosch. Pilotea el pequeño avión de dos motores, Gervelio (Mimo) Gutiérrez; lo acompaña, con varias latas de fósforo vivo, Jorge Moniz.

Sobre las refinerías de La Habana vuela "otro avión enemigo". Así describe la acción, la prensa oficial:

"Los cañones antiaéreos que custodian las refinerías de petróleo en la Bahía de La Habana abrieron fuego en las primeras horas de hoy, contra un avión enemigo que volaba sobre el lugar".

Otro avión deja caer sobre Casilda, Las Villas, a las dos de la madrugada del 19 de agosto "varias bombas, una de las cuales cae en un tanque petrolero ferroviario provocando un incendio". El ataque, se ve obligado a destacar la propia prensa oficial, fue similar a la técnica empleada en el pasado:

"El avión pirata se presentó sobre la población aproximadamente a las dos de la madrugada, dejando caer, primero, un paracaídas con una luz de bengala color amarillo. El aparato entró en el espacio aéreo cubano con los motores en baja y completamente a oscuras para impedir, de esa manera, que las autoridades y el pueblo del lugar se percataran de su presencia."

Definitivamente, "la contrarrevolución no ha sido aplastada". Si el domingo 18 un avión pirata atacaba los depósitos de petróleo en Casilda, el lunes 19 dos lanchas de desembarco abren fuego contra la planta de sulfometales de Santa Lucía, Pinar del Río.

Durante todo ese mes de agosto continúan los ataques. La prensa escrita y la radio castrista dan a conocer el 20 de agosto un extenso comunicado del gobierno que admite un nuevo ataque efectuado, esta vez, por "dos lanchas piratas" contra la instalación de sulfometal en Santa Lucía.

El comunicado[64] admite que:

"dos lanchas procedentes de un buque madre situado frente a la Boca del Estero de Santa Lucía, penetran simul-

---

[64] Revista Bohemia, 23 de agosto de 1963.

táneamente por dos de los esteros existentes en dicha zona hasta aproximarse para atacar con ametralladoras y cañones antitanques las instalaciones de la Central de Sulfometal "Patricio Lumumba", donde ocasionaron daños materiales".[65]

Era el "tercer ataque pirata que se produce en las últimas 72 horas", clama el gobierno. Surtirá efecto el público reclamo.

El mismo 20 de agosto el Servicio de Guardacostas de los Estados Unidos extiende sus funciones para servir, solícitamente, al gobierno de Su Majestad Británica. Ya no sólo la Marina de Kennedy mantiene un acuático muro de Berlín para proteger a Castro de ataques posiblemente generados en costas norteamericanas. La protección la extiende, reiteradamente, a las costas de Las Bahamas. Ese día, la fragata británica Londonderry —orientada con la información suministrada por el Servicio de Guardacostas Norteamericano— arresta a cinco cubanos anticastristas en Cayo Anguila.

La semana anterior había sido el régimen de Castro quien, violando las leyes internacionales, había secuestrado a 19 exiliados que, escapados de Cuba, se encontraban en Cayo Anguila. El 13 de agosto un avión de reconocimiento del Servicio de Guardacostas de Estados Unidos había observado "una operación de unidades cubanas en el curso de la cual numerosas personas fueron sacadas de Cayo Anguila".[66] Un helicóptero cubano había aterrizado en aquel cayo "y se vio cuando tripulantes de las cañoneras cubanas desembarcaron allí". Los anticastristas o eran atropellados por las autoridades británicas o lo eran por las autoridades cubanas.

Va a terminar el convulso mes de agosto con la muerte de Pedro Gónzalez y Mario Soler, que estaban al frente de un grupo guerrillero en Las Villas, en un encuentro con las fuerzas del Ejército Rebelde y las milicias. Pero en septiembre continuará la acción.

---

[65] Cable de la UPI de agosto 20, 1963, originado en La Habana.

[66] Cable de la UPI de agosto 22, 1963.

Bajo la creciente presión de sectores de oposición —y para cumplir con elementales reglas de política internacional— el Ministerio de Relaciones Exteriores de la Gran Bretaña se ve obligado a protestar enérgicamente ante el gobierno de Castro por "el reciente secuestro y envío a Cuba de un grupo de cubanos que había llegado a Cayo Anguila, posesión británica en el Caribe". "Las pruebas disponibles —dice la nota— muestran irrefutablemente la incursión de unidades cubanas en aguas territoriales y territorios de la Gran Bretaña".

Sin que causara asombro alguno, el gobierno cubano rechazó la nota inglesa. "La violación del territorio británico fue justificada" dice el breve comunicado del 13 de septiembre del Ministerio de Relaciones Exteriores.

Castro está preocupado. El propio martes 20 el gobierno cubano advierte —en forma melodramática— que los ataques a sus instalaciones industriales "ponen en peligro la paz mundial". Cuando, con aparente inocencia, invoca "la paz mundial" pronto se conocerá la verdadera intención de esta frase.

UNA OPERACIÓN DE INFILTRACIÓN

Terminaba el mes de agosto. Un buque madre había partido de su base llevando a bordo al team que iba a infiltrarse y, a remolque, la "Boston Whaler" de 16 pies que se usaría para la exfiltración. A las pocas horas fondea al norte de Elbow Key donde permanecen sus tripulantes por varias horas, limpiando y preparando las armas y equipos que utilizarían en la misión.

Al caer la noche parten hacia el punto de infiltración, situado a una milla de Cayo Galindo. De allí salió la Boston Whaler hacia el canalizo por donde llegarían a la costa. Observaron por el radar que la pequeña embarcación penetraba por el canalizo y, luego de verificar que la infiltración había tenido éxito levantaron anclas y comenzaron a navegar para alejarse del área.

A los pocos minutos observaron en el radar, cuatro blancos navegando en formación y a alta velocidad hacia donde el buque madre se encontraba. Eran, evidentemente, lanchas torpederas de la marina cubana. El buque tomó rumbo NE hacia Cayo Sal con la intención de entrar en el banco y obligar a las lanchas torpederas a quedarse afuera o a violar las aguasa territoriales inglesas. Se prepararon las armas (el cañón sin retroceso de 57 milímetros y las cuatro ametralladoras calibre 50). No fue necesario dispararlas. Apenas 45 minutos después ya estaba en aguas de Cayo Sal. Había terminado la persecución.[67]

El 4 de septiembre "dos aviones desconocidos volando sobre territorio de Las Villas se aproximaron a la base aérea de esa provincia pero la artillería antiaérea logró ahuyentarlos del paraje." Y viene otra nota: "alrededor de las cuatro de la madrugada del día siguiente, reaparecieron dos aviones bimotores de las mismas características anteriores, que fueron ahuyentados por el fuego de la artillería al acercaese a la base aérea".

Eran pequeños aviones que, con mil penurias, costeaban grupos revolucionarios en el destierro que no contaban con el apoyo de la Agencia de Inteligencia.

Se produce de inmediato un nuevo ataque. El Ministerio de las Fuerzas Armadas Revolucionarias confirmó que "grupos anticastristas bombardearon en las primeras horas del domingo 8 de septiembre el central azucarero Jaronú, en la costa norte de Camagüey. Era la misma tripulación (Mimo Gutiérrez y Jorge Moniz), que tres semanas antes atacara el Central Cunagua, la que ahora arrojaba granadas y fósforo vivo sobre el Jaronú.

Así lo informa la prensa castrista:

"Aproximadamente a las cuatro y treinta de la tarde del ocho de septiembre, un avión pirata, procedente del rumbo norte, voló sobre "Central Brasil", en la costa norte de Camagüey, lanzando 5 bombas de 50 libras cada una, las que estallaron en las inmediaciones del Central".

---

[67] La tripulación la componían: Guillermo Cancio, Primer Comandante; Roberto Bombino, Segundo Comandante; Félix Domínguez, Maquinista; Mario Collazo, Contramaestre; Miguel A. González, Rodolfo Lllamas y Mario B. Rodríguez Setién, Telegrafistas; Luis Mellis, Condestable; Arturo Escarce, Francisco Acosta, Ramón G. Tápanes y Braulio Delgado, Marineros.

NUEVA OPERACIÓN DE INFILTRACIÓN

En el mismo mes de septiembre el barco comandado por Cancio se encuentra en una operación diversionaria frente a La Habana.

La intensa lluvia de aquella noche sin luna no les permitía identificar, con exactitud, la posición en que se encontraban cuando se acercaban a la costa. Para cerciorarse, y porque se trataba de una operación diversionaria, decidió Cancio disparar varias luces de bengala con la intención de provocar a la radio cubana a hablar y, así, identificar con precisión el punto en que se encontraban. "La reacción fue casi inmediata y oímos a la estación de Bahía Honda y al puesto de La Gobernadora reportar las bengalas a la CLT, mientras que un reflector de alta potencia, situado al oeste de la punta, comenzó a barrer el mar", recuerda Cancio. Continuó navegando el buque a lo largo de la costa hacia La Habana disparando el resto de las bengalas cuando se encontraba a la altura del Morro. Terminaba así aquella operación que perseguía atraer la atención de las fuerzas cubanas hacia un lugar bien distante de donde, en ese momento, se estaba produciendo una infiltración.[68]

"Las incursiones filibusteras" mantenían en jaque al gobierno cubano. Afirma Raúl Castro que los "episodios del Bolivia, Casilda y Santa Lucía desbordan los límites" de ataques, más o menos "por la libre"...se utilizan "elementos militares que no están al alcance de cualquier pandilla sin respaldo oficial". El gobierno castrista, quiere, con esta escandalosa denuncia, hacerse oir en el Potomac. También en Moscú. Lo consigue.

El 11 de septiembre era Pravda quien "examinaba, una por una, las últimas agresiones contra Cuba, desde el ataque al Bolivia al bombardeo al Central Brasil"... y advierte: "ese camino es sumamente peligroso".

---

[68] La tripulación la componían las siguientes personas: Primer Comandante Guillermo Cancio; Segundo Comandante Manuel Aparicio; Maquinista Félix Domínguez; Contramaestre Arcángel Amador; Marineros Modesto García Méndez, Rogerio de los Santos y Justo Delgado; Telegrafistas Pedro Gómez y Rodolfo Llamas.

Pravda —el órgano oficial del gobierno moscovita— hace un apropiado recordatorio a los "compromisos contraídos", que califica de "compromisos sensatos":

"Todos los pueblos aclamaron el arreglo pacífico de la Crisis del Caribe el pasado año por medio de un compromiso sensato. Pero si las fuerzas agresivas quieren, otra vez, retrotraer al mundo a aquella situación, deberán recordar a la Unión Soviética y sus promesas concretas de ayudar a Cuba a defender su independencia. Den por descontado que la Unión Soviética cumplirá sus promesas".

La "promesa concreta" seguirá vigente. Burlándose de la conocida debilidad de Kennedy, la prensa cubana se hizo eco de la advertencia de Pravda y aseguró que "hasta un analfabeto de Harvard entenderá la cosa".

El mensaje llega, esta vez, alto y claro, a Washington. Ante la advertencia soviética y el oportuno recordatorio de los "compromisos contraídos" no se permitieron nuevos ataques a las instalaciones cubanas ni incursiones a las costas de la isla. Con excepción de un ataque a un aserradero en las zonas de Banes, provincia de Oriente, que fue producido "por un barco pirata, al amparo de la oscuridad". El aserrío —situado en Cabo Guin— quedó destruido. *"Después de perpetrada la fechoría, la embarcación huyó rumbo norte."*

Vuelve a ser el Ministerio de las Fuerzas Armadas el encargado de difundir la noticia e indicar "la dirección" que toman "las naves piratas". Es un recordatorio, en español, a "los compromisos contraídos". Refrescado antes, en ruso y en inglés. A partir de aquella fecha no se permite ni un solo ataque a las costas cubanas ni a las organizaciones que gozaban del favor oficial ni a aquéllas que actuaban por la libre. Kennedy, que andaba de prisa, a espaldas de todos, por los caminos del acomodamiento y, también, de la eliminación física, no quería entorpecer esas rutas con los escollos que podían surgir por el camino de la acción.

Mientras, la Jefatura de la Seguridad del Departamento de Seguridad del Estado ordena la captura de Orlando Martiniano de la Cruz Sánchez, Juan Israel Cazañas León, Jesús Plácido Rodríguez Mosquera, Luis Beltrán Arencibia Pérez, Francisco Blanco de los Cuetos, el ingeniero Federico Hernández González y otros a quienes acusa de pertenecer a las organizaciones "Frente Interno de la Unidad Revolucionaria (FIUR)" y "Triple A" y de planear volar la tribuna del acto que se realizaría por el aniversario de los Comités de Defensa de la Revolución.[69] La detención no es recogida por la prensa.

El 22 de septiembre un cable de la UPI da a conocer que "exiliados cubanos a quienes se interceptó cuando trataban de salir de Miami Beach hacia Cuba dijeron que son víctimas de persecución, por negarse a aceptar órdenes de la Agencia Central de Inteligencia".

La acusación hecha por el grupo de exiliados "Comandos L" fue reiterada por otra agrupación de exiliados, el Movimiento Insurreccional de Recuperación Revolucionaria. El MIRR dijo que "la Agencia Central de Inteligencia está mal intencionadamente, desviando, empeñando y hasta corrompiendo el movimiento contra Castro".

Para clarear de obstáculos la ruta, "los compromisos contraídos" se siguen ejecutando. En octubre 20 de 1963 tres embarcaciones "fuertemente armadas y tripuladas por 21 cubanos" fueron detenidas por los guardacostas cuando se dirigían hacia Cuba en una operación organizada por Comandos L.

A bordo de las embarcaciones se encontraron numerosas armas. Una cuarta unidad, cargada con combustible, fue encontrada en el río Miami. Pedro Muiño, vocero de los Comandos L, expresó que iban a iniciar la guerra de guerrillas en Cuba con las armas que les fueron ocupadas. Denuncia Muiño "el celo desplegado por las autoridades de este país, vigilando y persiguiendo a los grupos cubanos anticastristas no sometidos". Esto, afirma el dirigente de Comandos L, "contrasta con la impunidad manifiesta de que gozan los agentes de la CIA... que continúan engañando a los cubanos, añadiendo páginas bochornosas a las ya escritas".

---

[69] Luis Páez. "Gruerra Secreta".

LA OPERACIÓN DEL REX: EN BUSCA DE INFORMACIÓN

La CIA estaba obstaculizando la realización de acciones. Sólo alentaba —organizándolas y facilitándolas— las actividades de recolección de inteligencia. En estas últimas labores se encontraba, el 21 de octubre, a las pocas horas de haber sido azotada la isla por el huracán Flora, un barco de 170 pies de eslora, con guía hidráulica para arriar y alzar lanchas. Se trataba del "Rex".

El Rex tenía 174 pies de largo, construido en los primeros años de la década del 40 y reacondicionado con elaborados equipos electrónicos, reflectores de gran potencia y grúas que podían arriar o levantar con rapidez lanchas rápidas de 20 pies. Un barco de las mismas dimensiones y condiciones era el Leda. Otro, de iguales características era el PC 1140, propiedad de Santiago Babún, que fue decomisado en Miami por las autoridades norteamericanas horas antes de iniciarse el desembarco de Playa Girón. (Ver "Girón: La Verdadera Historia", del autor).

Comandaba el Rex un hombre de gran experiencia, Alejandro Brook, que operaba principalmente en la parte occidental de la isla. (Su hermano Gaspar tenía a su cargo en el barco gemelo, el Leda, las operaciones que se realizaban en la parte oriental).

La tripulación la formaban, además, Frank Casterví, como primer oficial; Oscar Cabaña, Segundo Oficial; e Illa, como Tercer Oficial. Funcionaba como telegrafista, Sardiñas y como Jefe de Máquinas, Torriente. El Primer Oficial de Máquina, era Ernesto Montero; segundo, Ángel Benítez; y el tercero, Caravallo. También formaba parte de la tripulación Hernández, Lima y otros. Arcángel Amador era Contramaestre de cargo.[70]

Aparecía el Rex, a los efectos oficiales, como perteneciente a una firma petrolera de Miami.[71] La embarcación se mantenía amarrada a uno de los muelles de West Palm Beach.

El buque reparado y acondicionado siete meses atrás, había zarpado de West Palm Beach el 19 de octubre, arribando a un

---

[70] Fuente: Declaraciones de Luis Montero Carranza.

[71] Warren Hinckle, "The Fish is Red".

punto conocido por "La Bóveda" entre Cabo Francés y Cabo Corriente cerca de Guane, Pinar del Río, la noche del 21 de octubre.

No era éste el primer viaje del Rex a "La Bóveda". En varias ocasiones anteriores habían infiltrado y, luego, exfiltrado, a Alberto del Busto, íntimo conocedor de la zona donde había vivido por muchos años y que había organizado en esas operaciones a un equipo de campesinos que lo ayudaban en la recolección de información.

Esa noche desembarcarían, para subir los altos farallones, Alberto del Busto, Mente Inclán, Luis Montero Carranza y Roberto Lizano Rodríguez (El Rubio).

Del Busto es el primero en ir a tierra para hacer el contacto. Lo esperan, esta vez, soldados que tratan de detenerlo. Se resiste al arresto y se producen disparos. Del Busto es herido, y los demás saben que la operación ha fracasado. Se inicia un intenso tiroteo. Los que se encuentran en la pequeña balsa en la que han llegado a la costa (Mente, Montero y Lizano) pueden lanzarse al agua segundos antes de que la balsa sea destruida con una ráfaga de ametralladora. Es de noche y se acerca un avión de propela para lanzar "luces de bengala" que iluminan el área hacia donde ya se dirigen dos aviones MIGS.[72]

Detectado por los radares de la Defensa Costera del régimen fue el "Rex" inmediatamente atacado por la escuadrilla aérea, al tiempo que tropas del gobierno cercan y persiguen a los que recién han desembarcado. Caen presos, tras dos días de no beber agua o ingerir alimento alguno, Clemente Inclán que fungía como Oficial de Seguridad de la tripulación; Montero Carrazana, que había participado en más de 17 operaciones de infiltración y exfiltración con el Rex, y Lizano Rodríguez (el Rubio).

El Rex evita ser nuevamente detectado por el radar acercándose a las costas y navegando hacia el Cabo San Antonio desde donde sigue en dirección a Cozumel.

Pero la lucha continúa. En la noche en que Castro anunciaba por televisión la captura de cinco tripulantes del Rex, eran fusila-

---

[72] Declaraciones de Montero Carranza y extensa entrevista del autor con Mente Inclán.

dos en la ciudad de Camagüey tres combatientes: Roland Cobrisas Sousa, Fermín González Mena y Guillermo Padrón Hernández. A quince años de prisión fue condenado Armando Borroto, un menor de 15 años de edad. El 12 de noviembre la radio de la Habana informó la ejecución de cuatro cubanos que recién habían desembarcado en las costas cubanas: Antonio Cobelas Rodríguez, Juan M. Milián Rodríguez, José F. Bolaños y Orlando Sánchez Sarasa. Pocas horas después morían ante un pelotón de fusilamiento de la Fortaleza Militar de La Cabaña otros cuatro patriotas: Argimiro Fonseca Fernández, Erasmo Machín García, Alfonso Ibañez e Israel Rodríguez Lima. En una semana se había dado a conocer el fusilamiento de 13 combatientes.

"En 1963, el año que mataron a Kennedy, yo estaba al frente de la acción", expresa con naturalidad Harry Ruiz Williams al autor en extensa entrevista. Es Harry el contacto de los sectores amigos con Alfa 66 que es, en aquel momento, una agrupación en la que se encuentran Antonio Veciana, Eloy Gutiérrez Menoyo, Armando Fleites y otros que luego tomarán rumbos distintos.

La prensa castrista se debatía entre mantener hacia la población su campaña alarmista, y la necesidad de inspirarle sosiego para no afectar, aún más, la ya baja productividad del país.

Así, "frente a la amenaza, y luego de los últimos ataques", el gobierno revolucionario adoptó medidas alertando sus defensas..." la consigna puesta en vigor era "al trabajo, pero con el fusil al lado". Lo que se hizo, se jactaba públicamente el gobierno, "dentro de la natural reserva militar para no provocar alarma ni aspaviento". No era así. La prensa extranjera —aunque con las limitaciones impuestas por la "natural reserva militar"— informaba, desde La Habana, que "Castro había puesto en alerta a sus fuerzas armadas y milicianos y había trasladado artillería y baterías antiaéreas a la costa norte".

El Presidente Kennedy había sido asesinado en Dallas el 22 de noviembre. Lyndon B. Johnson asumió el poder. Aprovechando el desconcierto que se produce en todo cambio de administración, combatientes cubanos organizaron y produjeron, antes de terminar el año 1963, otro ataque comando a las costas cubanas, Esta vez el blanco no fue un simple aserradero. El objetivo: una lancha torpedera de la marina castrista.

Así describe la acción el Ministerio de las Fuerzas Armadas. (MINFAR):

"En la noche del 22 al 23 de diciembre saboteadores de la CIA utilizando elementos de demolición submarina, similares a los empleados durante la Segunda Guerra Mundial, minaron una lancha torpedera de la Marina de Guerra Revolucionaria que se encontraba atracada en un muelle de la bahía de Siguanea, al sur de Isla de Pinos."

Raúl Castro hace la denuncia "ante la opinión pública mundial" y considera que "esto significa la reanudación por parte del gobierno norteamericano de los ataques piratas que habían cesado temporalmente..."

Responsabiliza el régimen con esta operación a la organización "Comandos Mambises" y califica el ataque como "el primer acto de agresión de este tipo del gobierno de los Estados Unidos desde que el Presidente Lyndon B. Johnson ocupa la presidencia de dicho país".

Empleaba el régimen la misma táctica intimidatoria que, meses atrás, le había dado éxito con John F. Kennedy. También lo obtendría con Johnson.

CAPÍTULO III

EL CAMINO HEMISFÉRICO

1963 Y LA "UNIDAD" CUBANA

En la primera semana de enero, Adlai Stevenson, Representante permanente de los Estados Unidos en las Naciones Unidas, notificó al Consejo de la OEA la decisión del gobierno norteamericano de poner fin a las negociaciones con la Unión Soviética.[73]

Informó Stevenson que "aunque no se ha logrado llegar a un acuerdo sobre un *número de cuestiones* en los dos meses de negociaciones, éstas habían llegado a un estancamiento". Ya, a los fines políticos de ambos gobiernos, las negociaciones habían dado el fruto apetecido.

Para Kennedy, había significado una aplastante victoria electoral, una aureola de héroe y la retirada de cohetes atómicos que representaban una amenaza para la seguridad de la nación. Kruschev conseguía la eliminación de los cohetes Júpiter emplazados en Italia y Turquía que amenazaban sus fronteras. Hubo un tercer beneficiario: Fidel Castro, que se veía amparado de actos hostiles desde los Estados Unidos o desde cualquier otra zona del continente.

Como aún permanecían en la isla millares de soldados soviéticos, resultaba necesario calmar la inquietud de algunos representantes latinoamericanos ante este súbito cambio de actitud.

---

[73] Adlai Stevenson dio a conocer, para sorpresa de los miembros del Consejo de la OEA, que Estados Unidos y la URSS habían llegado a un acuerdo para enviar un comunicado conjunto al Secretario General de las Naciones Unidas U-Thant, poniendo fin oficialmente a las negociaciones.

Stevenson quiso apaciguar a Nelson Himiob, delegado de Venezuela en la OEA, afirmando que "sin buques de desembarco y sin cohetes, esas fuerzas compuestas de 15 ó 16 mil militares rusos no pueden considerarse de naturaleza ofensiva". Otra vez, los juegos malabares de la administración con los famosos calificativos que antes aplicaba a los cohetes y a las armas.

A los pocos días, el Departamento de Estado —interesado en tranquilizar el temor de algunos diplomáticos hemisféricos— pone nuevamente en ridículo a Stevenson. Esta vez, es el subsecretario Edwin Martin, aguijoneado por la delegación venezolana, quien dice lo opuesto del embajador: "el problema de las tropas soviéticas en Cuba debe ser tratado por la Organización de Estados Americanos (OEA)".

Era comprensible la irritación del delegado del gobierno de Rómulo Betancourt. En esos momentos las fuerzas venezolanas perseguían en la Sierra de Coro, en el Estado de Falcón, a guerrilleros comunistas entrenados en Cuba y, Castro, desde La Habana, exhortaba "a las masas de América Latina a levantarse contra las autoridades constituidas".

No necesitaba Castro de la cohetería nuclear soviética para subvertir el continente. Es ese el principal argumento de los representantes hemisféricos. El canciller argentino, Carlos M. Muñoz, en este esclarecedor mes de enero de 1963, comunica que su nación favorece "una pronta acción hemisférica para ponerle fin a la propagación del comunismo procedente de Cuba".

DE NUEVO, "LAS ARMAS DEFENSIVAS"

Pocos días después, el 5 de febrero, Robert McNamara tuvo que admitir la existencia en Cuba de más de "600 cohetes de cinco tipos distintos". Por supuesto, "todos defensivos". Era el clásico "yoyo". El 2 de febrero, el Pentágono había admitido que "los cohetes con que cuenta Cuba tienen un alcance de 80 kilómetros". Tres días después, por obra y gracia de una nueva declaración, su alcance queda reducido a la mitad: "los cohetes tienen al parecer, un radio de acción de 40 kilómetros", (cable de la France Press de febrero 5).

Para disipar inquietudes, McNamara ofrece al Congreso otra de sus tajantes opiniones: "no me preocupa en absoluto las armas ofensivas que los rusos puedan tener en Cuba". Pero a los militares que se tienen que enfrentar a las guerrillas sí les preocupa y, también, la debilidad de algunos gobiernos ante la subversión comunista.

Pero los Estados Unidos seguían preocupados por la capacidad de Cuba de servir de base para subversión en el hemisferio. En un memorándum de la Casa Blanca dirigido al Grupo Permanente[74] se manifestó que "estamos dándole a este problema la más alta prioridad" y se afirma que "podemos informar progresos en contrarrestar los esfuerzos subversivos de Cuba". El memorándum, desclasificado casi 30 años después, el 5 de noviembre de 1992, expresaba que "estos documentos fueron usados para preparar los puntos que debíamos tocar en la reunión de Presidentes de San José donde se decidió convocar una Reunión de los Ministros de Gobierno, o de Seguridad en Managua para discutir medidas que contrarrestasen la subversión castro-comunista en las zonas especialmente vulnerables del istmo".

Ydígoras Fuentes es víctima de un amistoso golpe de estado. En la mañana del sábado 30 de marzo, un grupo de coroneles toma el poder y envía por avión a Managua al viejo presidente. ¿Reacción de Ydígoras?: "Es conveniente el golpe para Guatemala y América Central". Será el Coronel Enrique Peralta, su Ministro de Defensa, quien luego de disolver la Asamblea Nacional, dirigirá el nuevo gobierno. Promete mano dura con los comunistas.

Tres meses antes, el Partido Guatemalteco del Trabajo (PGT), denominación con la que operaba el partido comunista, había constituido con los grupos guerrilleros comandados por Luis Augusto Turcios, Marco Antonio Yon Sosa y Luis Trejo, las

---

[74] Anexo 5 del Memorándum de abril 21, 1963 —con sello de la Casa Blanca, firmado por Mr. George Bundy— titulado "El Problema Cubano", circulado como material informativo para la reunión que se celebraría el martes 23. Desclasificado 11-5-1992.

Fuerzas Armadas Rebeldes (F.A.R.), organismo que estaría debilitado por disenciones internas.

En septiembre 25 las fuerzas armadas dominicanas deponen al presidente Juan Bosch. El gobierno lo asumen, temporalmente, tres civiles: Emilio de los Santos, Manuel Tabares Espallat y Ramón Tapia G., y se da a conocer un manifiesto al pueblo firmado por 27 altos oficiales del Ejército, la Marina, la Aviación y la Policía. Entre ellos estarán los Generales Antonio Imbert y Luis Amiama.

Como Ministro de Relaciones Exteriores fue designado Donald Reid Cabral. Buen augurio para los combatientes anticastristas cuyas bases, en Costa Rica y Nicaragua, están siendo objeto de un minucioso escrutinio. El creciente hostigamiento de la prensa llevará pronto a Manuel Artime y al MRR a buscar otro centro de operaciones. Mirarán hacia Quisqueya, donde, ahora, Reid Cabral presidía el triunvirato gobernante.

El tercer día de octubre el presidente de Honduras es derrocado por un cruento golpe militar. Más de 30 personas mueren en los enfrentamientos que despojan del poder a Ramón Villeda Morales. El nuevo jefe de gobierno lo será el Coronel Osvaldo López Arellano.

Rómulo Betancourt se mantiene firme ante la embestida de las guerrillas entrenadas y armadas en Cuba. El 9 de diciembre arriba a Caracas la Comisión Investigadora designada por la OEA para conocer de las acusaciones del presidente venezolano contra Castro. Está compuesta por el argentino Rodolfo Weidmann, el embajador colombiano Alfredo Vázquez Carrizosa, el canciller costarricense Gonzalo Facio, Félix Polieri Carrio de Uruguay y Wrad P. Allen por los Estados Unidos.

Se va tomando una posición francamente anticomunista en el hemisferio. Al menos, en el área del Caribe. Pero no todos los dirigentes latinoamericanos están en esa onda. El Presidente de México, que meses atrás había realizado un largo viaje por Europa, hace declaraciones que a nadie sorprenden. Fiel a sus predecesores y sucesores, Adolfo López Mateos aboga por la coexistencia pacífica con los regímenes comunistas.

CASTRO VIAJA A MOSCÚ

Castro está siendo cultivado por los dirigentes soviéticos. Kruschev había enviado en noviembre a Mikoyán a La Habana para suavizar la hostilidad que el dirigente cubano manifestaba hacia los soviéticos por haber éstos aceptado la retirada de los cohetes nucleares sin siquiera informar al dirigente cubano. Kruschev había mostrado al mundo entero que Castro era un instrumento manejado y controlado desde Moscú. Aunque la reseña oficial declaraba que "el recibimiento a Anastas Mikoyán, Vice Primer Ministro de la URSS, fue cordial y afectuoso", Castro se sentía comprensiblemente irritado por haber quedado expuesto como simple títere. Las relaciones entre Cuba y la Unión Soviética, al terminar 1962, eran tensas.

El dictador cubano había sido marginado, totalmente ignorado, en las negociaciones que pusieron fin a la Crisis de los Cohetes. El acuerdo soviético-americano se había tomado sin ser él, siquiera, consultado. Había constatado que los soviéticos no estaban dispuestos a enfrentar el poderío norteamericano por defender la Revolución Cubana.

En los primeros meses de 1963, aunque movidos por distintos motivos, Castro y el Ché Guevara continuaban distanciados de la Unión Soviética.

Castro aparentaba no mostrar interés a las insistentes invitaciones del Kremlin. Kruschev, preparado el terreno con la interrumpida visita de Mikoyán[75] siguió cortejando a Castro, utilizando al embajador Alexander Alexeiev quien, como sabemos, siempre mantuvo cordiales y abiertas relaciones con el dictador cubano. De imprevisto, en la noche del viernes 26 de abril la radio y la televisión nacional dio la noticia: "Atención... atención... noticia de última hora... el Primer ministro del gobierno revolucionario, Comandante Fidel Castro, se encuentra en estos momentos en viaje hacia la Unión Soviética..."

Nadie lo sabía. Como un forajido partía hacia Moscú el, hasta ahora, irritado, ofendido, humillado dirigente cubano. Terminaba el divorcio de Castro con Kruschev al tiempo que se pro-

---

[75] Estando en La Habana, Mikoyan es informado de la muerte de su esposa en Moscú, lo que le obliga a regresar antes del tiempo previsto.

fundizaba el distanciamiento de Guevara con el dirigente soviético, con Castro, con la Revolución Cubana.

La delegación cubana que partía en la nave soviética TU-114, estaba compuesta, además, por los comandantes Sergio del Valle, Raúl Curbelo, Derminio Escalona y Guillermo García; los capitanes José Abrantes y Emilio Aragonés, y el doctor Regino Boti. Los acompañaba como traductor, en quien se tenía absoluta confianza, el embajador Alexeiev.

Castro sería objeto de innumerables atenciones por parte de Kruschev. Su viaje se prolongaría por siete semanas.

Los honores al dirigente cubano alcanzaron los límites del ridículo. En el Aula Magna de la Universidad Lomonosov, se le otorgó el título de Doctor Honoris Causa. El texto explicaba el motivo:

"Por su relevante aportación a la práctica de la doctrina marxista leninista sobre el Estado y el Derecho".

Era éste el primer viaje que realizaba Castro al exterior desde su visita a las Naciones Unidas en 1960 al inaugurarse el nuevo período de sesiones de la Asamblea General.

Las agencias cablegráficas captaron de inmediato la razón de aquel viaje. Lo cubría así el cable de la UPI de abril 27:

"La visita de Castro a Rusia, que podría incluir un prolongado viaje por el país acompañado, al menos durante algún tiempo, por Kruschev posiblemente evidenciará el esfuerzo de los soviéticos para arreglar las diferencias que aún quedan entre Moscú y La Habana por el retiro de los proyectiles rusos de Cuba en el otoño último".

Tres días después ya había surtido efecto la capacidad de persuasión de Kruschev o la comprensión por parte de Castro de su económica dependencia de los soviéticos. El 30 de abril, desde Moscú, anunció que no visitaría China, ni Argelia. Aceptaba, para el consumo exterior, la coexistencia pacífica y daba la espalda —sólo de palabra— a la lucha armada fomentada por Ben Bella y Mao. Castro y Guevara se iban distanciando.

Algo más, de mucha mayor trascendencia, sucedía aquel 30 de abril. El último cohete nuclear norteamericano Júpiter era retirado de Turquía. Se cumplía el vergonzoso convenio que, a espaldas del pueblo norteamericano y de las más altas figuras de su gobierno, había acordado el Presidente Kennedy con el Premier Kruschev la noche del viernes 26 de octubre de 1962. Se cumplía uno de los acuerdos del bochornoso "Pacto de la Embajada".[76] El mundo occidental retiraba de las fronteras soviéticas sus armas nucleares.

La delegación cubana que acompañaba a Castro a Moscú decidió saltar hasta París para romper el tedio que los asfixiaba en la capital soviética. Entre ellos se encontraba Emilio Aragonés y Jorge (Papito) Serguera. En París se hallaba en esos momentos Osmani Cienfuegos y Juan Abrahantes; también Escalona.[77]

Llegaban, narra Carlos Franqui, aburridos del tiempo que pasaron en Moscú y ansiosos de disfrutar la *dolce vita*. A los pocos días regresaban a Moscú. Franqui, que había llegado a Europa separadamente, continuó su programado viaje a Argelia, donde ya estaba Ernesto Guevara.

Se encontraban en París, también, disfrutando los lujos del capitalismo, Armando Hart y Haydee Santamaría. Los acompañaba Lisandro Otero.

Está también en Moscú, en ese abril de 1963, otra recia personalidad muy vinculada a la política internacional norteamericana y, en particular a la relacionada con Cuba y la Unión Soviética. Es Averell Harriman, antiguo embajador en aquella nación (1943-46) y en Inglaterra, que en 1946 había ocupado la Secretaría de Comercio en el gobierno de Truman. Luego de servir como gobernador del estado de Nueva York fue designado por Kennedy como Sub-Secretario de Estado y Enviado Especial del presidente. En esta última capacidad se encontraba Harriman en Moscú ese abril de 1963.

Mayores seguridades ofrecía Harriman en esta, su nueva visita, al Kremlin. Llegar a un acuerdo sobre la prohibición de las pruebas nucleares. Si Kruschev aceptaba, "al Presidente Kennedy le resultaría más fácil mantener bajo control los sentimientos y

---

[76] Ver "De Girón a la Crisis de Octubre: La Segunda Derrota".

[77] Carlos Franqui. "Retrato de familia con Fidel".

las tantas voces en los Estados Unidos que exigen acciones enérgicas contra Cuba.[78]

Era laudatorio lograr el tratado sobre prohibición de las pruebas nucleares. Era, por supuesto, un esfuerzo digno de aplauso. Pero ¿por qué ofrecer, como incentivo, controlar "las cabezas calientes" (los cubanos combatientes incluidos) que en los Estados Unidos exigen una firme posición frente a Castro?

CRISIS DEL CONSEJO REVOLUCIONARIO. RENUNCIA MIRÓ

En el exilio se producía también otro divorcio. Miró Cardona renunciaba a la presidencia del Consejo Revolucionario Cubano. Será cuestión de días que toda vinculación de ese organismo con la administración norteamericana quede terminada. Pero no sin que antes se le hagan cargos al Presidente del Consejo que éste rechaza con indignación y vehemencia.

LA RENUNCIA DE JOSÉ MIRÓ CARDONA

El 9 de abril renuncia Miró Cardona a la Presidencia del Consejo Revolucionario cortando, así, sus vínculos con Washington.

El martes 9 de abril de 1963 se confirma la noticia que, desde hace días, aparecía como un rumor. Una semana antes, el 2 de abril, Miró Cardona, junto a su amigo y traductor Ernesto Aragón, había partido hacia Washington para hacerle entrega al Coordinador de Asuntos de Cuba, Sterling Cottrel, de un extenso documento cuya copia ya había recibido el encargado de la oficina en Miami, John Crimmins. La renuncia de Miró, extenso documento de 26 páginas y 38 acápites, hace un recuento de las difíciles relaciones del Consejo Revolucionario con la Administración Kennedy, y describe, actividades, entrevistas, la crisis del 17 de abril, la crisis de los misiles nucleares, las acciones co-

---

[78] Averell Harriman. Papeles. Historia Oral. Biblioteca John F. Kennedy, Boston, Massachusetts.

mando y la inacción a que se han visto forzadas las organizaciones revolucionarias.

> *"Lo de Miró —escribe el 11 de abril desde Miami una persona estrechamente vinculada con las actividades revolucionarias— causó aquí una reacción primero de estupor, luego —cuando parecía inminente su renuncia— de respaldo popular (inclusive Mujal por radio ofreció apoyarlo en su nueva actitud) y, ahora que el Consejo se reunió sin aceptarle la renuncia y luce que ha perdido la confianza de Washington, la gente comienza de nuevo a preocuparse pensando si todo esto no representa algo más que la caída de una persona."*[79]

Concluía aquella comunicación, dirigida a otro miembro de la organización a que ambos pertenecían, especulando "si detrás de todo esto no estará la liquidación definitiva de *todo* respaldo a *toda* acción y a *todo* movimiento revolucionario".

El Consejo Revolucionario, bajo la firma de su secretario Raúl Méndez-Pirez[80] da a conocer los acuerdos de ese organismo aceptando, "bien a su pesar y movido a ello por los razonamientos que se ha servido exponer el doctor José Miró Cardona, la renuncia irrevocable y hoy reiterada, de su cargo de Presidente". Pero en el punto tercero de aquel acuerdo el Consejo Revolucionario Cubano cubre de mayor misterio aquella renuncia al expresar:

> *"TERCERO: Por tratarse de un documento interno del Consejo, no procede su publicación en consideración a los graves perjuicios que ocasionaría a la causa de la liberación de Cuba".*

Las organizaciones quieren definir su posición. En comunicación de abril 21, el Secretario de Organización del Movimiento Demócrata Cristiano (MDC) da a conocer a Januzs Slezsinski, del Centro de Acción Demócrata Cristiano, en Nueva York, la posición de esta organización:

---

[79] Enrique Ros. archivo personal.
[80] Enrique Ros. archivo personal.

"1— *El Movimiento Demócrata Cristiano —al menos la tendencia en que militamos José Ignacio Rasco, Laureano Batista, y tantos otros amigos de usted— no está, ni estuvo, integrada en el Consejo Revolucionario,*

2— *José Ignacio Rasco no se encontraba en el Consejo Revolucionario como miembro del Comité Ejecutivo ni, mucho menos, representando al MDC. Sólo era el delegado de aquel organismo en Latinoamérica.*

3— *El MDC mantuvo, reiteradamente, que el Consejo Revolucionario no era un organismo verdaderamente representativo y que carecía de verdadero respaldo popular.*

4— *Todo hace presumir que con la renuncia del doctor Miró Cardona al Consejo Revolucionario éste entra en un proceso de liquidación, aún cuando varias organizaciones y personalidades cubanas permanecen todavía en él.*

5— *Se está intentando, con algunas probabilidades de éxito, la integración de un nuevo organismo de más amplia base. Aunque no se sabe, hasta estos momentos, que nivel de relaciones podrá mantener con la Administración de esta nación*".[81]

A la semana de anunciada la decisión del antiguo Presidente del Consejo Revolucionario, el ex-magistrado del Tribunal Supremo de Justicia de Cuba, Julio Garcerán, ataca la política que siguió Miró Cardona al frente de aquella institución, y asegura no constarle que "los Estados Unidos tengan una línea de coexistencia pacífica con Cuba". Va más allá el antiguo magistrado. Garcerán califica esa acusación de falsa y apunta —así dice textualmente el cable— que "la misma crea un grave conflicto entre el pueblo cubano y el gobierno de los Estados Unidos". Julio Garcerán había sido proclamado, meses atrás, Presidente de Cuba por un grupo de exiliados.

Funcionarios norteamericanos que, por supuesto, no aparecían identificados por las agencias cablegráficas, expresaron que

---

[81] Carta de Enrique Ros a Januzs Slezsinski de abril 21 de 1963. Archivo personal de Enrique Ros.

Miró Cardona "había exigido 50 millones de dólares para organizar un ejército de invasión de exiliados cubanos y simpatizantes".

Versión que fue inmediatamente negada por el ya ex-Presidente del Consejo, considerándola como formando parte de una campaña de descrédito al organismo revolucionario.

Habían quedado rescindidas las relaciones entre los exiliados cubanos que integraban ese organismo y el gobierno del Presidente John F. Kennedy. La situación la sintetizaba así la UPI:

"Funcionarios del gobierno norteamericano indicaron que la causa de la división la constituye la negativa de los exiliados de aceptar la orden de Kennedy de abandonar su acción ofensiva contra Cuba...la preocupación mayor de estas autoridades es que si aceptan las exigencias de los exiliados... ellos los colocarán en una posición de permitir que los exiliados determinen la política del gobierno de los Estados Unidos con respecto a Cuba".

Pensamiento y situación que no ha cambiado después de tres décadas.

Para que no hubiese dudas, el Departamento de Estado dio a conocer declaraciones oficiales, uno de cuyos párrafos dice así textualmente:

"El gobierno de los Estados Unidos, bajo las condiciones existentes, no está en disposición de entrar en alianzas o empresas que esencialmente darían a los líderes del exilio la autoridad para dictar la política y los planes de los Estados Unidos con respecto a Cuba".

Días después, el Consejo era historia pasada. Se dio a conocer el texto completo del documento renuncia del doctor Miró Cardona. Renunció Sergio Carbó a su posición de dirigente de aquel organismo; igualmente presentó su renuncia Antonio Silió, como Secretario. De los 16 miembros individuales y agrupaciones conque contaba el Consejo quedaban, a las dos semanas de la renuncia de Miró, sólo 7 miembros. Dos semanas más tarde todo había terminado para el, otrora, poderoso organismo. Poderoso, al menos, como aparato burocrático.

"LA UNIDAD". CONVERSACIONES PARA TRATAR DE ALCANZARLA

Para cubrir el vacío dejado por la renuncia de Miró se ofrecen un variado número de voluntarios y fórmulas.

Surgen de imprevisto tres o cuatro grupos de personalidades que "comienzan a visitar figuras representativas, pero cada uno de estos grupos tiene en cartera los mismos nombres de personas a contactar".

Algunos dirigentes emprendieron, con entusiasmo, las gestiones unitarias. Entre ellos Ricardo Rafael Sardiña, Julio Garcerán, José R. Andreu, José Morell Romero, Rafael Guas Inclán y otros. Los dos primeros pronto se sentirán descorazonados y abandonados.

El Colegio Nacional de Abogados de Cuba en el exilio presenta el 12 de mayo su "Fórmula para la Unidad Cubana" que consistiría en la creación de dos instrumentos: a) Junta de Liberación y b) Consejo Deliberativo. Propone el Colegio de Abogados nombres de personalidades y dirigentes de corporaciones económicas, organizaciones políticas, revolucionarias, obreras, de acción, profesionales y militares. Cerca de un centenar de nombres aparecen sugeridos.[82]

Para mayo 11, es Carlos Prío Socarrás, ex-Presidente de Cuba, quien "expresa sentida esperanza en que cristalicen las gestiones de unidad", y agrega el presidente cordial: "Una unidad hecha por los cubanos, para dirigir a los cubanos en la gran batalla contra el comunismo". Continúa manifestando el dirigente auténtico que se ha "reunido con tres grupos de exiliados y con Enrique Ruiz Williams".[83] Evidentemente, el ex-presidente cubano sabía quien se sentía cobijado bajo una sombra frondosa.

Se va produciendo en estas gestiones unitarias que parecen destinadas a un fracaso, un distanciamiento entre las organi-

---

[82] Diario Las Américas, Mayo 12 1963.

[83] Enrique Ruiz Williams, miembro de la brigada 2506, mantenía una estrecha relación con Bob Kennedy (Ver Capítulo I).

zaciones revolucionarias y lo que se dio en llamar "personalidades".

El 11 de mayo el Movimiento Demócrata Cristiano hace pública la posición de esa organización en un documento titulado "Nuestra Postura", donde condena la "represión por parte de las autoridades norteamericanas de las actividades bélicas de los exiliados encaminadas a la liberación de Cuba".

Proclama el MDC que "sólo la integración de todos los factores cubanos anticastristas puede resultar efectiva. Sin vetos para nadie". Y agregaba

> *"Si las denuncias del Doctor Miró resultan válidas, habría que reconocer que estamos en presencia de la crisis más peligrosa de América y de Occidente. Equivaldría a pensar que la nación líder de la democracia abandona el puente de mando y que marchamos al garete entre los témpanos de la guerra fría... pero nadie podrá detener el coraje de los cubanos. Respetamos las leyes de todos los países. Agradecemos la hospitalidad que en tierras de libertad los desterrados cubanos hemos recibido, pero en ningún modo nuestra gratitud hacia los amigos podrá detener nuestra marcha hacia la liberación... es bueno recordar que estamos en guerra en América contra toda opresión".*

Firman aquel documento José Ignacio Rasco, Laureano Batista, Enrique Ros, Enrique Villarreal, Ernesto Rodríguez, José A. Ortega, José Ceñal, Jesús Angulo, Benigno Galnares, Ana Villarreal, Nicolás Gutiérrez, Laureano Garrote, José López Portela, Manuel Peláez del Casals y otros.[84]

No se quedó atrás Unidad Revolucionaria. En un extensísimo documento sugiere aquella organización que "el gobierno en el exilio pudiera establecerse fuera de Estados Unidos" para obviar "impedimentos legales". Aboga, hábilmente, porque "el tráfico marítimo con destino a Cuba en aguas internacionales de-

---

[84] Archivo personal de Enrique Ros.

berá ser considerado como un objetivo válido para ataques de exiliados cubanos".[85]

Continúan las gestiones y fórmulas de unidad. Ya para mayo 14 algunos de los antes entusiasmados arquitectos se muestran desengañados. Continúan martillando con la idea Lincoln Rodón, Morell Romero, Andreu, Duquesne, Álvarez Díaz y Prío. La idea básica es una estructura de tres niveles: un grupo de doscientos conocidos ciudadanos (que será el Cuerpo Deliberativo), de los cuales se escogerán 45 (en un principio habían considerado sólo 35), de éstos 7 que representarán el Comité Ejecutivo. La Brigada 2506 le presenta a estos "arquitectos de la unidad" una relación de 35 personalidades que, también, se amplía a 45.

Manolo Ray presenta una nueva fórmula. La denomina "la integración nacional", que puede alcanzarse a través de tres grandes grupos ideológicos: a) la izquierda, representada por él (Ray) y gente que por un tiempo respaldó al gobierno revolucionario, b) el centro (representado por Álvarez Díaz, Garcerán, Maceo, Rasco, Sardiña), y c) la posición conservadora (representada por los viejos políticos y los sectores económicos.[86]

El 14 de mayo se reúnen las organizaciones. Concurren el MRR, la Agrupación Montecristi, Rescate Revolucionario, Directorio Revolucionario Estudiantil, Alfa 66, MDC, MRP, Movimiento 30 de Noviembre, Movimiento 20 de Mayo y otras. Expresan su descontento con las figuras de la política tradicional que quieren asumir el liderazgo de estas labores unitarias. En la reunión, para sorpresa de muchos, mantiene la posición más crítica hacia esas viejas figuras, Manolo Artime, pero, prácticamente, todos lo secundan.

Muchos pugnan por estar incluidos entre los 45 "elegidos". Otros, aunque sean propuestos están decididos a no firmar. Aún no se ha dado la relación y el exilio ignora, todavía, quienes estarán formando parte de esta unidad que por horas luce menos im-

---

[85] Carta abierta al Secretario de Estado, Dean Rusk, de abril 26 1963, publicada en mayo 12.

[86] Conversación de Ricardo Rafael Sardiña con Enrique Ros, mayo 14 de 1963. Archivo personal de Enrique Ros.

presionante. Tres días antes de darse a conocer el documento éstos son muchos de los nombres que se desean aparezcan. Algunos no firmarán:

Carlos Prío Socarrás	Julio Garcerán
Manuel Antonio de Varona	Mario Barrera
Carlos Márquez Sterling	Enrique Huertas
Generoso Campos Marquetti	Santiago Álvarez
Jorge García Montes	Antonio Veciana
Manuel Salvat	Felipe Rivero
Luis Fernández Rocha	Enrique Llaca
Abel Mestre	Jaime Varela Canosa
Enrique Ruiz Williams	Sergio Carbó
José R. Andreu	Aurelio Fernández
José Ignacio Rasco	Aureliano Sánchez Arango
Manuel Artime	Eusebio Mujal
Herminio Portell Vilá	Angel Cofiño
Orlando Bosch	José Ignacio Rivero
Serafín Menocal	Facundo Pomar
Luis Conte Agüero	César Lancís
Rafael Guas Inclán	José Álvarez Díaz
Lincoln Rodón	Pedro Luis Díaz Lanz
Guillermo Belt	Guillermo Martínez Márquez
Salvador Díaz Versón	

Cuando el 20 de mayo, al fin, se da a conocer la Carta de Integración en la que se sientan las bases "para luchar y conquistar, otra vez, la independencia de Cuba" aparecen muchos de los nombres antes mencionados. Muchos no han firmado el documento de más de doce largos párrafos. No aparecen, entre otros, Manuel Artime, Tony Varona, Manolo Salvat, Antonio Veciana, Rasco, Aureliano, Carbó, Sardiña, Carlos Hevia y otros.

Los grupos juveniles de las organizaciones que habían sido marginadas en las gestiones unitarias (MRP, Alfa 66, Movimiento 30 de Noviembre) se reúnen en Nueva York y forman su propia unidad. Tampoco conducirá a nada esta conjunción juvenil.

Muy pronto comienza a desintegrarse "la unidad". El 28 del propio mes de mayo, Julio Garcerán renunció públicamente a continuar sus contactos con el Comité Gestor de la Unificación aduciendo que "de las 45 figuras designadas por la Comisión de la Unidad sólo respondieron 25" y se quejaba de lo que era obvio: la ausencia de las organizaciones revolucionarias.

Para junio hay una nueva crisis en la Comisión Gestora de la Unidad. Renuncian Enrique Huertas, Luis Conte Agüero y Tony Cuesta. Está agonizando el "Comité Cubano de Liberación".

No pudo tener más corta vida aquel esfuerzo que, cuando se dio a conocer el 20 de mayo, ya estaba derrotado.

El Consejo Revolucionario, que ya era una entelequia al renunciar a su presidencia Miró Cardona y serle suspendida toda asistencia económica por el gobierno federal, se enfrenta a una nueva crisis. Es ya, por lo poco que significa la otrora poderosa institución, una mini-crisis: Renuncia a la presidencia de este organismo el doctor Antonio Maceo. ¿Las causas?: Maceo se encontraba contrariado porque la semana anterior se había dado a conocer por otro ejecutivo de ese organismo el desembarco de comandos en Cuba. Ni se le había informado ni, aparentemente, era cierto el desembarco.

Los cubanos del exilio ya, desde antes, se incorporaban a otras organizaciones y transitaban otros caminos.

CAPÍTULO IV

EL CAMINO DEL SABOTAJE

Durante los primeros seis meses de 1963 muy pocas acciones de sabotaje se realizaron que hubieran sido planeadas en las esferas oficiales norteamericanas, ya que el Grupo Especial "había decidido... que tal actividad no valía el esfuerzo que en ella se ponía"[87].

Aunque Cuba continuó preocupando a la Administración en ese año, el Grupo Permanente y la Fuerza de Trabajo sobre Cuba del Departamento de Estado trataron de poner "cierto orden" en la política hacia Cuba y redujo, o trató de impedir, los ataques no autorizados a la isla.[88]

Continúa Kennedy, en esos meses, su política conciliatoria y pacifista hacia Cuba.

En febrero[89] se traza, en un memorámdum, que temporalmente estuvo clasificado, la política norteamericana hacia la isla. Perseguía, "bajo el Tratado de Río, crear una atmósfera en la que el régimen de Castro pueda ser sustituido por un gobierno cubano libre". Para ello el memorándum hace mención a seis objetivos, ninguno de los cuales aboga por el derrocamiento del régimen:

1) Prevenir actos de agresión o amenazas desde Cuba. Es decir, estar seguro de que Cuba no tenga una capacidad ofensiva de significación y prevenir cualquier ataque a una nación latinoamericana.

---

[87] Memorándum de abril 3 de 1963 del Grupo Especial, redactado por McGeorge Bundy.

[88] Reunión de Grupo Permanente de abril 23 de 1963 (Caja #315, JFK Library).

[89] Memorándum de McGeorge Bundy de febrero 19, 1963.

2) Reducir la subversión cubana en el hemisferio. Esto se realizaría a través de la OEA y con naciones individuales para restringir el movimiento de agentes, guerrillas, estudiantes, armas, fondos y literatura desde Cuba y a través de las embajadas cubanas.

3) Debilitar a Cuba económicamente. Lo que se lograría restringiendo el comercio con la isla, haciendo más difícil el reemplazo de maquinarias y el acceso a mercados mundiales mundiales del azúcar y otros productos.

4) Socavar políticamente a Castro. Aislarlo del resto del hemisferio.

5) Fortalecer la Alianza para el Progreso.

6) Crear con otras naciones un clima político no propicio para el comunismo.

Más inocuas o débiles no podían ser los objetivos de la Administración que, tres meses antes, se había comprometido con los soviéticos a respetar los "compromisos contaídos".

Los mismos débiles puntos se repiten en otra comunicación de marzo 25. Fue muy tímida la Administración en ese primer semestre de 1963.

PROGRAMA DE CUATRO PUNTOS

El Grupo de Trabajo, que tiene a su cargo el estudio y la puesta en práctica de medidas sobre Cuba, se reúne el martes 30 de abril y toma cuatro acuerdos que aparecen relacionados en el memorándum que envian dos días después a los miembros de ese Grupo Especial.

El documento estuvo clasificado como "top secret... only sensitive" por prácticamente 30 años y, cuando queda desclasificado el 28 de septiembre de 1990, aparece aún censurado el primero de los cuatro puntos. Los otros tres hablan del uso de contingencias para lograr objetivos políticos más amplios; estudiar la posibilidad de interferir la economía de Cuba por sabotaje y otros medios, y el posible empleo del mercado azucarero como medio de complicar la vida al régimen de Castro. Nada, hasta ahora, de planes concretos. Sólo estudios.

Sin embargo, las operaciones de sabotaje realizadas por grupos de exiliados continuaban, junto con la recolección de inteligencia que siempre alentó la Agencia. Es decir, fue una etapa en la que el respaldo se recibía para Trabajo de Inteligencia pero no para acciones dentro de Cuba. Éstas, se hacían por la libre.

Esta posición cambia cuando el propio Presidente Kennedy aprueba, el 19 de junio de 1963, un programa de sabotaje dirigido a cuatro importantes segmentos de la economía cubana: 1) el sistema eléctrico, 2) las refinerías de petróleo y sus tanques de almacenamiento, 3) el transporte por carretera y ferroviario, y 4) las fábricas.[90]

No obstante, el FBI continuó hostigando campamentos de exiliados combatientes, "pero, tal vez, eran campamentos que no se encontraban bajo el control de la CIA", admite, (¿cándidamente?), Arthur Schlesinger.[91]

Las operaciones relacionadas con este programa serían "realizadas por agentes cubanos controlados por la CIA" *desde una isla de Estados Unidos cerca de la costa de la Florida*" (Palabras textuales que aparecen en las actas de la reunión de junio 19). Participan en este mitin Robert McNamara, Secretario de Defensa; McGeorge Bundy, Asesor Legal del Presidente Kennedy; el General McKee, de la CIA, adscrito a la Secretaría de Defensa; Averell Harriman, Asesor en Política Internacional del Presidente Kennedy; John McCone, Director General de la Agencia Central de Inteligencia y otros.

IRRITAR, PERO NO DERROCAR

Pero la Administración Kennedy al llevar a cabo este programa de sabotaje no perseguía crear un clima que condujera a una revuelta interna (a lo que antes aspiraba la Operación Mon-

---

[90] Memorándum de junio 19, 1963 dirigido al Grupo Especial.

[91] A. Schlesinger. "Robert Kennedy and his Time", obra citada

goose),[92] sino "alentar un espíritu de resistencia que facilitara las deserciones"!! Mortificar pero no derrotar. Irritar pero no derrocar.

En mayo se dan pasos más firmes. El Grupo de Trabajo se reúne el 28 de ese mes para discutir la proposición de McCone de: "fomentar las dificultades económicas en Cuba", utilizando sabotajes "para crear una situación en la isla que haría posible facilitar la subversión de líderes militares al punto de que actúen para derrocar a Castro".[93]

McNamara, ahora con un espíritu mucho más beligerante, considera que el sabotaje no debe ser la única arma utilizada y "que deben ser estudiadas, también, presiones económicas que podrían derrocar a Castro". Esa mañana de mayo el espíritu es bélico. Robert Kennedy entra en la palestra afirmando que "los Estados Unidos deben hacer algo contra Castro, aún cuando no creamos nosotros que nuestras acciones lo derrocarían".[94]

Pero no nos confundamos. Junto a esta belicosidad verbal se manifestaban signos, como antes habíamos expresado, de que la Administración se movía en dirección opuesta; "en la dirección de un desarrollo gradual de algún tipo de acomodo con Castro" (Memorándum de Bundy de abril 21, 1963, ya citado). Esta alternativa fue discutida por el mismo Grupo de Trabajo en sus reuniones de abril 23 y en la propia de mayo 28.

Después de su aceptación inicial, se le presenta al Grupo Especial para su aprobación operaciones específicas de inteligencia y sabotaje. Pero en los primeros días de julio Averell Harriman había solicitado del Grupo Permanente que se suspendieran todas las operaciones de sabotaje en Cuba mientras él (Harriman) volaba a Moscú tratando de negociar un tratado de prohibición de proliferación nuclear. Precisamente en esa semana el Grupo Permanente se reunía para evaluar las operaciones de sabotaje que se estaban realizando.

---

[92] Ver "De Girón a la Crisis de Octubre: La Segunda Derrota" del autor.

[93] Minuta de la Reunión del Grupo de Trabajo del Consejo Nacional de Seguridad, de mayo 28, 1963.

[94] Minuta de la Reunión antecitada (Informe del Comité Selecto del Senado, página 172).

El 3 de octubre de 1963 el Grupo Especial aprobó nueve operaciones en Cuba, varias de ellas relacionadas con sabotaje. El 24 de aquel propio mes fueron autorizadas trece grandes acciones, incluyendo sabotaje a una planta eléctrica, a una refinería y a un central azucarero.[95]

Debían ser realizadas en el período de noviembre de 1963 a enero de 1964[96].

Eran los días en que Desmond Fitzgerald, que había sustituido a William Harvey como Jefe de la Fuerza de Trabajo de la CIA[97] encargada del derrocamiento de Castro, se reunía con el Comandante Rolando Cubela presentándose como el representante personal de Robert Kennedy e informándole que la acción encomendada a Cubela "tendría todo el respaldo si tenia éxito en derrocar a Castro".[98] Culminan estas conversaciones con la entrega a Cubela, el 22 de noviembre de 1963, de la pluma con punto envenenado.

¿Cuándo fue reclutado Cubela por la CIA?. De acuerdo al General Fabián Escalante[99] fue en marzo de 1961, pero Escalante no ofrece pruebas concretas para esta aseveración. Por el contrario, en el juicio a Rolando Cubela que se celebra en marzo de 1966 el fiscal sólo hace referencia a los contactos de Cubela —a quien, por supuesto, califica de agente de la CIA— con Manolo Artime que se celebraron a fines de 1964 y principios de 1965. Ni en las acusaciones del fiscal ni en los Resultandos y Considerandos se hace referencia alguna a contactos de Cubela con agentes o funcionarios de la CIA.

---

[95] Memorándum sobre "Operaciones encubiertas en Cuba, aprobadas por la CIA." Fuente: Audiencia Comité del Senado, noviembre 20, 1975. Página 173.

[96] Confirmado en un Memorándum de julio 11 de 1975 de la CIA al Comité Selecto.

[97] Task Force W.

[98] Comité Selecto del Senado, noviembre 20, 1975. "Alleged, Assassination Plots..." Página 174.

[99] Conferencia de Antigua, enero 1991. James Blight. Obra aún no publicada.

El General Escalante afirma, también sin mencionar la fuente, que en el otoño de 1963 Cubela estaba envuelto en un plan para asesinar a Castro que condujera a una insurrección armada. Afirmaba en aquella extensa narración que Cubela se reunió con Artime quien le habló de las fuerzas que se estaban entrenando en Costa Rica y Nicaragua. Es Fitzgerald —de acuerdo a Escalante— quien entrega a Cubela, el 22 de noviembre de 1963, la pluma con punto envenenado.

La importancia que las agencias de inteligencia norteamericanas concedían a Cubela viene dada por la jerarquía de Desmond Fitzgerald que es con quien aquél se entrevista en París en octubre de 1963. Fitzgerald, que pertenecía a los más altos círculos sociales de la capital, era amigo personal de Kennedy, con quien estaba lejanamente emparentado. Había sido Jefe de la División del Lejano Oriente de la CIA y, en 1963, estaba al frente del programa de acciones sobre Cuba de la CIA, conocido como Fuerza Especial W.[100]

---

[100] D. Fitzgerald, luego de liquidada la "Operación Cuba", pasaría a ocupar, en 1965, el alto cargo de Sub-Director de Acción Encubierta; posición que había ocupado Dick Bissell cuando se trazaron los planes de la fracasada invasión de Playa Girón.

CAPÍTULO V

EL CAMINO DE LA LIQUIDACIÓN FÍSICA

Los acuerdos alcanzados para solucionar la Crisis de los Cohetes en octubre de 1962, y el desmantelamiento de la Operación Mongoose condujeron, en los primeros días de 1963, a la creación de un "Comité de Coordinación de Asuntos Cubanos" dentro del Departamento de Estado que tendría la responsabilidad de desarrollar proyectos de acciones encubiertas.[101]

Quedó, también, abolido el Grupo Especial Aumentado (SGA) sobre el que el Fiscal General Robert Kennedy, había ejercido tan exagerada ascendencia. El Grupo Especial, sin la notable influencia del Fiscal General, se hace cargo nuevamente de revisar y aprobar las acciones encubiertas sobre Cuba,. Este Grupo Especial será presidido por McGeoge Bundy, el Asesor Legal del Presidente Kennedy.

Otro organismo también se envuelve en la política norteamericana hacia la isla. Es el Grupo Permanente del Consejo Nacional de Seguridad que sucede al Comité Ejecutivo (Ex-Comm), establecido durante la Crisis de los Cohetes. Miembros del Grupo Permanente incluían a Robert Kennedy, Robert McNamara, John McCone, McGeorge Bundy y Theodore Sorensen.

En el memorándum titulado "Alternativas sobre Cuba" que Bundy presenta al Grupo Permanente en la primavera de 1963, se discuten, como hemos explicado, "posibles nuevas direcciones" para la política norteamericana hacia Cuba. En ese documento se distinguen eventos que podrían ocurrir indepen-

---

[101] Ver informe de McGeorge Bundy de julio 11 de 1964, pag. 148, frente al Comité Selecto del Senado de los Estados Unidos en noviembre 18 de 1975.

dientemente de acciones originadas en los Estados Unidos, y aquellas que los Estados Unidos pudieran "iniciar"[102]. Nos referiremos más adelante a la "alternativa" del acomodo (Ver "El Camino del Entendimiento", en el próximo capítulo). Ahora analizaremos las otras opciones.

Inmediatamente, Robert Kennedy propuso un estudio sobre las medidas que "podríamos tomar, siguiendo contingencias como la muerte de Castro o el derribo de un U-2". Como consecuencia de esta reunión y de las observaciones del Ministerio de Justicia se le asignó a la Oficina Nacional de Estimados de la CIA la responsabilidad de estudiar los posibles desarrollos que podrían producirse si Castro muriese, particularmente la posición que asumirían Raúl Castro y Ernesto Guevara y la posible reacción soviética.

En su memorándum de abril 21 sobre "Alternativas sobre Cuba", Bundy identificó tres posibles cursos de acción: 1) Forzar una solución no comunista en Cuba utilizando "todos los medios necesarios", 2) insistir en grandes, pero limitados, fines, 3) encaminar una política "en la dirección de un desarrollo gradual de alguna forma de acomodación con Castro".

Estas tres alternativas, como ya dijimos, fueron discutidas en las reuniones del Grupo Permanente de abril 23 y mayo 28 de 1963. No se llegó a conclusión alguna.

Ya en marzo,[103] el Presidente había recibido y aprobado un memo de su hermano Bob Kennedy que decía: "Yo creo que debe haber reuniones periódicas de media docena de los más altos oficiales del gobierno para considerar el tema de Cuba... creo que este tipo de esfuerzo debe aplicarse también a otros problemas. Las mejores mentes del gobierno deben ser utilizadas en buscar soluciones a estas dificultades". Después de las palabras "mejores mentes", Robert Kennedy escribió una simple palabra "YO".[104]

---

[102] Ver memorándum de McGeorge Bundy de abril 21, de 1963.

[103] Marzo 14 de 1963.

[104] Richard Reeves: "President Kennedy".

De esta forma, el Grupo Especial Aumentado (SGA) comenzó a reunirse cada martes —ahora bajo el nuevo nombre de Consejo de Seguridad Nacional del Grupo Permanente— para reconsiderar el recurrente problema de Castro. El Grupo de Diez estaba compuesto, entre otros, por Robert Kennedy, Sorensen, McCone, Dillon, Taylor y Roswell Gilpatric. Presidía el grupo, nominalmente, McGeorge Bundy. Un breve resumen de lo discutido en las reuniones se hacía constar en un reducido número de copias, debidamente numeradas.

En las "Alternativas sobre Cuba" presentadas por Bundy se encontraba, también, como habíamos mencionado, la de forzar una solución no comunista en Cuba utilizando "todos los medios necesarios". Habían contado para esto, desde la toma de posesión del Presidente Kennedy, con algunas figuras del propio gobierno castrista.

Fue en los primeros meses de 1961 que un funcionario de la Agencia Central de Inteligencia contactó por primera vez a Rolando Cubela asignándole las siglas AM/LASH. Dos distintos agentes (Case Officers) estuvieron asignados al "Proyecto Cubela".[105] (El primero, hasta septiembre de 1963. El segundo, hasta mediados de 1965, fecha en que se rompen las conversaciones).

Antes de junio de 1962, el interés de la Agencia era que Cubela permaneciera en Cuba y mantuviese informado al organismo de inteligencia norteamericano sobre las interioridades del régimen.[106] Para forzar una solución no comunista en la isla utilizando "todos los medios necesarios" contaba, la Agencia Central de Inteligencia en 1961 y 1962, con otros medios y otros personajes.

---

[105] Informe del Comité Selecto del Senado, noviembre 20, 1975. Este Comité se constituyó en enero 20 de 1975 por decisión de la bancada Demócrata del Senado que aprobó (45 a 7) crear un Comité bipartidista para examinar los organismos de Inteligencia de Estados Unidos. Lo presidió Frank Church, (D. Idaho). Fue conocido, también, como Comité Church.

[106] Informe del Comité Selecto del Senado, ya citado.

LA "ACCIÓN EJECUTIVA"

Temprano en 1961, a William Harvey,[107] jefe del personal adscrito a Inteligencia Exterior de la CIA, se le asigna la responsabilidad de crear, dentro de la Agencia, la capacidad necesaria para liquidar agentes extranjeros, incluyendo asesinatos como "último recurso". A esa estructura se le denominó "Acción Ejecutiva" y fue conocida en los medios oficiales como ZR/RIFLE.

¿Conocía la Casa Blanca de estos planes? ¿Había dado su autorización para ejecutarlos?. Harvey testificó ante el Comité del Senado que "Bissell[108] le había informado que la Casa Blanca en dos ocasiones había urgido la creación de esta "capacidad".[109] A su vez, Bissell declaró que "no recordaba la conversación de la Casa Blanca, pero consideraba correcto lo expresado por Harvey en las notas que éste había tomado y que han desaparecido."[110]

En el transcurso de sus muchas comparecencias ante el Senado, el testimonio de Bissell varió sobre "si había sido presionado, o no, por la Casa Blanca para crear la capacidad (capability) de la "Acción Ejecutiva".

No son sólo Harvey y Bissell los que hacen mención a esta expeditiva "Acción Ejecutiva". Otras altas figuras de la Administración se ven obligadas a testificar.

McGeorge Bundy —Asesor Legal de Presidente Kennedy— informa de conversaciones con Bissell en las que la *Acción Ejecutiva* fue discutida. Sitúa las conversaciones como teniendo lugar "en los primeros meses de 1961". La Administración que ha-

---

[107] William K. Harvey, veterano operador de la Agencia, había estado al frente de la oficina de la CIA en Berlín. Pasa luego a ocupar la posición de Jefe de Personal de Inteligencia Exterior y, posteriormente, en abril de 1962 dirigirá en Miami el Grupo de Trabajo W (Task Force W).

[108] Richard Bissell era el Jefe de Operaciones Encubiertas de la Agencia Central. Allen Dulles, Director de la CIA, había delegado en Bissell la elaboración y puesta en práctica de los planes de la fracasada invasión de Bahía de Cochinos.

[109] Informe del Comité Selecto del Senado, ya citado.

[110] Algunas de las notas manuscritas que había tomado William Harvey han desaparecido. Una de ellas es a la que en este punto nos referimos.

bía tomado posesión en enero de aquel año, no se había demorado en concebir y poner en ejecución su drástico plan.

Tan importante es el proyecto que Bissell y Harvey informan del mismo a Richard Helms cuando éste sustituye al primero. Sin embargo, cuando John McCone asume la dirección de la Agencia Central no es informado. ¿Olvido? ¿Descuido? ¿O temor de que McCone, hombre que practica las normas morales que predica, finiquite el tenebroso plan?[111]

RIDÍCULOS PLANES CON LA MAFIA

En abril de 1962, Harvey contacta a John Rosselli, figura de la mafia que mantenía relaciones con distintos funcionarios de la Agencia. Siete días después, el 8 y el 9 de ese mes, se reunieron nuevamente en New York. De regreso a Miami, junto con Ted Shackley, jefe de la CIA en Miami en aquel momento, entregan a "un cubano", cuyo nombre no está aún desclasificado, cuatro pastillas envenenadas y armas que el "cubano" había exigido como compensación para el trabajo que debía realizar. En mayo confirman que las pastillas con veneno y las armas han llegado a la isla. Nada sucedió. Fue la primera de varias ridículas operaciones.

Similares planes, cada uno más fantástico y absurdo que el anterior, fueron discutidos y puestos en practica —con ningún resultado concreto— por las más altas figuras de la Agencia. Antes y después del proyecto de Rosselli al que hemos hecho mención, se tratan de llevar a cabo planes similares con Santos Trafficante, y con Salvatore Giancana. También con Robert Maheu. En uno de los más ridículos planes envuelven, sin su conocimiento, al abogado James Donovan, que se encontraba negociando la libertad de los miembros de la Brigada 2506.

Cinco días antes de que John Roselli testificara sobre este tema ante el Comité del Senado en junio de 1975, Giancana fue

---

[111] John McCone sustituye el 29 de noviembre de 1961 a Allen Dulles como Director de la Agencia Central de Inteligencia. Bajo la Administración de Harry Truman había desempeñado la posición de Sub-secretario de la Fuerza Aérea y durante el gobierno del Gral. D. Eosenhower presidió la Comisión de Energía Atómica.

asesinado, víctima de siete balazos, al salir de su hogar en los suburbios de Oak Park, Illinois. Giancana estaba citado para testificar ante el Comité. El propio Roselli fue asesinado y desmembrado en 1976 después de testificar ante el Subcomité de inteligencia del senado sobre intentos de la CIA de asesinar a Castro con figuras de la mafia (Audiencia del Comité de Relaciones Gubernamentales de noviembre 17 de 1993). El cuerpo descompuesto de Roselli fue encontrado flotando al norte de Miami Beach en agosto de 1976.[112]

LOS PRIMEROS INTENTOS CON CUBELA

Es, en este cuadro demencial, que entra en escena Rolando Cubela.

En el verano de 1963, los Estados Unidos conocieron que la Unión Soviética planeaba reducciones sustanciales en su ayuda económica a Cuba. La economía cubana había sido afectada negativamente por el embargo comercial norteamericano y por desastres naturales.[113] Sin la ayuda masiva soviética, a Castro le resultaría dificultoso continuar su experimento con el comunismo. Al menos, así pensaban algunos analistas políticos.

Para tomar ventaja de esta oportunidad, los Estados Unidos adoptaron una estrategia de dos caminos hacia Cuba. La ruta primera exploraría la posibilidad de lograr un acomodo con Castro a través de negociaciones, opción a la que ya nos referiremos en el próximo capítulo. El segundo camino contemplaba la eliminación de Castro a través de un golpe respaldado por la CIA. Este golpe, y aquí repito las palabras del abogado James

---

[112] "El sábado 7 de agosto de 1976, tres pescadores encontraron el cuerpo de John Roselli en un bidón de aceite de 55 galones que flotaba en las aguas de la Bahía de Dumfounding, entre el Norte de Miami Beach y Golden Beach." Miami News, agosto 9, 1976.

[113] Declaraciones de James H. Johnston, ante el Comité de Operaciones Gubernamentales de la Cámara de Representantes el 17 de noviembre de 1993. El Dr. Johnston, había sido asesor legal del Comité Selecto del Senado que en 1975 investigó la muerte de John F. Kennedy. Este Comité es, también, conocido como Comité Church.

Johnston, antiguo asesor legal del Comité Selecto del Senado que estudió el asesinato de John F. Kennedy, sería dirigido por un alto oficial cubano cuyo nombre y código sería AM/ LASH (Rolando Cubela).

Mucho se ha escrito sobre la participación, real o supuesta, de Castro en el asesinato de John F. Kennedy. Pocos, si alguno, complican a John F. Kennedy en los intentos —evidentemente reales, ciertos— de liquidar físicamente al dictador cubano. Las pruebas, los testimonios, las investigaciones realizadas, indican que hubo varios intentos encaminados a ese fin. Lo desarrollan funcionarios del alto y mediano nivel y agentes subalternos de la Agencia Central de Inteligencia utilizando personal (hombres y mujeres) de distintos orígenes o extracciones y movidos por diferentes motivaciones. Uno de estos planes, posiblemente el más conocido pero no, necesariamente, el que hubiera podido tener más probabilidades de éxito, tuvo como figura principal al Comandante Rolando Cubela.

Cubela participó en varios de los intentos realizados para la liquidación física del dictador cubano.

Esta estrategia sobre Cuba que, como ya expusimos, se estaba desarrollando desde hacía algunos meses, ocupó la atención de la Administración durante la última semana de vida del Presidente Kennedy.

Como antes habíamos visto, ya desde los primeros meses de 1961 la Agencia Central está en contacto con el antiguo dirigente del Directorio Revolucionario. La CIA consideraba a Cubela como una pieza importante dentro de Cuba pero resultaba incierto para la Agencia si AM/LASH desertaría o se mantendría en Cuba. Sus primeras solicitudes a la CIA y al FBI para que lo asistieran en desertar del gobierno fueron rechazadas,[114] porque en aquel momento la CIA estaba respaldando una operación separada para "penetrar el aparato militar cubano y alentar otras defecciones o formar un grupo que fuese capaz de sustituir al presente gobierno de Cuba". Querían a Cubela dentro de esos cuadros.

---

[114] Informe del Inspector General de la CIA dado a conocer en la audiencia del Senado ya mencionada.

En una reunión con el Case Officer que mantenía el contacto, Cubela expresó que "se quedaría en Cuba si él pudiera hacer algo realmente significativo para la creación de una nueva Cuba" y expresó su deseo de planear la "ejecución" de Fidel Castro.[115] El tema del asesinato de Castro fue nuevamente discutido entre el agente de la CIA y AM/ LASH días después. Al discutir otra vez el atentado al dictador cubano, Cubela objetó con vehemencia el empleo de la palabra asesinato. Aceptó, sin embargo, la palabra "eliminación". Para el frustrado comandante del Directorio Revolucionario el uso de una palabra tenía mayor significado que el hecho en sí.

Comienza, en ese momento, a atender a Cubela un segundo "Case Officer". Es en una reunión con este oficial, que AM/ LASH solicita equipos militares, un instrumento con el cual protegerse si la conspiración contra Castro era descubierta y pide, también, una reunión con el Fiscal General Robert Kennedy.

Tan interesada estaba la Agencia Central en seguir adelante con estos planes que discutieron seriamente la pretensión del Comandante Cubela.

Luego de amplias deliberaciones se decide que no será Robert Kennedy quien se reúna con Cubela. En su lugar irá, como su representante personal, Desmond Fitzgerald, Jefe del Personal de Asuntos Especiales.[116] Se reúnen el Comandante del Directorio Revolucionario y el amigo personal de Robert Kennedy, y altos funcionarios de la CIA, en octubre 29 de aquel año. Cubela le pide ansiosamente algún medio para matar a Castro sin que él, Cubela, tenga que morir en el intento. Fiztgerald le informa que los Estados Unidos respaldaría cualquier exitoso intento de golpe de estado. Tres semanas después vuelven a reunirse y el representante y

---

[115] Informe del Case Officer, Pág. 86 de la Audencia del Senado mencionada.

[116] Desmond Fitzgerald era Jefe del personal de Asuntos Especiales de la CIA. Este organismo era el mismo que antes funcionaba como Fuerza de Trabajo W a principios del año 63, cuando Fitzgerald sustituyó a Harvey al frente de las operaciones encubiertas sobre Cuba. (Fitzgerald pertenecía a los más altos círculos sociales de la capital. Era amigo personal de los Kennedy, y había sido Jefe de al División del Lejano Oriente de la CIA.

amigo de Kennedy le ofrece a Cubela "todo lo que él necesita (mirilla telescópica, silenciador y todo el dinero que requiera)".[117]

El martes, noviembre 19, Cubela informa a Fitzgerald, a través de su contacto con la CIA que tenía que terminar esas conversaciones y regresar a Cuba.[118] Se produce una nueva reunión y Fitzgerald comunica al Comandante del Directorio Revolucionario que el Presidente Kennedy respaldaba el golpe planeado y que la CIA ofrecería armas para la liquidación de Castro. Ese mismo día, martes noviembre 19, Castro visitaba en La Habana al periodista francés Jean Daniel y sostiene con él una larga conversación a la que nos referiremos en próximo capítulo.

Se recorren, paralelamente, el camino del acomodo y el camino del asesinato. No habrá acomodo y el asesinado será otro.

Al día siguiente, noviembre 20, su contacto con la CIA, siguiendo instrucciones, le pide a AM/LASH que pospusiese su regreso a Cuba y se reuniese nuevamente con Fitzgerald el viernes, noviembre 22.

Eran promesas, ofrecimientos. Lo que le da Fitzgerald a Cubela, concretamente, es una pluma fuente cuya punta envenenada contiene "una aguja hipodérmica tan fina que la víctima no notaría su inserción". La reunión se efectuaba en París el 22 de noviembre de 1963.

Ese mismo dia, el Fiscal General Robert Kennedy escribió un memo sobre Cuba, a McGeorge Bundy, Consejero de Seguridad Nacional y Asesor Legal del Presidente. Un memo, cuyo contenido hoy, treinta y tres años después, no se ha hecho público.[119] Castro pasaba aquel dia en Varadero, en compañía de Jean Daniel. Partía hacia Dallas el Presidente Kennedy. Al mediodía una bala quebró una vida y alteró la historia.

---

[117] La oferta es más generosa: "Todo el dinero que quisiera". Arthur Schlesinger, "Robert Kennedy and His Time".

[118] Testimonio de James Johnston, en el Comité de Operaciones del Gobierno, Cámara de Representantes, noviembre 17 de 1993.

[119] James Johnston. Testimonio ante el ya citado Comité.

Terminó así, trágicamente, el año 1963 que había comenzado con grandes proyectos.

UNA MIRADA RETROSPECTIVA

Durante el período que ocupó el cargo, John McCone, Director General de la Agencia Central de Inteligencia, no fue informado de los distintos intentos de asesinar a Castro.

Tanto Helms, Bissell como Harvey testificaron, invidualmente, que no habían informado a McCone de los intentos de asesinato cuando aquél asumió la Dirección de la Agencia en noviembre de1961, ni en ningún momento posterior, hasta agosto de 1963[120] cuando Helms entregó a McCone un memorándun del cual concluyó McCone que la Operación con figuras del bajo mundo anterior a Bahía de Cochinos envolvían asesinatos. Tan es así, que en el informe del Inspector General se hace constar que Harvey recibió la aprobación de Helms para no informar a McCone cuando tales intentos se reanudaron en 1962.

El propio McCone testificó que él no había sido informado de esos intentos ni por Allen Dulles, Bissell o Helms, o persona alguna, cuando él sustituyó a Dulles como director en noviembre de 1961.

En el verano de 1962 el Grupo Especial Aumentado (SGA) celebró una importante reunión. En agosto 10 se planteó la liquidación del dictador cubano como parte de la Fase II de la Operación Mongoose que, como sabemos, tenía como objetivo crear un estado caótico en la isla que condujese a una insurrección in-

---

[120] En agosto 16 de 1963 el periódico de Chicago Sun Times manifestaba que la CIA tenía una conexión con Salvatore Giancana. McCone solicitó de Helms un informe sobre ese artículo. El informe de Helms a McCone decía lo siguiente:

"Adjunto la única copia en la Agencia de un memorándum sobre este tema, copia de la cual se envió al Fiscal General en mayo de 1962. Yo estaba vagamente consciente de la existencia de tal memorándum porque había sido informado que se había escrito como resultado de un informe rendido por el Coronel Edward I. Lawrence Houston al Fscal General en mayo del pasado año".

terna.[121] Porque era una reunión para trazar una política, asistió un numero mayor de funcionarios que los que normalmente atendían.[122]

McCone, como hemos dicho, católico práctico, informó a Robert McNamara, Secretario de Defensa en aquel momento, que "el tema que usted ha planteado yo lo considero altamente impropio... no es una acción que puede ser aceptada. No es propio para nosotros discutirlo y yo pretendo que quede eliminado de los records." Luego le confesó a McNamara que envolverse en la realización de este plan podría resultar en su propia excomunión.

Los planes —autorizados, concebidos o, al menos, consentidos por estos hombres— eran, peor que siniestros, ridículos.

Graduados de las más prestigiosas universidades: R. F. Kennedy (Harvard y Virginia University); Bissell (Yale, PhD. con honores); Helms (William College, Phi Beta Kappa), estos hombres, de alta capacidad intelectual, descansaron en figuras del bajo mundo para poner en práctica sus absurdos proyectos.

¿Cuáles eran estos planes, ninguno de los cuales tuvo efecto y, que se conozca, solo uno trató de realizarse?. Veamos algunos:

a) Entregarle a Castro una caja de tabacos envenenados (febrero 13, 1961).[123]

b) Píldoras envenenadas entregadas a "un agente cubano" por Sam Giancana y Santos Trafficante.[124]

---

[121] Ver capítulos VII y XIX de "De Girón a la Crisis de Octubre: La segunda Derrota", del autor.

[122] Audiencias del Comité Selecto del Senado de Noviembre 20, 1975 (Pag.163).

[123] Según se hizo constar en las notas del Departamento de Servicios Técnicos de la CIA. (Informe del Inspector General de la Agencia, de 1967; página 73).

[124] El "agente cubano"(no identificado) recibió las pastillas y otros materiales de manos de Roberto Maheu, John Rosselli y Santos Trafficante en el Hotel Fontainebleau de Miami Beach (marzo 12, 1961). Un equipo de comunicación solicitado por "el agente cubano" le fue entregado por Maheu dentro de un automóvil en un vacío lote de estacionamiento. (Informe sobre Asesinatos, Comité Selecto del Senado, ya citado, página 81)

c) Otras píldoras envenenadas, para poner en una bebida de Castro, suministradas a través de John Rosselli, en febrero de 1961 (en el Informe aparece que el "oficial cubano"a quien le entregaron las pastillas las devolvió porque ya él no tenía acceso a Castro).

d) Otras pastillas dadas, también a través de Rosselli, a un empleado de un restaurante frecuentado por Castro, en marzo de 1961.[125]

e) Cuatro pastillas envenenadas entregadas por William Harvey a "un cubano" en abril de 1962.[126]

f) Una "exótica concha marina" llena de explosivos que sería detonada en el área donde Castro practicaba natación submarina, en los comienzos de 1963.[127]

g) Un traje para natación submarina, contaminado, que James Donovan, el abogado que estaba negociando la salida de los brigadistas presos, regalaría a Castro. Donovan estaba ajeno a este plan. Jamás se entregó el equipo a Castro.[128]

---

[125] El Gral. Fabián Escalante, del Ministerio del Interior (MININT) y miembro del Comité Central del Partido Comunista Cubano en la Conferencia de Antigua en enero 4 de 1991 dio amplios detalles de estos planes y, de éste en particular (Fuente: "Cuba Between the Super Powers, James G. Blight). Precisa información había sido ofrecida, ya antes, en las audiencias del Comité Selecto del Senado de abril 20, 1975 al que nos hemos referido.

[126] William Harvey, actuando bajo "órdenes estrictas" de Richard Helms (recién designado Sub-Director de Planes, de la CIA) estableció contacto con Rosselli en Miami y Nueva York, entregándole las pastillas a Rosselli el 21 de abril de 1962. Las armas y equipo solicitados por "el mismo agente" de la operación anterior fueron entregadas por "Harvey y el jefe de la operación JM/WAVE" (nombre codificado de la oficina principal de la CIA en Miami) en un camión U-Haul en el ya clásico lote de estacionamiento. (Declaraciones de W. Harvey de junio 25, 1975, citadas en el mencionado Informe del Comité del Selecto, página 84).

[127] Desmond Fitzgerald, en aquel momento jefe de la Task Force, encargó a sus asistentes explorar la posibilidad de utilizar una "exótica concha marina" llena de explosivos. La idea fue estudiada por la División de Servicios Técnicos de la CIA y descartada por impráctica. (Informe del Inspector General de la CIA, de marzo 13, 1967, página 77, mencionado en el Informe del Comité Selecto del Senado 94-465).

[128] El plan fue concebido en diciembre de 1962 por Fitzgerald o por Harvey (como jefe de Task Force W). La División de Servicios Técnicos compró el traje de natación y "contaminó el aparato de respirar con un determinado bacilo". Según

Todas estas fantásticas maquinaciones fueron conocidas y autorizadas —tal vez ideadas— por los altos funcionarios ya mencionados.

ROBERT KENNEDY ESTABA INFORMADO

El Fiscal General, Bobby Kennedy, se mantenía al tanto de lo que estaba sucediendo. En abril de 1962 su asesor legal, Lawrence Houston, y Cheffield Edwards[129] le informaban sobre la operación con Giancana y Rosselli, según se hizo constar en un memorandum de fecha abril 26 de 1962.[130]

En mayo 7 Edwards y Houston vuelven a informar a Robert Kennedy sobre los planes de la eliminación física del dictador cubano utilizando a determinadas figuras del hampa. Ese día el calendario de Robert Kennedy, como Fiscal General, muestra la siguiente anotación: 1 pm: Richard Helms.

A las 4 pm el Fiscal General se reunió, a su solicitud, con Houston y Edwards para ser informado de la operación de la CIA que envolvía a Maheu, Rosselli y Giancana. (Informe del Inspector General, página 62A, mencionado en el ya citado informe 94-465).

A los más altos niveles se conversaba y discutía sobre estos planes. Dos días después, el 9 de mayo, el Fiscal General se reúne con el Director del FBI, Edgar Hoover. ¿Qué discuten? Lo expone con claridad el Director del FBI:

"El Fiscal General me informó que... días atrás había sido informado por la CIA que en conexión con Giancana, la CIA había contratado a Robert Maheu, un detective privado en Washington, D.C. para que se acercara a Giancana con la

---

declaró, en junio 13, 1975, Richard Helms (que en aquel momento era Sub-Director de Planes), el traje acuático nunca salió del laboratorio de la CIA. (Informe del Comité del Senado, ya citado, página 86).

[129] Cheffield Edwards era el Oficial de Seguridad del proyecto secreto que estudiaba distintas posibilidades de eliminación física, cuyo plan era conocido dentro de la Agencia Central por el nombre de "Artichoke". Fuente: Arthur Schlesinger, "Robert Kennedy and His Time".

[130] Informe 94-465 del Comité Selecto del Senado ya mencionado, página 106.

proposición de pagarle $150,000 para contratar a algunos pistoleros que fueran a Cuba y mataran a Castro".[131]

Así, de simplistas, eran los planes.

En una extensa y, a veces, contradictoria exposición ante el Comité del Senado de Robert McNamara, antiguo Secretario de Defensa durante las administraciones de J.F. Kennedy y Lyndon B. Johnson, el funcionario manifestó:

"Yo he afirmado antes y lo creo hoy, que la CIA era una organización altamente disciplinada, completamente bajo el control de veteranos oficiales del gobierno... Yo no conozco de ninguna importante acción realizada por la CIA durante la época en la que yo formaba parte del gobierno que no hubiera estado propiamente autorizada por calificados funcionarios (senior oficials)".

Y concluía su testimonio McNamara con esta afirmación:

"Yo encuentro casi inconcebible que intentos de asesinato se hubieran llevado a cabo durante los días de la Administración de Kennedy sin que los "senior members" los conocieran".

Planes de todo tipo continúan. Se discuten, con gran seriedad, como antes habíamos expresado, las "Alternativas en Cuba".[132] Entre éstas "la posibilidad de la muerte de Castro". Tan en serio se toman esas "alternativas" que el Grupo de Trabajo estudia, concienzudamente, "el papel que desempeñarían Raúl Castro y Ché Guevara, y la posible reacción soviética ".[133]

DISTANCIAMIENTO DE McCONE. LA MUERTE DE DIEM

Pero también se hacen planes para, si no asesinar, al menos deponer a otro gobernante. Este, contrario a Castro, confiaba en la Administración de Kennedy.

---

[131] Memorándum de Edgar Hoover de abril 10 de 1962.

[132] Memorándum de McGeorge Bundy, de abril 21, 1963.

[133] Memorándum de mayo 2, 1963 para los miembros del Grupo de Trabajo.

John McCone, como Director de la CIA, habia hecho llegar, repetidamente, al Presidente Kennedy, durante los meses de julio, agosto y septiembre de 1962, informes detallando la introducción en Cuba de armamentos soviéticos. Ya en los últimos reportes se le informaba al mandatario norteamericano la llegada a la isla de cohetes atómicos que comenzaban a ser instalados.

Fue en octubre de aquel año que Kennedy se vio obligado a admitir que McCone tuvo la visión de la que él carecia. El Presidente y sus más cercanos colaboradores resentían que el Director de la CIA recordase a todos, con demasiada frecuencia, la corrección de sus informes. Esto produjo si no una fricción, al menos un enfriamiento en sus relaciones con Kennedy.

Pero va surgiendo un nuevo obstáculo en las, hasta hace poco, cordiales relaciones del presidente y el Director de la CIA: Vietnam.

Figuras del Departamento de Estado cercanas a Kennedy (Averell Harriman, Roger Hilsman y Michael Forrestal) deseaban reemplazar al Presidente de aquella nación, Ngo Dinh Diem, que estaba reprimiendo, con mano extremadamente dura, un movimiento budista cada día más agresivo. McCone defendía la permanencia de Diem en el poder, considerando que su sustitución conduciría a la nación vietnamita a una más cruenta guerra civil. Kennedy se inclinaba a la posición de los funcionarios del Departamento de Estado que deseaban la remoción de Diem y su hermano Nhu a cualquier precio. Nhu, a través de su propia esposa, influía sobre Diem.

Un cable fue enviado a Henry Cabot Lodge, el nuevo embajador norteamericano en Vietnam, con instrucciones de respaldar a los generales vietnamitas golpistas. El primero de noviembre de 1963 se produjo el golpe de estado y la muerte de los hermanos Diem.

El cable al recién nombrado embajador Cabot le daba luz verde a los generates vietnamitas complotados:

"Debemos decirle a los líderes militares más importantes que a los Estados Unidos le es imposible continuar respaldando

al gobierno... Si Diem no sustituye a Nhu y a su esposa[134]*... no respaldaremos más a Diem."*

"Debe informarle a los comandantes militares apropiados que les daremos respaldo directo en cualquier intento de destruir el mecanismo del gobierno central".

Más explícito no podía ser el mensaje. Temprano en aquella mañana de noviembre se produjo el golpe militar que desplazaba a Diem del poder. Se rendían, dentro de una iglesia católica, en Saigón, Diem y su hermano Nhu. Estos hombres que habían confiado, como los cubanos en 1961 y 1962, en la palabra y el respaldo del Presidente Kennedy, fueron removidos violentamente de la iglesia y asesinados minutos después.

Paradójicamente, a las tres semanas, el 22 de noviembre, era el Presidente Kennedy quien caía abatido en Dallas.

En la decisión golpista pero no, necesariamente, en el asesinato de los hermanos Diem, intervinieron altos funcionarios que habían estado envueltos, también, en el tema cubano: el presidente Kennedy y su hermano Bob; el General Maxwell Taylor, John McCone, McGeorge Bundy, Roger Hilsman, Robert McNamara, Dean Rusk.

No podía, por tanto, sorprender el nuevo plan imaginado por tan brillantes personalidades y que tendría, como ejecutor, al Comandante Rolando Cubela. Ejecutor fallido, por supuesto.

Estamos en 1963. Se está recorriendo, sin escrúpulo alguno, el acomodo con Castro, al que nos referiremos en el siguiente capítulo, y, simultáneamente, el camino de la eliminación física del tirano cubano.

---

[134] Se refería a la famosa Madame Nhu que tanta notoriedad tuvo antes y después del asesinato de los hermanos Diem.

CAPÍTULO VI

EL CAMINO DEL ENTENDIMIENTO

Con la aparente demostración de firmeza y resolución exhibida durante la Crisis de los Cohetes, John F. Kennedy borraba la pobre imagen que reflejaba, en la escena internacional, desde la vergonzosa derrota de Bahía de Cochinos. A los dieciocho meses de aquella debacle, el joven presidente aparecía, ahora, como un adalid. Un modelo de visión, coraje y determinación.

Era, por supuesto, un espejismo. La realidad era otra. Comenzaba, más bien continuaba, una política de acomodo. Durante la crisis había negociado, a espaldas de sus propios asesores y del pueblo norteamericano, un entendimiento con Kruschev. Ahora, superada aquella confrontación, propiciaba un arreglo con Castro.

Tan temprano como enero 4 de 1963 —pocas semanas después de la salida de los cohetes nucleares de Cuba— McGeorge Bundy había propuesto al Presidente Kennedy que se explorara la posibilidad de comunicarse con Castro.[135] Transcurridos cuatro meses, en abril 21, Bundy presenta a Kennedy un nuevo memorándum relacionando "Alternativas sobre Cuba" que incluyen "el desarrollo gradual de alguna forma de acomodación con Castro". Kennedy y sus asesores se muestran entusiasmados con estas posibilidades y, así, el Grupo Especial en su reunión de junio 3, 1963, acuerda que tendría "un propósito útil explorar las varias posibilidades de establecer canales de comunicación con Castro".

Kennedy quiere tener en sus manos las riendas que conducen a la negociación con Castro. Los hombres que lo rodean, que en alguna forma han intervenido en temas relacionados con Cu-

---

[135] Memorándum de Bundy al Presidente Kennedy de enero 4 de 1963.

ba, dan su expreso consentimiento. Así queda claramente manifestado en el memorándum de enero 4 de 1963, en papel timbrado de la Casa Blanca, que McGeorge Bundy dirige al Presidente. Es este memorándum uno de los documentos que por más años permaneció clasificado como secreto. (Fue desclasificado el 29 de junio de 1995).

Resume el memo la unánime opinión de Cyrus Vance, Secretario de las Fuerzas Armadas; Adam Yamorlinsky, asistente de McNamara; el General Earle Wheeler, Jefe del Ejército, como delegado de Robert McNamara, Secretario de Defensa, y Roswell Gilpatrick, Subsecretario de ese Departamento. También la de Nick Katzenbach como delegado de Bob Kennedy, Secretario de Justicia; Pat Carter de la CIA; de Alexis Johnson, Subsecretario de Estado; y Ed Martin, también del Departamento de Estado.

¿Qué confirman estos altos funcionarios? La decisión que de antemano ya JFK ha tomado:

a) El primer principio cardinal es que la responsabilidad final de trazar la política debe recaer en el Presidente Kennedy.
b) Que "no debe pretenderse que las decisiones importantes en la política hacia Cuba puedan tomarse en otro sitio que no sea la Casa Blanca."
c) Que es indispensable "que el Presidente asuma su papel ejecutivo", cuando surjan diversas materias importantes o dificultades interdepartamentales.

El memorándum recomienda crear la posición de Coordinador de Asuntos Cubanos sugiriendo para ese cargo a Sterling Cottrell y liquidando definitivamente la Operación Mongoose.

El memorándum de McGeorge Bundy es esencial para exponer la sinuosa política del Presidente Kennedy hacia Cuba. Si se mantuvo clasificado por más de 30 años probablemente se haya debido a que la política trazada en ese, tan secreto, documento sirvió de norma, también, para las sucesivas administraciones.

Planteaba tres posibles alternativas:

a) Una decisión para forzar una solución no-comunista en Cuba por *todos los medios necesarios.*

b) Una decisión para insistir en producir importantes resultados en determinados objetivos. Por ejemplo, la total retirada de fuerzas militares soviéticas; la eliminación del entrenamiento en Cuba de elementos subversivos.

c) El desarrollo gradual de un acomodo con Castro.

Quedaba expresamente expuesto en este importante documento que una decisión no excluía a ninguna de las otras y que era posible comenzar con la b) sin, aún, haberse decidido sobre la a) o la c).

Este memorándum de abril 21 de 1963, en papel de la Casa Blanca y firmado por McGeorge Bundy, estuvo clasificado como secreto hasta el 21 de diciembre de 1993. Aún hoy el punto No. 6 de los elementos que constituían la política norteamericana hacia Cuba permanece secreto y se encuentran aún clasificados los planes de contingencia que "preveían tres casos distintos en los cuales se intentaría una acción más enérgica".

Se han iniciado ya conversaciones y contactos preparatorios. El 23 de abril (1963) llegan a Miami 21 ciudadanos norteamericanos (sólo seis de los cuales son cubanos nativos) liberados de las prisiones castristas gracias a las gestiones de James Donovan. El único ciudadano norteamericano nacido en Cuba que no pudo ser liberado fue Rafael del Pino, el antiguo amigo y compañero de Castro en la lucha contra el gobierno de Batista.[136]

---

[136] Entre los presos que se encontraban en Isla de Pinos había varios con ciudadanía norteamericana. Entre ellos Vidal Morales y Rafael del Pino. En los primeros días de abril de 1963 comenzó a circular entre los presos el rumor de que Donovan, el abogado que había intervenido en el canje de los prisioneros de Bahía de Cochinos, llegaría a Cuba con el propósito de culminar conversaciones que lograran la libertad de muchos de estos presos. La embajada suiza, que estaba a cargo de los intereses de los Estados Unidos en la isla, los había contactado dándoles alguna información sobre tales gestiones.

El 13 de abril el rumor se convirtió en realidad: Todos los presos con ciudadanía norteamericana, con la única excepción de Rafael del Pino, fueron informados de su traslado a La Cabaña desde donde partirían, junto a Donovan, hacia los Estados Unidos. A las 10:30 AM del 21 de abril de 1963 partió hacia la base militar de Homestead, en la Florida, este pequeño grupo de presos políticos.

Niega Donovan que "la liberación de los 21 ciudadanos se tramitara a base de algún canje. Fue sólo un gesto humanitario del gobierno". Por supuesto, nadie le dio crédito a tales afirmaciones.

Pocas horas después, el Departamento de Justicia pone al desnudo la falsa afirmación al anunciar que "se habían cancelado las acusaciones contra tres espías castristas capturados hace meses en New York, y conmutada la condena de Francisco (El Gancho) M olina".[137]

En aquel momento no se sabía qué había motivado el viaje a La Habana del abogado Donovan. Buscando en los archivos y documentos posteriormente desclasificados hemos encontrado otro memorándum de enero 4 de aquel año en que aparece que el Departamento de Estado estudiaba el status con el que el abogado Donovan participaría en la negociación para lograr la libertad de norteamericanos presos en Cuba, y analizaba los posibles métodos de pago que el gobierno norteamericano tendría que realizar para obtener la libertad de dichos presos. Vemos, hoy, que el precio pagado fue la libertad de el Gancho Molina y de los tres espías castristas. ¿Por qué se paga un precio tan alto?

En ese memorándum se hacía constar, como ya expusimos, que el régimen de Castro mantenía en prisión aproximadamente a 21 ciudadanos norteamericanos. Pero ofrece un dato de extraordinario interés. Copiamos textualmente de aquel memorándum:

"La libertad de tres de estos prisioneros es vital para la Seguridad Nacional".

Fue la liberación de esos tres prisioneros, que era "vital para la seguridad nacional", lo que motivó las gestiones del abogado Donovan.

El documento de enero 4 de 1963 al que hemos hecho referencia fue desclasificado 13 años después, en mayo 28 de 1976.[138]

---

[137] Cable de la UPI, publicado por Diario las Américas, abril 24, 1963

[138] Memorándum de enero 4, 1963 de William H. Brubeck, secretario Ejecutivo del Departamento de Estado, enviado al Presidente Kennedy a través de McGeorge Bundy, su Asesor Legal.

Por supuesto, el memorándum de Bundy de abril 21 sobre "Alternativas en Cuba" ofrecía, también, otras opciones más expeditivas y drásticas que el entendimiento con Castro. Esos distintos caminos se recorrerían simultáneamente. A los otros ya nos hemos referido. Expondremos ahora el camino del acomodo con Castro que, todavía hoy, muchos han querido negar.

Había regresado a los Estados Unidos, por problemas de salud, un viejo amigo de Adlai Stevenson y de Chester Bowles, que se desempeñaba como embajador norteamericano en Guinea. Durante los dos años en que ocupó la embajada en aquella nación africana, William Attwood, antiguo editor de Look y fiel reflejo de su mentor Stevenson, había cultivado cordiales y estrechas relaciones con funcionarios del gobierno y con diplomáticos allí acreditados.[139] Será este afable funcionario, piedra angular en la política de conciliación que comienza a trazar el Presidente Kennedy.

DE ÁFRICA LLEGA UN MENSAJE

¿Cómo aparece el embajador norteamericano en un pequeño país africano en la madeja diplomática del Caribe? Attwood, antes de ser designado embajador y, ahora, asesor de Adlai Stevenson, había sido, como hemos dicho, editor de la revista Look. Como tal, había entrevistado en 1959 a Fidel Castro y cultivado con él una relación amistosa.

En septiembre de 1963, el embajador de Guinea en La Habana había informado a su amigo Attwood la inconformidad que mostraba Castro por sus decepcionantes relaciones con la Unión Soviética y que aparentaba estar dispuesto a ofrecer "concesiones sustanciales" para llegar a un entendimiento con los Estados Unidos. De inmediato, informa Attwood a su amigo y superior jerárquico, Adlai Stevenson. También lo informa a Averell

---

[139] En marzo 23 de 1961 el Comité de Relaciones Exteriores del Senado había dado su confirmación a William Attwood como embajador en Guinea. Desde esa fecha desempeñó el cargo hasta que, en mayo de 1963, contrajo malaria y regresó a los Estados Unidos donde comenzó a servir como Asesor de Adlai Stevenson en las Naciones Unidas

Harriman, Subsecretario de Estado.[140] Este último le sugiere discutir el tema con Bob Kennedy. Pero no fue necesario.

Tan interesante para la Administración resultaba la posibilidad de dialogar con Castro que ya Stevenson la había consultado con el Presidente Kennedy quien dio su entusiasta consentimiento.[141]

Se instruyó a Attwood a hacer contactos informales con Carlos Lechuga, quien presidía la Delegación Cubana en las Naciones Unidas.[142]

El 18 de octubre prepara el embajador Attwood un memorándum —que estuvo clasificado como secreto sensitivo por casi 30 años (hasta el, 28 de marzo de 1990)— delineando los pasos que se propone seguir en estas conversaciones y pidiendo tan sólo "la autoridad para establecer contacto con Lechuga". No hubo objeción a esta petición.

El 21 de octubre —también parcialmente desclasificado en 1990— Attwood informa a McGeorge Bundy sobre sus conversaciones con Lechuga quien "mostró interés y sugirió que alguien de nuestra parte debía ir a Cuba", Los "top secrets memorándums" se multiplican con las casi diarias conversaciones: Noviembre 4, noviembre 6, noviembre 8, noviembre 12. Está ya envuelta —realmente lo ha estado desde un principio— una mujer:

---

[140] Averell Harriman, veterano diplomático, había servido al Presidente Kennedy como emisario especial en Vietnam y Laos.

[141] Testimonio de Attwood en julio 10 de 1975 ante el Comité Selecto del Senado.

[142] Carlos Lechuga Hevia, escribiendo para el periódico El Mundo y la revista Bohemia, había mantenido, antes del triunfo de la Revolución una estrecha relación con Fidel Castro, a quien acompañó en su viaje a Nueva York en abril de 1959. Posteriormente fue designado embajador ante la Organización de Estados Americanos (OEA), posición que ocupaba cuando en enero de 1962, en la octava Conferencia de Consultas de Ministros del Exterior, celebrada en Punta del Este, Cuba fue separada de ese organismo regional. Luego, fue Lechuga nombrado embajador en México.

Cuando Estados Unidos y la Unión Soviética, a espaldas de Castro, anuncian el acuerdo Kennedy-Kruschev, el dictador cubano designa a Lechuga como su embajador ante las Naciones Unidas para tratar de tomar parte en las negociaciones que se están celebrando con motivo de la Crisis de los Cohetes. En esa posición se relaciona Lechuga con otros embajadores y, particularmente, con Atwood.

la periodista Lisa Howard que, como reportera de la American Broadcasting Company (ABC).había, en el pasado reciente, entrevistado a John F. Kennedy, Nikita Kruschev y Fidel Castro. Las estrechas relaciones de Lisa con el Comandante Vallejo resultan muy útiles para estas conversaciones preliminares.

En una larga entrevista con la reportera Lisa Howard para la televisión, que fue filmada en La Habana el 24 de abril (1963) y que se mostró en los Estados Unidos en mayo 10, Castro proclamó su deseo de discutir todos los puntos de contención que exisían entre los Estados Unidos y Cuba.[143] La periodista, que al momento de publicarse el artículo ya estaba de intermediaria en las conversaciones del embajador Attwood, manifestó que, "durante nuestras privadas conversaciones que continuaron sobre un período de ocho horas, Castro fue además enfático sobre su deseo de establecer negociaciones con los Estados Unidos".

No era sólo el máximo líder quien enviaba mensajes de paz. El 24 de junio, el Presidente Osvaldo Dorticós al hablar en la televisión cubana expresó su esperanza de que.Cuba pudiera normalizar sus relaciones con los Estados Unidos.

Este mensaje llegaría luego, también, por canales de la diplomacia.

Mas que como una reportera, se muestra Lisa Howard como ingenua portadora de huecas promesas. Para ella "es evidente que Castro está listo para discutir la presencia de personal y equipo militar soviético en suelo cubano; la compensación para tierras e inversiones norteamericanas expropiadas; la cuestión de Cuba como base para subversión comunista en el hemisferio... él está preparado para ofrecer concesiones sustanciales". Nos muestra a un Castro que sólo existe en la fantasiosa mente de la periodista norteamericana: "Nuestra conversación giró hacia una discusión de los ideales de la democracia Occidental que siempre parece de gran interés para él. Castro se encuentra epecialmente atraído por los escritos de Thomas Paine y Thomas Jefferson". El nombre de la no tan ingenua reportera volverá a aparecer en

---

[143] Lisa Howard "Castro's Overrture", War/Peace Report, septiembre 1963.

un memorándum de la Casa Blanca de noviembre 19, tres días antes de la tragedia de Dallas.

Prosigue Attwood con estas conversaciones que, en palabras textuales de Robert Kennedy, "valían la pena continuar", según se expresa en el Comité Selecto del Senado en noviembre 20 de 1975 donde Attwood detalla las pláticas que sostuvo desde septiembre hasta noviembre. El entusiasmo del Clan Kennedy era notable. No deseaba el Presidente poner obstáculo, o condición alguna, a esas conversaciones que tendían a un conveniente acomodo con Castro. Tanto es así que, en noviembre 5, Bundy le informa a Attwood que "el Presidente estaba más interesado que el Departamento de Estado en explorar las conversaciones con Cuba".

El memorándum del Departamento de Estado de noviembre 7, citado por Schlesinger en su obra "One Thousand Days", confirma que aquel departamento mantiene —¡increíblemente!— una línea más dura que la de la Casa Blanca:

> *"Antes de que los Estados Unidos pudiera entrar siquiera, en relaciones mínimas con cualquier gobierno cubano, éste tendría que terminar cualquier dependencia política, económica o militar con los soviéticos" y, "cesar su subversión en el hemisferio occidental, renunciar al marxismo leninismo como su ideología, remover a comunistas en posiciones de influencia, ofrecer compensación por propiedades expropiadas y restaurar la empresa privada en fábricas, minas, petróleo y distribución".*

Estas condiciones, tiene que admitir el propio Schlesinger, no formaban parte del pensamiento de Kennedy ni aparecían en el memorándum que Bundy le había preparado a Attwood. Para lograr el entendimiento que tanto deseaba, Kennedey se entregaba a Castro sin condición alguna.

Attwood consideraba que los primeros pasos con Lechuga podrían realizarse durante la sesión que estaba celebrando la Asamblea General de las Naciones Unidas y que podrían derivar en una invitación al diplomático americano a visitar Cuba. De inmediato le confirmaron la luz verde para iniciar tales conversaciones en busca de ese fin.

LA VERSIÓN DE CARLOS LECHUGA

La versión de Carlos Lechuga, el confiable recién llegado Delegado ante las Naciones Unidas, no difiere sustancialmente de la ofrecida por William Attwood.[144] Confirma Lechuga que en septiembre 23, a través de Lisa Howard, conoció del interés del embajador William Attwood de hablar con él sobre un tema urgente. La reunión se celebró en la casa de la reportera norteamericana, en un ambiente informal, con tragos y bocaditos, a la que asistieron diplomáticos y periodistas.

Attwood informó a Lechuga que Adlai Stevenson había autorizado celebrar esa reunión con Lechuga y darle a conocer que en pocas horas estaría solicitando autorización del Presidente para ir a Cuba a reunirse con Fidel Castro y discutir la posibilidad de un acercamiento entre La Habana y Washington. Attwood manifestó que iría como un ciudadano privado, y deseaba conocer las posibilidades de que el gobierno cubano le permitiese viajar a La Habana.

En aquella extensa e informal conversación Attwood —según expresa Lechuga— se refirió a una charla ofrecida por Averell Harriman, entonces Secretario de Estado, a los miembros de la misión norteamericana en las Naciones Unidas en la que afirma que muchos acuerdos podrían alcanzarse con la Unión Soviética en los próximos diez años. Para Attwood era evidente que se referían a Cuba. Recuerda Lechuga que el 27 de septiembre tuvo otra reunión con Attwood en el Lounge de los Delegados de las Naciones Unidas. Attwood explicó lo difícil que resultaba ir a Cuba por la posición oficial que él ocupaba pero que había recibido autorización para continuar estas conversaciones. Pocos días después se unía al grupo el periodista francés Jean Daniel.

Eran los días en que Lechuga pronunciaría en la Asamblea General de la ONU el discurso central exponiendo la posición cubana. Fue el embajador Stevenson quien respondió a los cargos presentados por Lechuga. Curiosamente había sido Attwood

---

[144] Ver "En el Ojo de la Tormenta", de Carlos Lechuga, editado por Ocean Press a fines de 1995.

quien, como asistente de Stevenson, le había redactado el discurso. Parecía una comedia.

El 28 de octubre se reúne nuevamente Lechuga con el asistente de Attwood en el mismo Lounge de las Naciones Unidas. Ya se van envolviendo más personas que buscan un acomodo con Castro. Intervienen, en una forma u otra, Gordon Chase, McGeorge Bundy, el propio presidente Kennedy. Desde Cuba, el comandante René Vallejo, y, en medio de todos, quizás Lisa Howard.

UN NUEVO MENSAJERO

No era Attwood el único mensajero que enviaba la Administración para facilitar un entendimiento con el gobernante cubano. En tránsito hacia La Habana donde esperaba entrevistar a Castro, se encontraba en Washington Jean Daniel, periodista francés, muy relacionado con el círculo íntimo del Presidente.

Attwood que, como habíamos dicho, había sido editor de Look, aprovecha su antigua y estrecha relación con Daniel para convertirlo en otro conveniente vehículo en las negociaciones conciliatorias que se están celebrando con tanta prisa y sigilo. Le informa al Presidente que ha facilitado una visita de Jean Daniel a la Casa Blanca antes del viaje que el periodista francés tenía programado para ver a Castro en La Habana. Kennedy no vaciló un segundo: "Hazlo llegar a mi oficina mañana a las 5:30".[145] Era el 23 de octubre de 1963.

Las calificaciones de Daniel, de acuerdo a las normas que regían la Casa Blanca en aquel año de 1963, eran apropiadas. El editor francés estaba estrechamente vinculado a Ben Bradlee,[146] jefe del Buró de Newsweek en Washington, viejo amigo y vecino de Kennedy.

---

[145] Arthur Schlesinger, "Robert Kennedy and His Time".

[146] Richard Reeves en "President Kennedy" hace diversas referencias a una íntima relación entre el mandatario norteamericano y una cuñada de Ben Bradlee.

Hay mucho interés y gran prisa en esas conversaciones. Attwood, además de negociar con Lechuga en los salones privados de las Naciones Unidas y facilitar el contacto con el periodista francés, mantiene continuas conversaciones con el Comandante René Vallejo, médico y hombre de confianza de Fidel Castro.[147] El contacto con Vallejo se lo había propiciado la periodista Howard, que había entrevistado a Castro en mayo de aquel año.

El camino de reconciliación, pues, se recorre en las dos direcciones. El interés del dictador cubano para concretar estas conversaciones que llevarían a un acomodamiento entre los dos gobiernos, iba en aumento. Al extremo que el Dr. Vallejo "enviaría un avión cubano, sin insignias, a Cayo Hueso a recoger a Attwood y trasladarlo en secreto a algunas de las pistas privadas cerca de La Habana, donde las conversaciones podrían continuar en total seclusión".[148]

Bundy es ahora el intermediario entre Atwood y Kennedy. El Asesor Legal le manifiesta al diplomático, el 5 de noviembre, que el Presidente quisiera conocer, antes de la reunión, lo que Castro pretende discutir, y sugiere que Attwood sostenga una entrevista preliminar, privada, en algún salón de las Naciones Unidas con Lechuga y Vallejo. Pero Castro insiste en celebrar en la isla el importante encuentro. Subraya Vallejo que sólo Castro estaría presente en esa reunión...y "nadie más, mencionando específicamente al Ché Guevara, estará presente".[149] La escisión con el guerrillero argentino era profunda.

El 18 de noviembre se produce una nueva conversación, por teléfono, entre Vallejo y Attwood. Éste, siguiendo instrucciones del Presidente, propone que se celebren las negociaciones preliminares en las Naciones Unidas después que una agenda de trabajo sea aprobada. En la reunión, de carácter confidencial, participarían Lechuga, Vallejo y Attwood y algún otro funcionario.

---

[147] William Attwood: "The Red and The Blacks". Ver también memo ... desclasificados en 1990 y 1995.

[148] William Attwood. Obra citada. Esta conversación con Vallejo se produce el 31 de octubre.

[149] William Attwood. Obra citada.

Estas son las palabras textuales expresadas en la audiencia senatorial a la que nos hemos referido:

"Siguiendo las instrucciones de la Casa Blanca, Attwood informó a miembros del personal de Castro que los Estados Unidos favorecían negociaciones preliminares en las Naciones Unidas (en lugar de en Cuba como proponían los cubanos), y que los Estados Unidos deseaban elaborar una agenda de trabajo para estas conversaciones".

LAS PALABRAS DEL PRESIDENTE

El 24 de octubre se había realizado la entrevista de Daniel con Kennedy quien le habló sobre su interés en que hiciese conocer a Castro su sincero deseo de restablecer las relaciones entre los Estados Unidos y Cuba. El Presidente le pidió que tan pronto estuviese de regreso de su entrevista con Castro le reportara a él, en la Casa Blanca.[150] Este comentario —el interés del Presidente Kenndy de que Castro conociese su deseo de restablecer relaciones— es lo único que aparece mencionado en los distintos libros y artículos publicados sobre esta histórica conversación. Pero Kennedy habló más, mucho más.

De las decenas de libros que hacen referencia a esta trascendente petición, apenas alguno ha recogido los sorprendentes detalles de aquel diálogo Kennedy-Daniel celebrado el 24 de octubre. El Presidente describe al periodista francés una Cuba miserablemente esquilmada. Coloca a la Cuba anterior al Primero de Enero, sometida a un nivel de explotación peor que el sufrido por la más atrasada y expoliada colonia africana. Sus juicios reflejan prejuicio; ignorancia. Tal vez, por ello, no han sido nuevamente mencionados.

Estas son las palabras textuales del Presidente Kennedy a Jean Daniel, publicadas en The New Republic en diciembre 14 de 1963, a tan sólo tres semanas de su muerte:

---

[150] Jean Daniel "Un Enviado Oficial: Un informe histórico desde dos capitales" New Republic, diciembre 14, 1963.

> "Yo creo que no existe un país en el mundo, incluyendo los de las regiones africanas, y todos aquellos bajo dominación colonial, donde la colonización económica, la humillación y la explotación hubieran sido peores que en Cuba, en parte debido a la política de mi país durante el régimen de Batista.
>
> Yo creo que nosotros creamos, construimos y manufacturamos el movimiento de Castro sin siquiera percatarnos. Yo creo que la acumulación de estos errores ha dañado a todo Latinoamérica. El gran propósito de la Alianza para el Progreso es revertir esta política desafortunada.
>
> Yo puedo asegurarle a usted que yo he entendido a los cubanos. Que yo aprobé la proclama que Fidel Castro hizo en la Sierra Maestra, cuando él, justificablemente, reclamó justicia, pedía que Cuba saliera de la corrupción.
>
> Yo voy aún más lejos: En cierta medida es como si Batista hubiese sido la encarnación de un número de pecados de los Estados Unidos. Ahora nosotros tendremos que pagar por esos pecados. En relación al régimen de Batista, yo estoy de acuerdo con los primeros cubanos revolucionarios. Eso está perfectamente claro."

Con gran interés escuchará Castro estas palabras.

CONVERSACIONES CON CASTRO

Ya Daniel está en Cuba. Luego de haber hablado con el Presidente, el periodista francés había partido para La Habana el 25 de octubre.

El 13 de noviembre, el periódico "El Mundo" destaca en primer plano una entrevista con el escritor Jean Daniel, en la que éste afirma que "un amplio sector de la opinión pública en su país siente por Cuba gran simpatía." Y ofrece la razón: "esto se debe a que existe un organizado Partido Comunista y a que el pueblo francés siempre ha tenido un sentimiento de romántica admiración por los heroicos procesos revolucionarios como el de Cuba."[151]

---

[151] Periódico "El Mundo", La Habana, noviembre 13, 1963.

Pero estas zalemas paracen no surtir efecto. Castro se demora en recibirlo.

"Permanecí en La Habana tres intensas semanas de trabajo hablando con escritores y pintores, campesinos, contrarrevolucionarios, ministros y embajadores...pero Fidel se mantenía inaccesible. Yo había prácticamente perdido toda esperanza cuando, una noche que iba a ser mi fecha de salida, Fidel vino a mi hotel. Él había oído de mi entrevista con el Presidente".

"Subimos a mi cuarto a las diez de la noche y no salimos hasta las cuatro de la madrugada. Fidel atendió con apasionado y devorador interés mi relato de la conversación con Kennedy... tres veces me hizo repetir ciertos comentarios, particularmente aquéllos en los cuales Kennedy expresaba su crítica al régimen de Batista, aquéllos en los que Kennedy mostró su impaciencia con comentarios atribuidos al Gral. De Gaulle y aquéllos en que Kennedy acusaba a Fidel de haber casi causado una guerra fatal para toda la humanidad."

"Cuando terminé de hablar, yo esperaba una explosión. Sin embargo, siguió un largo silencio y, al final del silencio, una exposición calmada, compuesta...".

Fue éste el primer día de aquella larga conversación. Era el 19 de noviembre.

Tres días después viajaba Daniel con Castro hacia una quinta en Varadero. Conversaban aquel mediodía en la casa de la playa cuando se recibió una llamada de Osvaldo Dorticós, el Presidente de la República. Informaba a Castro del atentado al Presidente Kennedy. Era el 22 de noviembre.[152] Ese mismo día, pocas horas antes, un agente de la CIA entregaba a AM/LASH un bolígrafo con su punta impregnada de veneno.[153]

En una modesta y oculta casa, en las afueras de Washington, Harry Ruiz Williams se reunía con Richard Helms y Howard

---

[152] Para una detallada información de esta conversación ver los siguientes números: "The New Republic", diciembre 7 de 1963 y diciembre 7 de 1963.

[153] Interim Report. Selected Committee. "Alleged Assassination Plots...". United States Senate, noviembre 20, 1975

Hunt, para ultimar detalles de los campamentos que operarían en República Dominicana. Los caminos de la acción, del entendimiento, de los campamentos, de la eliminación física habían llegado a un abrupto final.

Castro, al conocer la muerte de Kennedy, fulminó con preguntas al periodista francés. "¿Quien es Lyndon Johnson?" "¿Qué reputación tiene?"...¿Cómo eran sus relaciones con Kennedy?" "¿Con Kruschev?" ¿Cúal fue su posición cuando la invasión a Cuba?" y, finalmente... "¿Qué autoridad ejerce sobre la CIA?". En una breve salida hasta la cercana ciudad de Cárdenas, después de un largo silencio, como hablando consigo mismo, dice: "Todo ha cambiado. Todo va a cambiar".

Desafortunadamente para Cuba, nada cambió.

La mañana siguiente, en las Naciones Unidas, Lechuga recibía instrucciones de Castro para comenzar conversaciones formales con Attwood. Así menciona Schlesinger[154] esas pláticas:

> *"En diciembre 4, Attwood me informó que esas exploraciones secretas estaban, según él consideraba, alcanzando un clímax; que Castro podría estar tratando de salir de la influencia de Guevara y de los comunistas y llegar a un acuerdo con los Estados Unidos."*

Pero había una nueva administración con una orientación y unos intereses distintos.

Maurice Halperin (no confundirlo con Morton Halperin, el funcionario del Departamento de Estado que mantuvo conversaciones secretas con Castro en la Administración del Presidente Clinton) manifiesta:

> *"En su respuesta a Kennedy, a través de Daniel, Castro expresaba entusiasmo sobre las posibilidades de un acomodo para el cual él estaba dispuesto a ofrecer importantes concesiones... con la muerte de Kennedy, la nueva Administración suspendió las comunicaciones con*

---

[154] Mencionado por A. Schlesinger en "Robert Kennedy y Su Tiempo".

Castro tanto por vía diplomática como a nivel de la Casa Blanca."[155]

No eran éstas, las gestiones de Attwood y Jean Daniel, los únicos esfuerzos que había realizado la Administración Kennedy para explorar un acomodo con Castro.

Cuando el Mariscal Tito[156] concurrió en visita oficial a la Casa Blanca en octubre de aquel año, Kennedy le comentó sobre su interés en replantear el problema de Castro expresándole que si Cuba salía de la influencia soviética "nosotros, tal vez, podríamos aceptar un régimen revolucionario como éste".

No fue un comentario fortuito. Ya, desde el mes de agosto, cuando el Secretario de Comercio de los Estados Unidos, Luther Hodges, concurrió a la feria comercial de Zagreb, en Yugoeslavia, le fue transmitido al presidente José Broz (Mariscal Tito) el interés de su homólogo norteamericano de que el legendario guerrillero croata[157] sirviese de intermediario para tratar de mejorar las relaciones entre Rusia y los Estados Unidos.[158] Que esa gestión conciliatoria incluyese luego al vecino del sur, era una lógica extensión para el afán apaciguador del presidente Kennedy y el interés protagónico del antiguo leader partisano, convertido ahora en árbitro de la paz mundial.

---

[155] Maurice Halperin, "The Taming of Fidel Castro", Berkeley.

[156] A. Schlesinger "A Thousand Days".

[157] José Broz nació precisamente en Zagreb, en la región Croata.

[158] Ver cable de la UPI de septiembre 9, 1963.

CAPÍTULO VII

LA MUERTE DEL PRESIDENTE KENNEDY

A las doce y treinta del viernes 22 de noviembre era abatido frente al Depósito de Libros Escolares en Dallas, Texas, el presidente norteamericano. El inesperado asesinato de John F. Kennedy produjo, comprensiblemente, estupor en el mundo entero.

Las investigaciones que de inmediato comenzaron a realizarse tras la pronta detención de Lee Harvey Oswald, revelaron enseguida su breve residencia en la Unión Soviética, su matrimonio con una ciudadana de aquella nación, su vinculación con el Comité de Trato Justo sobre Cuba y su intento de lograr una nueva visa para regresar a la Unión Soviética. Las investigaciones preliminares parecían incriminar a un fanático de la extrema izquierda.

En Washington, a la CIA le preocupaba que el asesinato fuese parte de una conspiración extranjera. La Agencia no podía localizar a Nikita Kruschev en aquellas horas. Para detener el pánico, el Subsecretario de Justicia Nicholas Katzenbac se dirigió a la Casa Blanca tres días después para pedir que se pusiera fin a las especulaciones sobre las motivaciones de Oswald.[159]

CASTRO CULPA A LA EXTREMA DERECHA

Treinta y seis horas después del magnicidio comparecía el "Dr. Fidel Castro Ruz, Primer Ministro del Gobierno Revolucionario y Primer Secretario del PURSC, ante las cámaras de televisión para tratar temas de actualidad". Así anunció la prensa oficial la apresurada presencia de Castro quien centró su extensa

---

[159] Testimonio de James Johnston en el Comité de Operaciones de Gobierno, noviembre 17 de 1993.

exposición en el crimen de Dallas, del que trató de distanciarse a sí mismo y a su régimen. Apuntó, de prisa, en dirección contraria

> *"Dentro de los Estados Unidos hay corrientes muy reaccionarias, corrientes racistas; es decir, contrarias a la reinvidicación de los derechos civiles y sociales de la población negra; gente del Ku-Klux-Klan, gente que lincha, extermina, utiliza perros, que odia con fiereza a los ciudadanos negros de los Estados Unidos; que siente un odio cerval; corrientes que son, naturalmente, ultrarreaccionarias".*

Hasta ayer, identificaba con similares epítetos al propio J.F, Kennedy. Añora, ya muerto éste, comienza a mostrarlo como defensor de los derechos civiles.

Pero no se va a conformar con señalar, con tanta precipitación, a un solo sector como responsable del repugnante crimen. Pueden, muy probablemente, ser otros los responsables:

> *"Hay en Estados Unidos, corrientes económicas; es decir, poderosos intereses económicos, igualmente ultrareaccionarios, que tienen en todas las posiciones internacionales una situación completamente reaccionaria. Hay dentro de los Estados Unidos, corrientes partidarias de una mayor intervención de los Estados Unidos en problemas internacionales, de un mayor empleo de la fuerza militar de los Estados Unidos en los problemas internacionales; hay corrientes, por ejemplo, en los Estados Unidos, mucho más partidarias, intransigentemente partidarias de la invasión directa contra nuestro país."*

Para desviar el peso de las pruebas que van apareciendo y que señalan hacia militantes del Comité de Trato Justo sobre Cuba, con o sin cómplices, Castro sigue tejiendo la novela del complot ultraderechista:

> *"Hay en Estados Unidos Corrientes partidarias de la aplicación de medidas drásticas contra cualquier gobierno que asuma la menor medida de carácter nacionalista, de carácter económico en beneficio de los países. Y, en fin, hay una serie de sectores que se pueden englobar en una sola concepción: la ultraderecha de los Estados Unidos; la*

derecha de los Estados Unidos; la ultrarreacción en los Estados Unidos, y que esta ultrareacción, en todos y cada uno de los problemas internos y externos de los Estados Unidos, es partidaria de los peores procedimientos, de la política más agresiva, más peligrosa para la paz, y más aventurera."

LAS EVIDENCIAS APUNTAN HACIA LA IZQUIERDA

Se hace sospechosa, para cualquier investigador, esta pronta disposición del dictador cubano en señalar culpables. Resulta evidente que trata de impedir que esa responsabilidad recaiga sobre su gobierno o sobre un fanático que ha mantenido contacto con las oficinas diplomáticas de Cuba dentro y fuera de los Estados Unidos.

Porque, pronto se conoce, Lee Oswald había visitado el Consulado de Cuba en México, tan sólo dos meses atrás, en busca de una visa para viajar a la Unión Soviética y, cuatro semanas antes de esa visita a la sede diplomática cubana, había tenido una confrontación con un exiliado cubano cuyo encuentro requirió la presencia de la policía; riña que culminó en un debate por radio frente a Carlos Bringuier, del Directorio Revolucionario Estudiantil.[160]

Oswald había permanecido en México desde septiembre 26 a octubre 3 de aquel año.[161] El propósito de su viaje, según había informado a su esposa Marina, era el de evadir la prohibición norteamericana de viajar a Cuba. En Ciudad México visitó la embajada soviética y la cubana. En ésta última había pedido una visa "en tránsito" para pasar por la isla en su proyectado viaje a la Unión Soviética.[162]

---

[160] La confrontación entre Lee Oswald y Carlos Bringuier se produjo el 9 de agosto de 1963 cuando Oswald repartía propaganda castrista. El debate radial, por la WDSU, se realizó en agosto 21. Fuente: "Red Friday"; por el Dr. Carlos Bringuier.

[161] "Report of the Warren Commission", página 279.

[162] Su esposa, Marina, testificó que esta declaración era un subterfugio para lograr su entrada en Cuba.

No era nueva la vinculación de Oswald con la extrema izquierda. Siete años antes, en plena adolescencia, se había dirigido al Partido Socialista de los Estados Unidos solicitando informes sobre la Liga Juvenil, declarando en la carta manuscrita que "yo soy marxista, y he estado estudiando principios socialistas por más de quince meses".[163]

En octubre de 1959, formando aún parte de los Marines, Oswald vio cristalizada su vieja ilusión: una visa temporal, otorgada en Helsinki, para una breve visita a Moscú. Estadía que supo prolongar por dos años y medio, cuando abandona la Unión Soviética en Junio de 1962.[164]

A los dos meses de regresar a los Estados Unidos, ya Oswald se había suscrito a la revista Worker (agosto, 1962) y comenzado frecuente correspondencia con el Partido Comunista de los Estados Unidos y con el Partido Socialista de los Trabajadores.

Menos de un año después, para mayo y junio de 1963, se encontraba el antiguo Marine ocupado en los trámites de crear, en Nueva Orleans, una sección del Comité de Trato Justo para Cuba. En agosto se produce el incidente con Bringuier, del Directorio Revolucionario Estudiantil, su breve encarcelamiento y el debate radial al que antes nos hemos referido. La vinculación de Oswald con grupos castristas de extrema izquierda era evidente. Castro, desesperadamente, tenía que distanciarse de tan peligroso simpatizante.

Una semana antes de ser asesinado, el presidente norteamericano era calificado con los peores epítetos en la prensa cubana. "El Mundo", el menos sectario de los periódicos sometidos o controlados por el régimen, se ensañaba con Kennedy y su Administración: "Un gobierno que se coloca fuera de la ley";[165] "su mano, señor presidente Kennedy, la rechazamos los cuba-

---

[163] Carta manuscrita presentada como exhibición No. 1 de Gray, publicada en la obra "Red Friday" de Carlos Bringuier.

[164] Lee Harvey Oswald y su esposa Marina cruzaron la frontera en Bretz el 2 de Junio de 1962. Fuente: Warren Report, pag. 634.

[165] Periódico "El Mundo", La Habana. Editorial de Noviembre 23, 1963.

nos";[166] "Mr. Kennedy... con sus falsedades habituales"[167] "queda de manifiesto el cinismo y la hipocresía de su política imperialista".[168]

Ahora, cuando teme una reacción extrema y violenta de los Estados Unidos, habla con mesura del presidente asesinado y apunta hacia la derecha del espectro político norteamericano como la fuerza impulsora del magnicidio.

.En pocas horas, el Ministerio de Relaciones Exteriores de Cuba da a conocer un comunicado:

"Con relación a la información publicada en el dia de hoy por el diario "Excelsior" de Ciudad México, afirmando que Lee Harvey Oswald había solicitado del Consulado de Cuba en México, en el mes de septiembre, visa de tránsito para viajar a la Unión Soviética, el gobierno cubano solicitó información a funcionarios de nuestro consulado en aquella ciudad, comprobando que es cierto que el Sr. Lee Harvey Oswald solicitó el 27 de septiembre en dicho consulado visa de tránsito para viajar a la Unión Soviética ... dicha visa nunca fue concedida.

Este detalle, junto con las demás circunstancias que rodean los hechos, confirman nuestras sospechas de que el asesinato de Kennedy fue una provocación contra la paz mundial, perfecta y minuciosamente elaborada por los sectores más reaccionarios de los Estados Unidos.

Es evidente que estos sectores proyectaron de antemano involucrar a Cuba y a la Unión Soviética en los hechos".

Estas primeras declaraciones de Castro y de los dirigentes cubanos reflejaban la preocupación de la élite gobernante de la isla sobre los planes de Lyndon B. Johnson hacia Cuba. Preocupación que habíamos visto manifestada en las primeras palabras que sobre el nuevo mandatario expresara Castro al periodista

---

[166] Periódico "El Mundo", La Habana. Editorial de Noviembre 21, 1963.

[167] Periódico "El Mundo", La Habana. Editorial de Noviembre 2, 1963.

[168] Discurso de Fidel Castro el 31 de octubre de 1963. Periódico "Revolución", de noviembre primero, 1963.

francés Jean Daniel al conocer, en la quinta de Varadero, la muerte de J. F. Kennedy.

LA COMISIÓN WARREN

La preocupación de Fidel Castro resultó infundada.

El Presidente Lyndon B. Johnson ordenó el 29 de aquel mes de noviembre de 1963 la creación de una comisión para investigar el asesinato perpetrado el 22 de noviembre.[169] En septiembre del próximo año la Comisión ofreció su informe. A pocos satisfizo: El asesinato del Presidente Kennedy fue la labor de un solo hombre, Lee Harvey Oswald. No existió conspiración, ni foránea, ni doméstica. Jack Ruby, en forma alguna conectado con Oswald, decidió por sí mismo asesinar a éste. Ni hombres de la extrema derecha, ni comunistas tuvieron responsabilidad alguna en el asesinato del presidente, en Dallas, el 22 de noviembre. Era, éste, el sucinto resumen del informe de la Comisión Warren.

Doce años después, en 1976, el Comité Selecto del Senado sobre Inteligencia, más conocido como el Church Committee, hizo un nuevo estudio para conocer con que meticulosidad las agencias de inteligencia investigaron el asesinado del Presidente Kennedy. El Comité Church concluyó que el Informe Warren tenía fallos fundamentales y que aparentemente "altos funcionarios de inteligencia tomaron decisiones conscientes de ocultarle a los propios investigadores y a la Comisión Warren información sustancial y material".[170]

---

[169] Por la Orden Ejecutiva #11130, de febrero 29, 1963 se constituyó la Comisión que sería presidida por Earl Warren, Presidente de la Corte Suprema de los Estados Unidos; el Senador Richard B. Russell, Demócrata de Georgia; el Senador John Sherman Cooper, Republicano de Kentucky; los congresistas Hale Boggs, Demócrata de Louisiana, y Gerald R. Ford, Republicano de Michigan. Del sector privado se escogió a dos abogados: Allen Dulles, antiguo director de la Agencia Central de Inteligencia, ya retirado en ese momento, y John J. McCloy, antiguo presidente del Banco Internacional para la Reconstrucción y Desarrollo.

[170] Declaraciones del abogado James H. Johnston, antiguo asesor legal del Comité Selecto del Senado de 1976. Fuente: Audiencia ante el Subcomité de Legislación y Seguridad Nacional del Congreso, Noviembre 17, 1993.

James H. Johnston fue de las personas que con más vigor pidió que se abriesen los expedientes para estudiar, con absoluta libertad, aquel proceso oscurecido por la actuación de la Comisión Warren que, irónicamente, había sido constituida, a raiz del asesinato para investigarlo. Lejos de eso, la Comisión Warren descansó en las propias agencias de inteligencia que, a su vez, sustrajeron de la atención de dicha comisión información sustancial y material de los hechos. Por tal motivo, el Informe Warren ha sido acerbadamente criticado.

En menos de dos semanas el trabajo de investigación del FBI y de la CIA había concluido. El FBI entregó al Presidente Johnson, en diciembre 5, su reporte sobre el asesinato. El informe apenas menciona el interés de Oswald sobre Cuba y sus contactos con grupos pro castristas, y silencia, por supuesto, la posibilidad de una relación entre este asesinato y la operación AM/LASH.[171]

LA CIA INVESTIGA LA CONEXIÓN CASTRISTA

El Informe de la CIA, es distinto. Desde las primeras 24 horas del asesinato, la atención de la Agencia Central de Inteligencia se centró, primordialmente, en la visita que realizó Oswald a Ciudad México. Las oficinas centrales de la CIA, en Langley, pidieron a su estación en México que le hiciese llegar, de inmediato, toda información relevante sobre esa visita. Ya en la mañana de noviembre 23, el Director McCone se reunía con el Presidente Johnson y su asesor de Seguridad Nacional, McGeorge Bundy, para ofrecerle toda la información que habían recibido de la oficina de México.[172]

A las abismales diferencias entre el Informe del Buró Federal de Investigaciones (FBI) y el de la Agencia Central de Inteligencia (CIA) y la falta, omisión o descuido, de las agencias de inteligencia de ofrecerle a la Comisión Warren el resultado de sus respectivas

---

[171] James Johnson ante Subcomité. Noviembre 17, 1993. Estas conclusiones aparecen también en el Informe Final (Libro V) del Comité Selecto del Senado de abril 14, 1976. (Informe 94-755).

[172] Informe final del Comité Selecto del Senado, abril 23, 1976.

investigaciones, es imperativo referirnos para que todos podamos llegar a nuestras propias conclusiones.

En los días que siguieron al asesinato del Presidente Kennedy, nada fue más importante para este país que conocer todos los hechos relacionados con su muerte. Sin embargo, el Comité del Senado que trece años después investigó el dramático hecho concluyó que "por razones diferentes, tanto la CIA como el FBI fallaron en, o evitaron cumplir, algunas de sus responsabilidades".

Para ninguna de las dos agencias, Lee Harvey Oswald era una figura desconocida. A fines de 1959, el FBI abrió un "expediente de seguridad" sobre Oswald después que éste desertó hacia la Unión Soviética. Cuando Oswald regresó a los Estados Unidos, en junio de 1962, fue entrevistado dos veces por agentes del FBI. Se negó a someterse a un polígrafo. En agosto 10 de 1963 Oswald volvió a ser entrevistado por el FBI luego de su arresto en New Orleans al que ya nos referimos. Un mes después Oswald fue a Ciudad México donde visitó al Consulado Cubano y al Consulado Soviético y estableció contacto con el Vice-Cónsul Soviético que era un agente de la KGB. En aquel momento el FBI recibió esa información sobre las actividades de Oswald en Ciudad México. Nada hizo el FBI con esta info rmación.

El Informe de la CIA mostraba un ángulo totalmente opuesto. La Agencia Central ya estaba investigando a Oswald desde octubre, por el viaje de éste a México en septiembre 27 y su visita a los consulados de Cuba y la Unión Soviética.

Veamos los trayectos distintos que toman las investigaciones de estas dos agencias de inteligencia.

PESQUISAS E INFORMES DEL FBI

El Buró Federal de Investigaciones había fallado al no investigar debidamente las posibles conexiones de Oswald con los consulados soviético y cubano en México.

"Inmediatamente después del asesinato, J. Edgar Hoover, Director del FBI, ordenó una completa revisión del manejo de esa institución del Caso Oswald. Dentro de los siguientes seis días recibió un informe que detallaba serias deficiencias

investigativas. Como resultado de estas deficiencias, 17 miembros del FBI, incluyendo un subdirector, fueron disciplinados. El hecho de que el FBI conocía que había habido estas deficiencias investigativas y que había tenido que tomar acciones disciplinarias nunca fue públicamente informado por el Buró ni comunicado a la Comisión Warren".[173]

Los más altos funcionarios del FBI, con Hoover a la cabeza, estaban interesados en proteger la reputación del Buró y evitar críticas por no haber cumplido con sus responsabilidades investigativas. Por eso, a las pocas semanas del asesinato, el FBI emitió un informe con la conclusión de que Oswald era el asesino y había actuado solo.[174]

La crítica al informe del FBI es realmente severa porque su reporte se basó en una investigación estrecha, centrada sólo en Oswald, "sin conducir una más amplia investigación sobre el asesinato que hubiera revelado una conspiración doméstica o extranjera".

El análisis del Comité Church sobre el pobre trabajo investigativo del FBI es demoledor. Pone este Comité en evidencia que a pesar del aparente interés de Oswald en las actividades procastristas y el conocimiento de sus principales dirigentes de los planes de asesinatos elaborados por la CIA, el FBI

"de acuerdo al testimonio de todos los agentes y supervisores que testificaron ante el Comité, no hizo ningún esfuerzo investigativo especial para tratar de conocer la posible participación del gobierno cubano... en el asesinato...".

Mucho interés tenía el Director Hoover en que Oswald apareciese como un individuo que había actuado solo. Para él estaba en juego la integridad y la reputación del FBI. Sólo le interesaba probar que era Oswald el asesino. Los motivos, la posible complicidad de elementos extraños, domésticos o extranjeros, no le interesaba porque el admitir la posible relación de Oswald con el consulado cubano —que él no tuvo la visión de calibrar adecuadamente en

---

[173] Informe final del Comité Selecto del Senado, ya citado.

[174] Ibid

su momento— dañaría irremediablemente la imagen del FBI y la reputación de su Director.

En noviembre 24, ya estaba Hoover informando a la Casa Blanca su interés "en escribir algo que convenza al público que Oswald es el verdadero asesino".[175]

Ese mismo día Alan Belmont, Asistente del Director del FBI, se apresuró a informar que estaba preparando un memorándum dirigido al Fiscal General "mostrando la evidencia de que Oswald es responsable por el asesinato del Presidente".

Impresiona la obstinación de Hoover, el campeón del anticomunismo, en ocultar la muy posible conexión entre la visita de Oswald al consulado cubano en México y el asesinato del Presidente.

En noviembre 29 Hoover habla por teléfono con el Presidente Johnson y le menciona que le preocupa que "parece que Oswald recibió $6,500.00 de la embajada cubana y regresó a este país con ese dinero"; "nosotros no podemos probarlo", pero sí le constaba la presencia y la visita de Oswald en México. Unas horas después produce, intencionalmente, una filtración de noticia:

> "Un informe exhaustivo del FBI que está ya próximo a ser enviado a la Casa Blanca indicará que Lee Harvey Oswald fue el único y solitario asesino del Presidente Kennedy".

En el mismo mes de diciembre el Sub-Director del FBI afirmó en un memorándum que le iba a ser presentado al Presidente Johnson lo siguiente:

> "No ha surgido ninguna evidencia que pudiera indicar que el asesinato del Presidente cometido por Oswald fuese inspirado o dirigido por organizaciones procastristas o por ningún país extranjero".

Sin embargo, este mismo funcionario, William C. Sullivan, en declaraciones formuladas posteriormente a un investigador del Comité Selecto del Senado afirmó todo lo contrario:

---

[175] Llamada de Walter Jenkins, Asistente de la Casa Blanca.

> *"En noviembre 29, 1963, el FBI **no** tenía información para respaldar la conclusión de que **no** existía una conspiración de una nación extranjera".[176]*

Como vemos, el FBI no tenía razón alguna para descartar, a priori, toda conexión de Oswald con "una nación extranjera". El attaché legal del FBI en México, el más alto oficial del Buró de Investigaciones en aquel país, informó a las oficinas centrales en Washington, el 23 de noviembre a las pocas horas del asesinato, que:

> *"El embajador (norteamericano) está muy preocupado de que los cubanos estén envueltos en el asesinato del Presidente. Él considera que tanto nosotros (FBI) como la CIA, debemos hacer todo lo posible para establecer o rechazar la conexión cubana".[177]*

Al día siguiente, el mismo funcionario envía un nuevo cable informando que el embajador consideraba que "los cubanos" (de Castro) podrían haber participado y haber contratado a una persona para el intento y pedía que el FBI contactara a todas las fuentes cubanas en los Estados Unidos a fin de confirmar o rechazar esto. El Buró nada hizo. Por el contrario, en una nota manuscrita sobre ese cablegrama un funcionario del FBI de Washington escribió la siguiente nota:

> *"No es deseable. Serviría para promover rumores".*

Todos los datos muestran que el Buró de Investigaciones el 22 de noviembre en horas de la noche pidió a *todos* sus investigadores contactar a *todos* los informantes de la institución en busca de información sobre el asesinato del Presidente Kennedy.[178] A las doce horas redujo la pesquisa a "los contactos normales con informantes".[179] Empezaba a preocuparle, por cuidar su imagen, que

---

[176] Declaraciones de William C. Sullivan, el 21 de abril de 1976, mencionada en el Informe Final del Comité Selecto del Senado (Reporte No. 94-755).

[177] Cable del FBI, Oficina del Atachê Legal, noviembre 23, 1963.

[178] Teletipo del FBI a las 9:40 P.M. de noviembre 22, 1963.

[179] Teletipo del Buró, 11:20 A.M., noviembre 23, 1963.

saliera a relucir la conexión extranjera que antes no había investigado.

En ningún momento las oficinas centrales del FBI

"instruyeron a sus agentes a contactar informantes o fuentes familiares con temas cubanos para determinar si tenían alguna información relacionada con la participación cubana en el asesinato".

Si el Buró admitía los contactos de Oswald con Cuba estaría reconociendo la ineficiencia de su propio organismo en no haber investigado, con anterioridad al asesinato, tales relaciones. Pudo más el imperioso deseo de Hoover de pretender salvar el prestigio de su institución.

ENORME RESISTENCIA A INVESTIGAR LA CONEXIÓN DE CASTRO

En los últimos días de enero de 1967, Drew Pearson, columnista del Washington Post, se reunió con el presidente de la Corte Suprema de Justicia, Earl Warren, para darle a conocer que un abogado de Washington le había informado que uno de sus clientes conocía que Castro había decidido responder en la misma forma los distintos intentos de la Administración Americana de atentar contra su vida.[180]

Ambos, Pearson y Warren, decidieron que era preferible informar al Servicio Secreto y al FBI para que realizaran la investigación necesaria y se entrevistaran con el abogado.

A ese efecto, Warren informó a James J. Rowley, Director del Servicio Secreto, sobre las alegaciones formuladas. Se concretó una entrevista con el abogado para el 8 de febrero, 1967.[181]

---

[180] Informe Final del Comité del Senado, ya citado.

[181] Existe el memorándum de Rowley a Hoover, de febrero 13 de 1967 pero, curiosamente los records del Buró no muestran reuniones internas o discusión sobre las alegaciones formuladas por el abogado. [Testimonio expresado en Informe Final del Comité Selecto del Senado, Página 80.]

Al no cristalizar la entrevista, el Buró manifestó al Servicio Secreto que "durante la investigación de Lee Harvey Oswald no se descubrió evidencia indicando que el gobierno cubano estuviese envuelto en forma alguna en el asesinato". Una vez más, el Buró trataba de desligar a Castro del magnicidio.

Para que no hubiese duda sobre el poco interés del FBI en investigar esas alegaciones, el memorándum de febrero 15, 1967 del FBI informaba que "ninguna investigación será conducida sobre las alegaciones hechas.... al Presidente de la Corte Suprema Warren".[182]

Pero el Presidente Johnson no se conformó con la pasividad del Buró de Investigaciones. Un mes después, en marzo 17, el Presidente estaba dando instrucciones para

"que el FBI entrevistase al abogado sobre el conocimiento que podría tener sobre el asesinato del Presidente Kennedy".[183]

Hoover se sentía acorralado. Lo admite así el propio De Loach en el memorándum mencionado:

"Bajo estas circunstancias aparece que no tenemos otra alternativa sino mandar a entrevistar al abogado y enviar los resultados a Watson en un memorándum sin membrete".

Pero Hoover encuentra un modo de cumplir —al menos, formalmente— las instrucciones de la Casa Blanca sin correr el riesgo de que la investigación solicitada descubriese la posible verdad.

A ese efecto, la responsabilidad de la entrevista la asigna a la División General de Investigación cuando había sido la División Doméstica de Inteligencia la que tuvo la responsabilidad de investigar la posible participación extranjera en el asesinato. Por supuesto, la gestión de estos supervisores, —que ningún conocimiento previo tenían sobre la participación norteamericana en posibles

---

[182] Memorándum de Alex Roser, Asistente del Director Hoover, a Cartha De Loach, también Asistente del Director del FBI.

[183] En marzo 17, 1967, Cartha De Loach recibió una llamada de Marvin Watson, Asistente Presidencial, informándole que el Presidente daba instrucciones que el FBI realizase esa entrevista. Fuente: Memorándum de Loach, Marzo 17, 1967.

atentados a líderes extranjeros e ignoraban la muy probable reacción de algunos de ellos contra el mandatario norteamericano—, no condujo a parte alguna. Es más, el informe rendido por esos supervisores fue modificado antes de serle remitido al Presidente Johnson.[184]

Nada de esto había salido a la luz pública. Sólo se conocía, de fuentes oficiales, lo que se había mencionado en el Informe de la Comisión Warren.

Pero, ante la evidente pasividad de las agencias de investigación, Drew Pearson, en su muy leída columna, dio a conocer la posibilidad de que Castro estuviese envuelto en el magnicidio de Dallas.

El tres de marzo, 1967, Drew Pearson afirma:

"El Presidente Johnson está sentado sobre una bomba atómica política: un informe no confirmado que el Senador Robert Kennedy podía haber aprobado un intento de asesinato que pudo, posiblemente, haber repercutido contra su difunto hermano"

Para Johnson era lectura obligatoria la columna del influyente Pearson.

En la tarde de marzo 22, 1967, el Director de la CIA, Richard Helms, se reunía con el Presidente en la Casa Blanca. Al día siguiente, Helms ordenó al Inspector General de la CIA preparar un informe sobre los intentos de asesinato en que pudiera haber estado envuelta la Agencia Central de Inteligencia. Como consecuencia de tal investigación se le concedió, prácticamente, un seguro de vida al dictador cubano.

Richard Helms testificaría ante el Comité Selecto de la Cámara de Representantes, en septiembre de 1978, que su participación en los planes para asesinar a Castro después de Bahía de Cochinos "era uno de los mayores errores que él había cometido durante su carrera".

Fue todavía, vergonzosamente, aún más lejos:

---

[184] Minuciosos detalles sobre la entrevista, el informe y sus modificaciones aparecen en las páginas 82 a la 86 del mencionado Reporte Final del Senado.

"Yo he presentado disculpas por esto. No puedo hacer más que disculparme en público de que esto fue un error de juicio de mi parte.... Estoy profundamente avergonzado. No puedo hacer otra cosa que pedir disculpas". [185]

Hubiera sido más deseable que Helms, "el primer profesional de inteligencia en ascender dentro de la Agencia, paso a paso, hasta la máxima posición",[186] se hubiese sentido más avergonzado de las infantiles tramas utilizadas en esos frustrados intentos, que de la sanción moral de aquella opción.

Porque lo realmente vergonzoso fue la forma chabacana, ridícula e infantil en que tales intentos se planearon. De hecho, a este avergonzado profesional de la inteligencia, le tomó seis de los siete años en que ocupó la Dirección de la Agencia Central de Inteligencia darle instrucciones a su organismo prohibiendo "tales actividades". Fue el 6 de marzo de 1973 que Richard Helms, "el primer oficial de carrera en ser promovido a la Agencia Central de Inteligencia",[187] prohibió que "ese tipo de actividad o cooperación se realice, ayude, o sugiera por alguien de nuestro personal".

LO QUE NO CONOCIÓ LA COMISIÓN WARREN

Una de las páginas más oscuras de la Agencia Central de Inteligencia nos muestra las actividades realizadas por su propia cuenta o, con frecuencia, siguiendo implícitas instrucciones de las más altas personalidades del poder ejecutivo. Estas acciones están expuestas, minuciosamente detalladas, en un extenso documento que debe ser lectura obligatoria para todo aquel que quiera conocer las sinuosas relaciones entre la Casa Blanca (y sus dependencias inmediatas) y la Agencia Central.

El Informe 94-465 del Comité Selecto del Senado sobre Actividades de Inteligencia, de noviembre 20 de 1975, cubre las alegaciones sobre la participación de funcionarios norteamericanos en

---

[185] Reporte Final del Comité del Senado.

[186] Thomas Powers, "The Man Who Kept the Secrets".

[187] Lyman B. Kirkpatrick, "The Real CIA", Página 255.

planes de asesinatos de líderes políticos extranjeros. En sus 349 páginas, de letra bien pequeña y a un solo espacio, el Comité, presidido por el Senador Frank Church, de Idaho, investigó el amplio alcance de las actividades de inteligencia del gobierno y, si algunas de estas actividades pudieran ser "ilegales, impropias o no éticas".[188]

Desafortunadamente, en el caso cubano en lo que a intentos sobre la vida de Castro se refiere, más que "ilegales", fueron absurdos. Más que "impropios" eran fantasiosos. Más que "no éticos", eran, en su gran mayoría, chabacanos.

El Comité investigador del Senado buscaba respuestas a cuatro interrogantes:

a) ¿Funcionarios norteamericanos instigaron, consintieron o participaron en intentos de asesinato a líderes extranjeros?

b) ¿Ayudaron funcionarios de este país a disidentes extranjeros en forma apreciable que contribuyera a la muerte de líderes extranjeros?.

c) Si hubo participación de oficiales norteamericanos en esos planes de asesinatos, ¿Fueron esas actividades autorizadas y, de ser así, a qué niveles del gobierno?.

d) En el caso de que no fueran autorizadas ¿fueron estas actividades percibidas como propias de su campo de trabajo por las personas envueltas?.

El Comité investigó intentos contra la vida de cinco dirigentes.[189]

De éstos, cuatro tuvieron éxito. El de Castro, lastimosamente, y por las razones antes expuestas, fracasó. Fueron varios los in-

---

[188] Ad Interim Report del Comité Selecto del Senado, noviembre 20, 1975, página 1.

[189]

PAIS	PERSONA
Cuba	Fidel Castro
Congo	Patricio Lumumba
Rep. Dominicana	Rafael L. Trujillo
Chile	Gral. René Schneider
Vietnam	Ngo Dinh Diem

tentos contra la vida del dictador cubano. Censurables, a mi juicio, por lo ridículos y no por la intención.

INFORME DEL INSPECTOR GENERAL

En marzo 23 de 1967, Richard Helms le pide al Inspector General de la CIA un informe sobre los intentos de asesinatos de gobernantes extranjeros en los que la Agencia Central de Inteligencia pudo haber estado envuelta desde 1960 a la fecha.

El informe aparentemente era un documento minucioso, que nunca ha sido publicado pero sobre el que se hizo una referencia frecuente durante el Comité Church.[190] Era Jack Earman, el Inspector General en aquel momento. En mayo 10, 1967, Helms fue a la Casa Blanca para informarle al Presidente que él, Helms, no había participado en el asesinato de Rafael Leonidas Trujillo ni en el de Diem. ¿Sobre Castro? "Castro está aún vivo".[191] Positivamente, Helms había sido informado de los distintos intentos realizados, antes y después de la invasión de Bahía de Cochinos, de asesinar a Castro.

Como Subdirector de Planificación (DDP) Helms estaba a cargo de las Operaciones Encubiertas cuando se le entregaron a Rosselli las pastillas en Miami en abril de 1962. Helms había sustituido en esta posición a Bissell cuando éste se retiró en febrero de 1961.[192] En junio 13, en un testimonio anterior, Helms había manifestado:

---

[190] Aparentemente el Presidente Johnson nunca vio el informe del Inspector General. Sólo existía una copia que Helms no la llevó cuando se entrevistó con Johnson en la Casa Blanca en mayo 10. Después de esa reunión con el Presidente, Helms conservó en su poder el informe por dos semanas y luego lo devolvió a Jack Earman, el Inspector General, con instrucciones de que conservase el borrador y destruyese todos los demás papeles de trabajo. Así se hizo. El borrador se mantuvo así sin ser tocado ni leído, hasta que William Colby, el nuevo Director de la Agencia Central, supo de su existencia en 1973. (Thomas Powers "The Man Who Kept the Secrets").

[191] Thomas Powers, obra citada.

[192] Informe del Comité Selecto de Operaciones Encubiertas, del Senado. "Alegados Intentos de Asesinato a Líderes Extranjeros". Noviembre 20, 1965.

> *"Yo creo que en aquel momento la política era salir de Castro y si matarlo era una de las cosas que había que hacer en ese sentido, eso era de esperar" ("That was within what was expected"). "Yo recuerdo vívidamente que la presión para derribar a Castro era muy intensa" (Declaraciones de Helms, junio 13, 1975, Página 26).*

Lo censurable no eran los planes ni la intención. Lo lamentable era la torpeza conque trataron de ponerse en práctica tales resoluciones.

En relación con la entrega de pastillas de veneno para asesinar a Castro, el entonces Subdirector de Planificación de la CIA testificó que

> *"Con todas las cosas que sucedían en aquel momento... esto parecía permisible como parte de este esfuerzo... En la percepción de aquel momento y lo que tratábamos de hacer, esto sería una vida humana contra tantas otras vidas que se estaban perdiendo".[193]*

En noviembre 17 de 1993, a los 30 años de la muerte de Kennedy, el Comité de Operaciones del Gobierno de la Cámara de Representantes convocó a nuevas audiencias para estudiar con la profundidad necesaria, todo lo relacionado con la muerte del joven presidente. Parte importante de esta investigación se relacionó con la posible complicidad del gobierno cubano en dicho asesinato.

El 29 de junio de 1994 el propio Comité de Operaciones del Gobierno, de la Cámara de Representantes de los Estados Unidos, aprobó y adoptó un informe titulado "Se necesita mayor legislación para que se entreguen los records del asesinato de Kennedy".

Dos años antes, en Septiembre 30 de 1992, el Congreso había aprobado la legislación conocida como Ley de Recolección de Información sobre el Asesinato del Presidente John F. Kennedy, frecuentemente mencionada como la Ley de Records de Asesinatos. El Congreso y el Sub-Comité de Seguridad Nacional

---

[193] Declaraciones de Richard Helms, Junio 13, 1975, Reporte del Senado, Noviembre 20 de 1975, ya citado.

han estado monitoreando la implementación de esta legislación. Desde su aprobación se ha producido un progreso sustancial en agrupar estos records que emanan de los siguientes organismos e instituciones:

1) La Comisión Warren.
2) El Comité Selecto de la Cámara sobre Asesinatos.
3) Las Bibliotecas Presidenciales.
4) La División Criminal del Departamento de Justicia.
5) La Agencia Central de Inteligencia.
6) El Servicio Secreto.

En adición, mucha información fue producida por otros cuerpos gubernamentales: 1) el Buró Federal de Investigación; 2) el Comité Church; 3) la Comisión Rockefeller.

Pero no todo se ha hecho público. Algunos records sobre el asesinato se mantienen aún en secreto por motivo de seguridad nacional. Sin embargo, el Congreso considera que no se ha avanzado en la divulgación de los datos con la rapidez que el Comité había contemplado por lo que en las conclusiones del Octavo Reporte de Julio 12, de 1994, el Comité de Operaciones del Gobierno vuelve a insistir en que todos los records relacionados con el asesinato del Presidente Kennedy debían ser hechos públicos lo antes posible.

COMPLICAN A UN CUBANO EN LOS PLANES

Como hemos expresado, otro de los aspectos silenciados por la Comisión Warren fue la posible vinculación del régimen cubano en el asesinato del mandatario norteamericano.

A continuación transcribimos gran parte del testimonio del Dr. Jonnston ante el Comité de Operaciones del Gobierno de la Cámara de Representantes, y quien, después de describir las conversaciones entre Rolando Cubela (AM/LASH) y funcionarios de la Agencia Central de Inteligencia, a las que ya nos hemos referido, menciona a otro personaje prácticamente desconocido, que se encuentra en otra ciudad. El abogado Johnston hace mención, específicamente, de un ciudadano cubano, naturalizado en los Estados Unidos, presuntamente envuelto en un plan para asesinar a Kennedy en Tampa.

La sugerencia de que podría haber asesinos en otras ciudades, además de Dallas, refuerza las sospechas sobre las acciones de este ciudadano norteamericano nacido en Cuba, Gilberto Policarpo López, dice el Dr. Johnston.

Hasta noviembre de 1963, López había estado viviendo en Tampa, Florida. El dia siguiente al asesinato, sin embargo, López pasó de Laredo, Texas a México alojándose en el Hotel Roosevelt de la Avenida Insurgentes #287, en la capital. Más tarde, en la noche de noviembre 27, cinco días después del magnicidio, López tomó el vuelo 465 de la Compañía Cubana de Aviación de México a La Habana.

El gobierno de Cuba parecía muy interesado en sacar a López de México ya que pasó por encima de toda regulación interna y le expidió a López una visa de cortesía, ignorando el hecho de que el pasaporte norteamericano #310.162[194] de Gilberto Policarpo había vencido. Además, López era el único pasajero de aquel vuelo que contaba con una tripulación de nueve personas. Esto le resultó sospechoso, de inmediato, a la CIA y FBI, afirmó el Asesor Legal en el Congreso.

En diciembre 5 de 1963, el Jefe de Estación de la CIA en Ciudad México (Willard C. Curtis) envia todos estos datos al Jefe de la Agencia Central de Inteligencia a cargo del hemisferio occidental. Estos documentos permanecieron clasificados como secretos por años y sólo recientemente se han hecho públicos.

Curtis, en su escritorio de la CIA en Ciudad México, tenía una fotografia tomada a López poco antes de abordar el avión. Aunque era tarde en la noche, cerca de las 9:00 P.M., Gilberto Policarpo estaba usando espejuelos oscuros en un aparente intento de ocultar su identidad.

En informes posteriores, el FBI y la CIA conectaron claramente a López con el asesinato. En diciembre 14 de aquel año, la oficina del FBI de Dallas hizo llegar esta información sobre Ló-

---

[194] En el informe de marzo 19, 1964 se identifica el pasaporte norteamericano como el #319.962 emitido el 13 de julio de 1960.

pez a la oficina de Tampa para que ésta verificara las actividades del sospechoso para conocer si tenía relación con el asesinato de Kennedy.

En marzo 19 de 1964, una fuente de la CIA en ciudad México expresó que "uno de sus contactos reportó en febrero que Gilberto López, ciudadano norteamericano, estaba envuelto en el asesinato de Kennedy".

Es decir, en diciembre 5 las acciones de López fueron consideradas sospechosas. En diciembre 14, se preguntó si sus acciones estaban relacionadas con el asesinato. En marzo 19, se informó que López estaba envuelto. A pesar de todo esto, no se produjo la investigación necesaria. La única investigación del FBI sobre estas alegaciones consistió en estudiar el expediente del pasaporte de López. Ni siquiera llegaron a conocer que López había estado en Tampa cuando Kennedy visitó aquella ciudad en noviembre 18 de 1963, cuatro días antes de su asesinato.

El FBI nunca dio a conocer esta información a la Comisión Warren. Sólo investigó a López por un viaje no autorizado a Cuba; no por presumiblemente participar en el asesinato del Presidente.

Afirma el Dr. Johnston, que el domingo noviembre 17, el día anterior a la visita de Kennedy a Tampa, López *pasó el día en casa del Presidente del Capítulo Local de Comité de Trato Justo sobre Cuba.*[195] Él estaba esperando una llamada desde La Habana para regresar a Cuba. La llamada nunca la recibió. (Esta misma información, aún más detallada, aparece en el Reporte Final, Libro V, del Comité Selecto del Senado de abril 14, 1976, pero sin identificar la persona).

López tenía un hermano que había servido en el ejército cubano y se había distinguido lo suficiente para que se le permitiera estudiar en Moscú.

El FBI supo que en noviembre 20, dos días antes del asesinato, López obtuvo una tarjeta mexicana de turista en Tampa y

---

[195] Lee Harvey Oswald encabezaba el Comité de Trato Justo sobre Cuba de New Orleans. Cuando Oswald lo inscribió en esa ciudad, el presidente nacional de aquella organización le dijo que el único grupo en el Sur que había tenido éxito era el que se había constituido en Tampa.

se dirigió a Texas. La frontera de México con Texas se cerró inmediatamente después del crimen. Pero cuando se abrió a mediodía del dia siguiente, López estaba esperando para cruzar por Nuevo Laredo. Llegó a la capital de México el 25 de noviembre. Porque antes le habían negado una visa, a López se le dio, aparentemente, una visa cubana de cortesía luego que llegó a Ciudad México. El FBI —y sigo tomando la información de las declaraciones del Dr. Johnston— supo que, aún meses después, en septiembre de 1964, López no estaba trabajando en Cuba pero estaba empleando gran parte de su tiempo socializando con amigos.

Toda esta evidencia, por circunstancial que pudiera resultar, le fue ocultada a la Comisión Warren que, repetimos, se apresuró a dar a conocer sus conclusiones de la no existencia de una conspiración para asesinar al Presidente Kennedy.

Pero en las semanas, anteriores y posteriores a la muerte del presidente norteamericano, Castro se vio sometido a duras pruebas.

CAPÍTULO VIII

PULSANDO EL TEMPLE DE JOHNSON

UN DESASTRE NATURAL QUIEBRA LA "SOLIDARIDAD" SOCIALISTA

El siete de octubre de 1963 había azotado las costas y el territorio de Cuba uno de los más devastadores huracanes que ha sufrido la isla. Para el 20 de aquel mes los cuantiosos daños ocasionados por el ciclón "Flora" ascendían a cifras trágicamente elevadas: 1,126 muertos; 175,000 personas evacuadas; 11,103 casas destruidas; 21,486 casas averiadas.

El 21 de octubre Castro compareció ante la televisión y la radio nacional para informar sobre los daños ocasionados por el huracán Flora y señalar "la contribución que debía ofrecer el pueblo para reparar los daños ocasionados por este desastre natural":

"Tenemos que realizar un plan extraordinario de obras hidráulicas. El pueblo tiene que construir éso, para construirlo hace falta recursos, los recursos los tiene que dar el pueblo; y el pueblo lo puede hacer, y eso es lo que nosotros queremos proponer; un plan extraordinario para Oriente y el financiamiento de ese plan, sobre la base de subir los precios de cuatro artículos de consumo y que son: cigarros, cerveza, carne de res y carne de ave".

"La contribución sería en la forma de la elevación de los precios de 5 centavos la cerveza, 5 centavos la cajetilla de cigarros, 55 centavos la carne de primera, y 65 centavos la carne de ave, de pollo. Con esos cuatro artículos se pueden financiar en cinco años los 200 millones de pesos que hacen falta".

Deja caer sobre la espalda del pueblo el peso de la reconstrucción de los daños. Pero no se conforma con eso. Pide mucho más:

> *"Pero, además, hacen falta equipos; los equipos hay que comprarlos con divisas; la principal divisa de nosotros es el azúcar, el azúcar ha sufrido daños considerables; sin embargo, necesitamos cumplir compromisos con los países que nos compran, y necesitamos divisas para la adquisición de esos equipos".*

> *"Entonces, tenemos que hacer otro sacrificio más: limitarnos el azúcar. No mucho; en este momento estamos en el primer lugar del mundo en consumo del azúcar; podríamos quedar entre los primeros países del mundo limitando a 72 al año per cápita, que son seis libras mensuales per cápita de azúcar, consumo individual, sin contar el consumo en dulces, helados o refrescos; todo esto está aparte, eso no; limitarnos por un año el consumo per cápita de azúcar a seis libras mensuales; es decir, 72 libras al año".*

La azucarera del mundo racionaba el azúcar al pueblo. Y esto era necesario "para cumplir compromisos con países que nos compran". Una forma muy sutil de no mencionar, por su nombre, a la Unión Soviética que, aún ante una calamidad nacional, exigía el pago de los suministros. La solidaridad internacional de los países socialistas se hundía al paso de los aires huracanados de "Flora".

KENNEDY Y LA TRANSICIÓN KENNEDY-JOHNSON

Dos días después de los funerales del Presidente Kennedy, ya estaba activamente trabajando el nuevo mandatario en la transición de una a otra administración. La responsabilidad recayó sobre Clark Clifford, abogado y consejero confidencial del Presidente Kennedy. Ya antes, en 1960, Clifford se había convertido, para el asesinado presidente, en el hombre que dirigiría la transición de J.F. Kennedy candidato a J.F. Kennedy presidente.

El apresamiento de tripulantes del barco "Rex" el 21 de octubre y el espectáculo televisivo montado por el régimen alrededor de aquel episodio hizo pensar a Castro que con la nueva administración terminarían las acciones comandos de los exiliados cubanos. No fue así.

A las pocas semanas de aquel episodio la prensa cubana se vio obligada a ofrecer, en forma histérica, el siguiente parte noticioso:

"En la noche del 22 al 23 de diciembre, saboteadores de la CIA utilizando elementos de demolición submarina, similares a los empleados durante la Segunda Guerra Mundial, minaron una lancha torpedera de la Marina de Guerra Revolucionaria que se encontraba atracada en un muelle de la Bahía de Siguanea, al sur de Isla de Pinos. A las 7:30 A.M. del 23 de diciembre, cuando se encontraba la tripulación de dicha unidad en las primeras actividades del día, hizo explosión la mina colocada en el casco de la misma".

Culpa a la organización contrarrevolucionaria denominada "Comandos Mambises". Continúa la nota del Ministerio de las Fuerzas Armadas afirmando que

"esto constituye.... el primer acto de agresión de este tipo del gobierno de los Estados Unidos desde que el Presidente Lyndon B. Johnson ocupa la presidencia de dicho país."

Coincidentemente, el periódico Revolución en su edición de enero 4 publica, desplegado a lo largo y ancho de toda una página, "EL DOCUMENTO DE LA SIERRA" que en diciembre 14 de 1957 Fidel Castro había dirigido a las distintas organizaciones que combatían al régimen anterior, y a cuyo contenido había hecho muy especial referencia el Presidente John F. Kennedy al enviarle a Castro un mensaje de conciliación y acomodo a través del periodista francés Jean Daniel.

Kennedy había informado a Castro, por medio del periodista francés que estaba en total acuerdo con el planteamiento del "Documento de la Sierra" y se encontraba en disposición de llegar a un acuerdo con el gobernante cubano. Al desplegar ahora, sin aparente razón alguna, este documento en el órgano de prensa de la revolución cubana Castro enviaba a la Administración del Presidente Lyndon B. Johnson un claro mensaje: Sobre las bases planteadas en este documento es posible llegar con usted al entendimiento al que ya nos estábamos acercando el 22 de noviembre con la administración anterior.

Por supuesto, una cosa se hablaba y otra cosa se hacía.

No se había secado la tinta de la reimpresión de aquel documento cuando Castro marchaba, otra vez sigilosamente, hacia Moscú. Esta vez acompañado por Nicolai Podgorni, miembro del Presidium, Secretario del Comité Central del Partido Comunista de la Unión Soviética, y de Dolores Ibarruri (la Pasionaria) que se encontraban en Cuba.

En este primer mes de 1964 Castro, al hablarle a la población, es pródigo en notas alentadoras que contrastan con la dura realidad. Especialmente en el transporte.

Así, el 7 y el 8 de enero hace destacar en el periódico Revolución la compra de 400 ómnibus Leyland de Inglaterra. Era sólo un convenio. Los ómnibus demorarán en llegar. La tangible realidad es otra. Diez días después, el 16 de aquel mismo mes, priva a los obreros del transporte de las últimas garantías laborales que habían alcanzado en la Cuba "prerrevolucionaria". El IV Consejo Nacional del Sindicato de Trabajadores de Transporte Terrestre en aquel mes de enero

> *"aceptó, por justas, las críticas formuladas recientemente por el Primer Ministro Fidel Castro, y adoptó las medidas necesarias para eliminar los males señalados por él; erradicando todos los vicios sindicalistas y la liquidación de otros hábitos y cuestiones negativas que todavía subsisten en centros de trabajo del sector e ir a la eliminación.... de todo lo que signifique freno u obstáculo al mejor desarrollo de la economía de las empresas y su costeabilidad".*

Vendrían ómnibus y se perderían conquistas. El sindicalismo "revolucionario" renunciaba a todos sus derechos.

No es el sector de transporte el único que es despojado *voluntariamente* de sus derechos. Los obreros y empleados de comercios y tiendas por departamento también pierden una conquista duramente lograda: "La jornada de verano", que consistía en dos tardes libres a la semana durante los meses de verano. No son afectados sólo los obreros del transporte y del comercio; también los trabajadores del sector bancario acuerdan en su Asamblea Nacional consagrar la llamada racionalización del trabajo: "aumentar en hora y media la jornada de labor diaria, trabajar los sábados y aplicar las normas y la escala salarial".

Estaba barriendo, la "revolución del pueblo", con todas las ventajas conquistadas en el pasado por los trabajadores. Se seguían así las directivas expresadas por Castro en su discurso del 21 de diciembre de 1963 en el que atacó a los Comités de Queja de los sindicatos por su "ilusionismo" e "infantilismo revolucionario". Durante la semana siguiente, como vemos, los sindicatos, uno tras otro, renunciaron "voluntariamente" a los derechos y privilegios que tanto les había costado obtener .

1964: UN AÑO QUE MAL COMIENZA

1964 había comenzado con el repentino, breve e inesperado viaje de Fidel Castro a Moscú el 10 de enero. En su ausencia, se celebraba en La Habana, sin mucha publicidad, el juicio de Marcos Rodríguez Alfonso (Marquitos), acusado de haber delatado el 20 de abril de 1957 a sus compañeros del Directorio Revolucionario. Dentro de pocas semanas, en su momento oportuno, el juicio acaparará la atención nacional.

Pero Castro, en estos primeros días del año, se siente preocupado por diversos incidentes que pueden revelar un endurecimiento de la posición norteamericana hacia Cuba luego del asesinato, apenas dos meses antes, del Presidente Kennedy. Mantiene Castro, en enero, las mismas inquietudes expresadas al periodista Jean Daniel al conocer del atentado al joven presidente norteamericano. ¿Quién, realmente, es Lyndon B. Johnson? ¿Qué control tiene sobre la CIA? ¿Cuál es su posición hacia Cuba?.

Recién llegado de Moscú se encontró con una difícil situación en Honduras. Las autoridades de aquel país habían desvertebrado una conspiración de elementos de extrema izquierda y ocupado "un poderoso transmisor de radiofonía en comunicación directa con Cuba, Moscú y Pekín". De inmediato Castro vociferó su alarma por lo que calificó de "otro complot contra Cuba en la OEA" haciéndose eco, y distorsionándolo, de un cable de la AP[196]

---

[196] Cable de la AP de enero 30 de 1964.

en el que se informaba que "el gobierno hondureño denunció ante la Organización de Estados Americanos una conspiración comunista vinculada con Cuba".

Cuatro días después se producía "el abordaje, apresamiento, secuestro y conducción a la Base Naval de Key West, por naves de la Marina de Guerra yanqui de los buques pesqueros cubanos LAMBDA VIII, LAMBDA XXXIII, Cárdenas XIV y Cárdenas XIX".[197] La tripulación de 38 hombres de los pesqueros fue detenida. Dos de los pescadores, Reinaldo Sáenz Romero y Armando Girola, solicitaron asilo político.

Las autoridades federales norteamericanas pasaron el caso a la jurisdicción de los funcionarios de la Florida a fin de que ellos instruyeran de cargos a los cubanos por pescar en aguas del estado sin poseer la debida licencia.

A Castro le irritó que el gobierno norteamericano trasladara a las autoridades estatales de la Florida el caso de "piratería de Dry Tortuga", reduciendo así el incidente a una simple violación de las leyes de pesca y quitándole toda implicación política. Le irritaba, aún más, que el Secretario de Estado, Dean Rusk, afirmara públicamente que "aún se requiere información adicional para poder determinar si la presencia de los buques cubanos en aguas jurisdiccionales norteamericanas constituyó una provocación deliberada por parte del gobierno cubano".

"Era un secuestro en alta mar, en aguas internacionales" argumentaba Castro ante el Departamento de Estado a través de la embajada checoeslovaca que, en aquel momento, representaba en Washington los intereses cubanos. Lo hace, respondiendo a la protesta enviada por los Estados Unidos al gobierno cubano por "la presencia en el interior de las aguas territoriales norteamericanas de cuatro barcos". La protesta norteamericana fue tramitada por intermedio de Suiza que representaba los intereses norteamericanos en Cuba.

---

[197] Declaraciones del Canciller Raúl Roa, periódico "Revolución", La Habana, febrero 4, 1964.

Por ser menores de edad, siete de los 39 tripulantes que habían sido detenidos fueron devueltos el 18 de febrero. Los demás permanecieron temporalmente arrestados.[198]

Castro estaba genuinamente preocupado. Se enfrentaba a una posible crisis en Centro América y, ahora, los Estados Unidos "crean otra crisis en el Caribe".[199]

El dictador quiso pulsar el temple del nuevo presidente. Para conocer si Johnson sería tan pusilánime como su predecesor ante una provocación, ordena el dirigente cubano cortar el suministro de agua de la Base Naval de Guantánamo como represalia por "el acto de piratería". Lanza una de sus acostumbradas bravatas: ordena "suprimir el suministro de agua a la Base hasta tanto no sean puestos en libertad los marineros cubanos, apresados por unidades navales."[200]

La declaración decía:

"El Gobierno Revolucionario de Cuba no está obligado por tratado internacional alguno a mantener el suministro de agua a la Base Naval de Caimanera. En uso, pues, de su libérrima voluntad soberana, el Gobierno Cubano suprimirá dicho suministro a la hora indicada, como respuesta condigna a la nueva insolencia imperialista que constituye un acto más de delincuencia y piratería internacionales".

La respuesta del Presidente Johnson no se hizo esperar. A través del Secretario de Defensa instruyó al comandante de la Base a que ésta se autoabasteciera de agua. "La Base no usará agua cubana aunque Castro decidiera reanudar el servicio". A ese efecto, Johnson ordena que se le envíe agua a la Base desde Jamaica y se instalen plantas de conversión de agua salada. En una cere-

---

[198] En febrero 19 los capitanes de los cuatro barcos pesqueros fueron declarados culpables por un juez de la corte de la Florida. Cada uno fue multado en $500.00 y recibió una suspendida sentencia de cárcel de seis meses. De inmediato, la embajada checa, a cargo de los intereses cubanos en Washington, pagó la multa.

[199] Mensaje de Raúl Roa a U Thant, Secretario General de la ONU. Febrero 6, 1964.

[200] Declaraciones del gobierno cubano a través de la radio. Febrero 6, 1964.

monia, cuya foto circuló profusamente, el Almirante John D. Bulkey, cortó el suministro de Cuba a la entrada de la Base.

Pero más esclarecedor fue conocer la firme posición de la nueva administración sobre las abiertas provocaciones:

"Los esfuerzos del gobierno cubano de relacionar la ocupación de los buques de pesca con la interrupción del suministro de agua corriente a la Base de Guantánamo son inadmisibles. No discutiremos cambio alguno en la situación actual de la Base Naval con un régimen que no representa al pueblo cubano y que ha demostrado, con palabras y acciones, su hostilidad hacia los países vecinos".

Algo quedó claro en la mente de Castro. La espina dorsal del nuevo presidente tenía mayor rigidez que la de su antecesor. Habrá que utilizar otros caminos.

Castro había encontrado firme el pulso del presidente Johnson.

Debió haberse percatado antes, cuando en diciembre 14, apenas a las tres semanas de haber sustituido a J.F. Kennedy, Johnson reconoció al régimen militar que en septiembre 25 había depuesto al Presidente Juan Bosch quien, diez meses atrás, había sido electo en los primeros comicios celebrados después de la caída de Rafael Trujillo. Aquella decisión de Johnson produjo su primer distanciamiento con los miembros de su gabinete y funcionarios que habían colaborado estrechamente con el desaparecido Kennedy.

Eran éstos los mismos funcionarios que dos meses después, en febrero, volvieron a sentirse inconformes con la decisión del Presidente Johnson de autoabastecer de agua la base de Guantánamo ante la pueril provocación de Castro de cortar su suministro como represalia por el conflicto originado por la detención de los cuatro buques pesqueros.

CUBA SANCIONADA POR LA OEA

Terminaba junio cuando las naciones del hemisferio se reunían en Washington, en el Consejo de la Organización de Estados Americanos (OEA) para aprobar, por diecisiete votos y una abstención (México), la resolución sometida al Consejo por la delegación de Costa Rica que convocaba a una reunión consultiva ministerial para el 21 de julio.

Los Ministros de Relaciones Exteriores serían llamados a tomar decisiones sobre la acusación de agresión formulada por Venezuela a Cuba en diciembre del pasado año, una de cuyas posibles decisiones sería la del rompimiento colectivo de relaciones diplomáticas y económicas y suspensión de las comunicaciones marítimas, telefónicas y telegráficas con la isla.

Comenzaron, de inmediato, las definiciones y las disensiones. Uruguay afirmó "que no votaría sanciones contra Cuba ni la ruptura con ella". Camino opuesto tomaron Brasil y Nicaragua que se solidarizaban con Venezuela afirmando que se pronunciarían a favor de las sanciones contra Cuba. México, por supuesto, se apresuró, por boca del Secretario de Relaciones Exteriores, José Goroztita, que su gobierno no aceptaría la imposición de sanciones contra Cuba.

Como estaba prevista, la Conferencia Extraordinaria inició sus sesiones el 21 de julio. En menos de dos días se tomaron los acuerdos que condenaban y sancionaban al gobierno de Castro, desechando modificaciones sugeridas por las cuatro naciones que aún, en aquel momento, mantenían relaciones con Cuba: México, Chile, Bolivia y Uruguay. El 27 de julio de 1964 "representantes de 20 países americanos firmaron los documentos que imponen a Cuba las más severas sanciones diplomáticas y económicas que contempla la organización regional". Pronto, estas sanciones empezarán a ser ignoradas. Pero, al menos en aquellos meses subsiguientes, sólo México mantuvo relaciones con el régimen de Castro.

JOHNSON MARGINA A BOBBY KENNEDY

Mientras a Cuba la aislaban en la OEA, Johnson le quitaba el aire a las aspiraciones de Robert Kennedy de convertirse en el candidato a la vicepresidencia en las elecciones que ya se aproximaban.

En la política nacional se sucedían las elecciones que habían comenzado en New Hampshire, en marzo 10, con una votación muy cerrada, en el Partido Republicano, entre Henry Cabot Lodge, Barry M. Goldwater, Nelson A. Rockefeller y Richard Nixon, y con una aplastante, y esperada, mayoría para Lyndon B. Johnson en el Partido Demócrata. Para el mes de junio había terminado el proceso de la nominación. Para Johnson, a quien partidarios y adversarios, consideraban fácil ganador en las elecciones de noviembre, la dificultad consistía en buscar la mejor forma de no llevar como vicepresidente a Robert Kennedy que disfrutaba de un extraordinario respaldo popular pero que era inaceptable para el Presidente Johnson. Pero Johnson se distinguía por enfrentar las dificultades directamente.

Terminaba julio con un enfrentamiento que Johnson no deseaba, pero no podía evitar. El miércoles 29 el presidente le informa al Fiscal General que éste no será su candidato a la vicepresidencia. Fue una reunión privada en la que "literalmente le leí a Bobby" los puntos contenidos en el memorándum que tenía frente a él, enumerando las razones para rechazar para esa alta posición al hermano del anterior presidente. Y le ofrecía, como una dádiva, la posición de Embajador Norteamericano ante las Naciones Unidas. La oferta, por supuesto, le fue rechazada.

Devolvía Johnson a Bobby el agravio que éste le había inferido cuando en la Convención de Los Angeles en junio de 1960, Robert Kennedy había dicho, con absoluta crudeza, que no respaldaría la aspiración de Lyndon Johnson a la vicepresidencia. Con la misma dureza con que tres años y medio antes Bobby le había pedido a Johnson que retirase su aspiración a la vicepresidencia, el ahora presidente le cerraba al Fiscal General el camino a esa posición.

Le impedía de este modo toda posibilidad de que en la Convención Nacional que se celebraría en Atlantic City, en agosto, el hermano del asesinado presidente impulsase un movimiento para que Johnson lo designase a esa posición. Entendió Bobby el mensaje con toda claridad.

Dias después de esa helada conversación, Robert Kennedy anunció su candidatura para la nominación senatorial Demócrata por el estado de Nueva York. Su energía estaría dedicada, íntegramente, a aquella campaña en la que resultaría victorioso. Ya no se ocuparía, para bien o para mal, de la causa cubana.[201] Nunca más fue un factor en la política cubanoamericana.

Le surgen al gobernante cubano problemas en Honduras (han sido detenidos dirigentes comunistas con armas, transmisores y planes subversivos procedentes de La Habana), y en Perú, donde han descubierto un vasto plan terrorista en el que aparecen implicados agitadores entrenados en Cuba. Pero todo eso debe esperar.

Primero, tiene que hacerle frente a una situación que se le está yendo de las manos. Desde hace meses languidecía en prisión, ignorado por todos, Marcos Rodríguez Alfonso (Marquitos), acusado de delación.

---

[201] Robert Kennedy no pudo, como deseaba, formar parte del Comité de Relaciones Exteriores del Senado. Fue miembro del Comité de Trabajo y Bienestar Social y del de Operaciones de Gobierno.

CAPÍTULO IX

EL JUICIO DE MARCOS (MARQUITOS) RODRÍGUEZ

Marcos Rodríguez era un joven de inquietudes intelectuales que en 1957, apenas dos años antes de la caída del gobierno de Fulgencio Batista, mantenía estrechas relaciones con José Westbrook, Jorge Valls[202] y Tirso Urdanivia,[203] del Directorio Revolucionario, y con Alfredo Guevara, Raúl Valdés Vivó, Amparo Chaple e Hiram Prats, militantes, con o sin carnets, de la Juventud Socialista.

A través de unos y otros, Marquitos frecuentaba el trato de algunos jóvenes revolucionarios que, por ser hombres de acción, eran menos afines a él. Fructuoso Rodríguez, Juan Pedro Carbó Serviá y José Machado, del Directorio Revolucionario, se burlaban de sus suaves maneras y su rechazo a la violencia.

En abril de 1957, de regreso de un viaje a Holguín junto con Eugenio Pérez Cowley, realizado alrededor de 23 de marzo con la intención, frustrada, de ir a la Sierra Maestra, Eugenio y Marquitos alquilan en La Habana el apartamento 201, de Humboldt 7[204] donde días después, se refugiaron los jóvenes del Directorio que el 13 de marzo habían atacado el Palacio Presidencial.

El 20 de abril, en horas de la tarde, miembros de la policía que servían bajo las órdenes del entonces Capitán Esteban Ventura, irrumpieron en el apartamento acribillando a balazos a todos sus ocupantes. Era evidente que había habido una delación.

---

[202] Ya desde el año anterior, el 13 de abril de 1956, Jorge Valls había dejado de pertenecer al Directorio Revolucionario.

[203] Tirso Urdanivia murió en 1958 (Declaración de Jorge Valls).

[204] El apartamento fue alquilado a nombre de Eugenio Pérez Cowley.

Sospechas recayeron sobre tres personas: Pérez Cowley, Urdanivia y Marcos. Antes del triunfo de la Revolución los dos primeros probaron su inocencia ante los miembros del Directorio. Dudas se mantuvieron sobre Marquitos que, asilado en la Embajada de Brasil, pasó a vivir primero en Costa Rica y, luego, en México, donde cultivó la amistad de Joaquín Ordoqui y su esposa, Edith García Buchaca, a quienes conoció en casa de Marta Fraide.

A la caída del régimen de Batista, Marcos regresa a Cuba. Acusado de la delación por miembros del Directorio Revolucionario es detenido, pero, poco después, es puesto en libertad. Influyen en esta decisión Emilio Aragonés, —quien desde el alzamiento de Cienfuegos[205] en septiembre de 1957 y su posterior asilo en México mantenía las más estrechas relaciones con dirigentes del 26 de Julio, del Directorio Revolucionario y del PSP y, también, con funcionarios soviéticos radicados en México—, y Alfredo Guevara, ya miembro de la Juventud Socialista desde que Fidel Castro ingresó en la Universidad, y quien llegó a ocupar la presidencia de los estudiantes de la Escuela de Ciencias Sociales. Influyen también Ordoqui y García Buchaca.

A los pocos días sale Marquitos hacia Checoslovaquia con una beca.

Cuatro años después, a petición de la Seguridad Cubana, es Marquitos detenido en Praga y enviado a Cuba. Se inicia, así, uno de los más dramáticos procesos judiciales de la Revolución Cubana.

Carlos Franqui,[206] que por su posición mantenía estrecho contacto con todos los que componían la cúpula de poder en aquel momento, se hace a sí mismo las siguientes preguntas:

"¿Por qué el partido saca a Marcos Rodríguez de la prisión ante una acusación tan grave?. ¿Por qué lo protege y lo

---

[205] El 5 de septiembre de 1957 un oficial de la Marina, Dionisio San Román, toma la base naval y la ciudad de Cienfuegos con la cooperación de Emilio Aragonés, Jefe del Movimiento 26 de Julio. Vencida la insurrección, Aragonés se asila y pasa a vivir en México donde trabaja en la embajada soviética.

[206] Carlos Franqui "Vida, aventuras y desastres de un hombre llamado Castro".

envía a Praga?. ¿Por qué no lo denuncia, si para muchos es traidor, como hizo con otros?. ¿Lo creían inocente, o lo sabían culpable?. ¿Había confesado su crimen a Ordoqui y a Buchaca, en México?. ¿O no había confesado el crimen y la traición, y la protección le fue dada, enviándolo a Praga, para que no se descubriese que había sido un infiltrado del partido?".

En marzo de 1962 al constituirse las ORI,[207] Castro había fustigado duramente a Aníbal Escalante sometiéndolo, prácticamente, a un juicio público acusándolo de "sectarismo". Pero a quienes fustigaba era a todos los integrantes de la vieja guardia comunista que al recién él declararse marxista-leninista pudieran pretender disputarle el poder, por tener ellos una más vieja y estrecha vinculación con la Unión Soviética. Ahora, con el juicio de Marcos Rodríguez, se produce una situación similar.

En el banquillo está sentado Marquitos. Pero a quien se juzga es a Joaquín Ordoqui, el viejo y poco confiable dirigente del antiguo partido comunista. En aquel mes de marzo habría conspirado —así se comentaba—, junto a Escalante, con el embajador ruso Kudriatsev para sustituir a Castro. En octubre del mismo año, junto a Juan Marinello y Faustino Calcines, se reúne con Mikoyán en el intento de convencer a Castro de que acepte la verificación en el terreno de la retirada de los cohetes.[208] Fidel lo sabe, y no lo olvida. Pesan sobre Ordoqui otras sospechas, muchas de ellas sin fundamento alguno pero que mantienen sobre él una sombra fácilmente utilizable por Castro.

No le interesa esta vez a Castro dejar caer el peso de su poder sobre todos los antiguos dirigentes del Partido Comunista. Utiliza el juicio de Marcos Rodríguez para, sin acusarlo, culpar a Joaquín Ordoqui.

---

[207] Organizaciones Revolucionarias Integradas que agruparon a los distintos grupos afines al gobierno y que Aníbal Escalante trató de utilizar como instrumento político frente a Castro. Ver "De Girón a la Crisis de los Cohetes: La Segunda Derrota", del autor.

[208] Carlos Franqui "Vida, Aventuras y Desastres de un hombre llamado Castro".

SE INICIA EL JUICIO EN LA AUDIENCIA

El sábado 14 de marzo de 1964 comienza el juicio con las declaraciones de Martha Jiménez, viuda de Fructuoso Rodríguez, y de los comandantes Julio García Olivera, Guillermo Jiménez, Raúl Díaz Arguelles y José Assef. Todos, miembros del Directorio Revolucionario 13 de Marzo.

La sesión se extendió durante más de cinco horas. Lo obligan a admitir que delató, en visita que hizo a un apartamento en que se encontraba Esteban Ventura,[209] a sus amigos del Directorio Revolucionario.

En aquella primera vista Martha Jiménez relató como "Alfaro Sierra, uno de los esbirros de Esteban Ventura, le había dado las señas del delator de Humboldt 7, coincidentes todas con Marcos Rodríguez"; y que, luego, había mostrado a Sierra —quien en los primeros días de enero estaba preso en La Cabaña y, después, fue fusilado— una foto de Marquitos y que aquél lo había identificado.

En el juicio nadie se molestó en preguntar por qué si Alfaro Sierra estaba preso en los primeros días de enero de 1959 y conocía que Marcos Rodríguez era el delator, no lo habían careado con el ahora procesado.

José Assef al testificar se refirió "a la ostentación de Marcos Rodríguez que contaba con recursos económicos suficientes", versión distanciada de la ofrecida (no en el juicio) por muchos que compartieron el exilio con esta triste figura que ahora estaba siendo utilizada para ajustar cuentas con otro personaje. En el libreto preparado para mostrar a Marcos con abundante dinero, el comandante Díaz Arguelles confirmó que cuando él estuvo asilado en la embajada del Brasil "los sirvientes le habían dicho "que le habían cambiado más de dos mil pesos a Marquitos". Otro más se incorporó a los que testificaban sobre "los dineros" de Marquitos: el comandante Guillermo Jiménez que "en el aeropuerto de Panamá se

---

[209] Comandante Esteban Ventura Novo, Jefe de la Unidad Anti-Subversiva de la Policía Nacional. Durante el último gobierno de Fulgencio Batista, Ventura ascendió de sargento en 1952 a Teniente Coronel en 1958. Fuente: Coronel Orlando Piedra: "Habla el Coronel O. Piedra".

había tropezado con el acusado cuando éste se dirigía hacia la Argentina" y que "evidentemente el acusado había obtenido algún dinero producto de su delación".

En la mañana del lunes 16 se celebró en la Sala Cuarta de la Audiencia de La Habana, la segunda y última sesión del Juicio Oral de la Causa #32 de 1964. Comparecieron ante el Tribunal varios testigos de menor significación.

"El testigo más relevante en esta sesión del juicio lo fue, sin duda, el comandante Faure Chomón, que mantuvo vigorosa acusación contra el delator de los mártires de Humboldt 7". Así se expresaba el periódico Revolución. Los detalles de la "vigorosa acusación de Chomón" pronto serían el comentario obligado en la capital.

Mientras, el periódico "HOY", órgano del antiguo Partido Socialista Popular, guardaba absoluto silencio sobre el juicio. En su edición del domingo 15 no hizo mención alguna a la primera sesión que se había celebrado el día anterior ni, mucho menos, al posterior testimonio de Chomón que había sido sumamente dañino para la dirigencia del antiguo Partido Socialista Popular.

Camino opuesto tomó "Revolución", periódico más cercano al 26 de Julio y al Directorio Revolucionario que a los comunistas de la Vieja Guardia.

LAS PRIMERAS DECLARACIONES DE FAURE CHOMÓN

Marcos Rodríguez, informó "Revolución" en su edición de marzo 17, había admitido en la sesión del sábado 14, su militancia comunista y su acto de delación. Pero algo inesperado ocurrió luego que Faure Chomón testificara el lunes 16. Empezó a circular, por las calles, en papeles mimeografiados, el texto completo de las declaraciones de Chomón. En el testimonio de Faure aparecían implicados en la delación altos dirigentes del PSP: Fabio Grobart, Marinello, Ordoqui, García Buchaca, Osmani Cienfuegos y otros.

Será el jueves 19 que se informa que "ha sido condenado a muerte el delator".[210] Pero la gente no habla de la condena que ya, desde antes de iniciarse el juicio, todos conocían. El tema de conversación era otro. Ya era de dominio público lo que, realmente, se debatía en el juicio del infeliz Marquitos. No era su delación, sobre la que no había grandes dudas. No era su condena a muerte, que ya se esperaba antes de iniciarse el proceso.

El pueblo, más fidelista que comunista, confiaba en que la cúpula del viejo PSP sería fulminada. Jóvenes revolucionarios que se sentían, aún, más vinculados al 26 de Julio que al PSP esperaban que Castro utilizase el testimonio de Chomón para distanciarse de los viejos comunistas. Fueron horas de gran expectación.

El periódico Revolución disfrutaba del juicio. En su columna Siquitrilla del jueves 19, Segundo Cazalis se regocijaba diciendo:

"El tema número uno, en la calle, es el juicio contra Marcos Rodríguez, delator de los mártires de Humboldt 7.

Pocas veces una información periodística desata tan extraordinario interés. Pocas veces coinciden tantos aspectos importantes:

La cadena de sucesos que permitieron al delator escapar al juicio durante cinco años, constituyen una historia no sólo apasionante, si no aleccionadora.

La exposición del comandante Faure Chomón está —podría decirse— en todas las esquinas.

¿Que los enemigos la divulgarán a su modo?: Obviamente.

¿Que su publicación causaría revuelo?: Sin duda".

Caro le costará al periodista esta jactancia.

Fue también, una prueba de fuego para Enrique de la Osa que sólo 6 meses antes, el 20 de septiembre de 1963, había sido nombrado director de Revolución.[211]

---

[210] Periódico Revolución. Marzo 19, 1964.

[211] Enrique de la Osa pudo capear con éxito la tempestad manteniéndose en la dirección del periódico hasta la desaparición de éste el 2 de octubre de 1965. Durante

CARTA DE FIDEL CASTRO AL "COMPAÑERO BLAS"

El sábado 21 comenzó a despejarse la incógnita. Mientras que en la edición de aquel día en "Revolución" sólo aparecía que se había remitido al supremo "la Apelación del Delator", en la edición del periódico "HOY" se publicaba más. Mucho más. Se publicaba la carta que "Fidel Castro, Primer Ministro del Gobierno Revolucionario", dirigía al "compañero Blas Roca, director del periódico "HOY", en la que el gobernante cubano exigía "que se publique íntegramente la versión de la declaración de Faure Chomón!".

La carta mostraba la irritación de Castro por el contenido de las declaraciones de Chomón que circulaban de mano en mano. Expresaba Castro al "querido compañero Blas":

"En torno al juicio de Marcos Rodríguez hay confusión.

Algunos intrigantes están haciendo su agosto con esto. Los hay incluso, que pretenden dar lecciones de civismo y tienen hasta la osadía de insinuar que la Revolución teme sacar a la luz pública, en toda su magnitud, este juicio o sea capaz de cubrir culpas.

El hecho de que no haya aparecido publicada íntegramente la declaración del compañero Faure Chomón en ese juicio, de la cual había una versión taquigráfica muy deficiente, que necesitaba ser revisada por el autor, hace las delicias de ciertos elementos que, en sí, no tienen la menor preocupación por la verdad...".

"Elementos que no pierden la menor oportunidad de dar cauce al resentimiento, la ambición, el divisionismo o el espíritu reaccionario que bajo un barniz de neorevolucionarismo, encubren el odio de pequeño burgueses que en realidad sienten hacia la Revolución Socialista".

"Y esto es lo que hay en el fondo de la cuestión. *Que se publique íntegramente la versión de la declaración de Faure Chomón!".*

---

esos dos años de la Osa mantuvo simultáneamente la dirección de Revolución y la de la Revista Bohemia.

Los "pequeños-burgueses", los que sólo tienen "un barniz de neo-revolucionarismo" los que "ni son puros, ni son revolucionarios", "ni se preocupan... de los problemas que verdaderamente interesan a las masas", habían perdido la batalla antes de que se iniciasen las sesiones del juicio de apelación. Fidel Castro cerraría filas con los viejos militantes del Partido Socialista Popular haciendo rodar, tan sólo, la cabeza de Joaquín Ordoqui y forzando a Chomón a desdecirse. Es decir, a rectificar "la versión taquigráfica muy deficiente que necesitaba ser revisada por el autor".

Pidió "como Primer Ministro del Gobierno Revolucionario que el fiscal solicite que el proceso sea abierto de nuevo a prueba". Exigía, de hecho, un nuevo juicio para exonerar, no para condenar, a la dirigencia del Partido Socialista Popular. Sus órdenes se cumplirán.

Ya en la propia edición del Periódico "HOY" del sábado 21 de marzo aparece íntegramente el "Texto de la Declaración del Comandante Faure Chomón en el juicio seguido al delator de los mártires de Humboldt 7". La versión ya había sido debidamente purgada.

Durante más de diez días la prensa cubrirá en su primera plana el juicio que todos siguen por radio y, en la última sesión, también por televisión. Desfilarán, casi todos como testigos de cargo, las más destacadas figuras de la Revolución y de la Vieja Guardia del Partido Socialista Popular. Muy pocos se abstendrán de señalar con el dedo acusador al supuesto militante de la Juventud Socialista. Uno de estos pocos, prácticamente el único, será Jorge Valls. A sus declaraciones, honestas, valerosas, nos referiremos más adelante.

No será hasta el lunes 23 de marzo que Revolución se ve obligada a publicar, también, la carta de Castro al "querido compañero Blas" y a desplegar, a página entera, íntegramente, la versión del Comandante Faure Chomón. A las dos de la tarde de aquel día se iniciaría en el Tribunal Supremo, en el Palacio de Justicia, la vista de la apelación interpuesta por el sancionado Marcos Rodríguez Alfonso, "como resultado de la petición formulada por el Primer Ministro del Gobierno Revolucionario, comandante Fidel Castro". Las sesiones del juicio serían transmitidas por la Cadena Nacional de Radio Rebelde.

Ya la nueva versión del testimonio de Faure Chomón aparece cuidadosamente purgada: "Marcos Rodríguez es un fruto amargo del sectarismo". Niega Chomón que a Marcos Rodríguez se le hubiese designado "para realizar trabajos de información en el seno del Directorio Revolucionario". Chomón se indigna: "Esto que dice este señor aquí, eso es una infamia". No puede ser "labor de un revolucionario infiltrarse en un grupo de combatientes". Comenta con irritación Chomón que Marquitos "trata de justificar su actitud en una supuesta militancia comunista". Ya Faure se había aprendido la lección: no puede acusar "al delator" de comunista. Un comunista no puede ser delator. Amarga píldora la que debe tragarse Faure Chomón. Marcos Rodríguez es malo, "hábilmente trata de complicar al Partido en su defensa".

"Marcos Rodríguez es un tremendo descarado... él está aquí disfrutando de toda la legalidad socialista... Tiene el atrevimiento de mentir y tratar de mencionar en su defensa en solo minutos, los principios marxistas leninistas que jamás conoció ni pudo amar". Faure Chomón es, ahora, en el texto purgado de sus declaraciones de marzo 16, más marxista que Carlos Marx. Arremete —o mejor, lo hacen arremeter— contra figuras del Directorio: "Yo recuerdo que durante la lucha contra Batista, el hoy traidor David Salvador propuso a la Dirección Nacional" infiltrar al Movimiento 26 de Julio; y recuerda "cuando Eloy Gutiérrez Menoyo informaba a Carlos Prío sobre el Directorio". Cuando esto hacen, "ellos traicionan". Al tiempo que denigra a otros revolucionarios, ensalza en esta nueva versión, aumentada y corregida, a los militantes del PSP. "Decía el compañero Blas Roca, en la Octava Asamblea del Partido Socialista Popular, en 1959, que el sectarismo era divisionismo".

En momento alguno identifica Chomón a Marcos Rodríguez, en esta versión descontaminada de errores, como miembro del Partido Socialista Popular. "Lo que aquí hemos dicho, defendiendo la forma de actuar de un verdadero comunista, que nos sirva a todos los que hemos visto, indignados, a Marcos Rodríguez". La conlusión es obvia: Marcos Rodríguez no es comunista porque Marcos Rodríguez es un delator y un comunista no puede ser delator.

Sobre esa base se armará el tinglado de la apelación ante la Corte Suprema.

EL JUICIO DE APELACIÓN

Preside el tribunal José Fernández Pilotos. Como magistrados fungirán José Gumá Barnet, José García Álvarez, Rafael Cisneros Ponteau y Nicasio Hernández Armas. Actuará de fiscal, Santiago Cuba Fernández;[212] y como abogado defensor José Antonio Grillo Longoria.[213] Actuará de secretario Rafael Aballí y de la Torre.

El juicio se convierte en un evento al que debe asistir todo aquel que se considere alguien en el Gobierno Revolucionario. Las crónicas sobre el juicio sustituyen a las ya desusadas reseñas sociales:

"Todo el ámbito de la sala estaba colmado de público y gran cantidad de personas aguardaba afuera la oportunidad de entrar en el recinto. Entre las personas que presenciaban la vista se encontraban el Presidente del Tribunal Supremo, Dr. Enrique Hart Ramírez; el Ministro de Justicia, Alfredo Yabur; el Comandante Efigenio Amejeiras y otros oficiales del Ejército Rebelde".[214]

Marquitos Rodríguez, que lleva meses aislado y sometido a prolongadas torturas sicológicas, está físicamente destruido aún antes de iniciarse la primera sesión. Preguntado por el presidente si desea prestar declaración, el procesado, con voz apenas audible, responde: *"No deseo"*. Ningún caso le hacen. El fiscal, ignorando lo expresado por el acusado, da inicio a la farsa interrogando, una y otra vez, al joven que yacía desplomado en la silla. Apenas se le oye la voz. *"Presidente* —dice el fiscal— *es muy difícil*

---

[212] Santiago Cuba Fernández había sido, también, el Fiscal en la causa por la que fueron procesados en marzo de 1962 los integrantes de la Brigada 2506 que habían caído prisioneros.

[213] El Dr. José A. Grillo Longoria tuvo muy breve vida como funcionario del Gobierno Revolucionario. Designado como Abogado de Oficio del Tribunal Supremo cuando nombraron a Ernesto Ché Guevara Ministro de Industrias, termina siendo enviado, pocos meses después del juicio de Marcos Rodríguez, a los campos de la UMAP (Unidades Militares de Ayuda a la Producción).

[214] Testificaron también Martha Jiménez, la viuda de Fructuoso, el Comandante Julio García Olivera, el Comandante Guillermo Jiménez, José Assef Yara, el Comandante Raúl Diez Arguelles y la doctora Blanca Mercedes Meza.

escuchar al acusado". Lo quieren forzar a admitir responsabilidades.

FISCAL: *"¿A qué hora el 13 de marzo usted se enteró que iba a ser atacado el Palacio Presidencial?".*

ACUSADO: *"Yo no me enteré de que iba a ser atacado el Palacio Presidencial".*

Más adelante:

FISCAL: *"Marcos, en su confesión, escrita de su puño y letra, usted manifiesta que conocía que se iba a atacar el Palacio Presidencial el 13 de marzo".*

ACUSADO: *"No, eso no es verdad".*

Poco después vuelven al mismo punto:

FISCAL: *"Después de tener conocimiento del ataque, ¿Qué hizo usted?".*

ACUSADO: *" No, yo no tuve conocimiento".*

Ya todos se habían aprendido el libreto. Aunque había manifestado su deseo de no prestar declaración, el fiscal lo fuerza a responder. El interés era obvio y apareció en una de las primeras afirmaciones del fiscal que le hace repetir que no fue la Juventud Socialista la que lo mandó a infiltrarse en el Directorio Revolucionario. Comienza el juicio tratando de expurgar de cualquier contaminación delatora al Partido Socialista Popular.

En esta sesión del lunes 23[215] Faure Chomón afirma, una y otra vez, que "Marcos Rodríguez no podía ser un joven socialista, porque un joven socialista era aquel que había luchado defendiendo su causa, defendiendo sus ideas en una forma ardiente, desinteresada, desprendida" y afirmaba que, en el primer juicio, había "señalado, como símbolo de la Juventud Socialista, a un

---

[215] Versión taquigráfica de las declaraciones de Faure Chomón, publicadas en el periódico Revolución.

compañero inolvidable en la lucha de la Universidad, en la lucha contra la tiranía, al compañero Mirabal, que muriera asesinado combatiendo a la tiranía".

Decía, ahora en marzo 23, que en la sesión del lunes 17 él había mencionado "el ejemplo de la lucha revolucionaria del entonces único movimiento marxista de nuestro pueblo, el Partido Socialista Popular, la actitud de Aracelio Iglesias, que había muerto luchando frente a sus enemigos". Y puntualizaba en esta autocrítica pública, "que con estos ejemplos yo establecía con claridad que el atacar y el criticar al sectarismo no era ir en contra de los viejos militantes comunistas, era ir en contra de los farsantes, de los simuladores". Y lo que hacía aquella tarde, en aquel juicio, afirmaba el acomodaticio dirigente del Directorio Revolucionario, era responder "a mi conciencia de comunista":

"Y con ese deber de conciencia, de luchador, de combatiente, con esa conciencia de comunista, yo entendía que no podía dejar eso a un lado".

En su deseo de congraciarse con Castro y liberarse de las culpas por la circulación de "la versión taquigráfica muy deficiente" de su anterior testimonio, lamenta Chomón que "el hecho desgraciado de que no pudiera publicarse inmediatamente, fue utilizada por los enemigos, por los que quieren confundirse y adoptan posiciones falsas que los conducen también a la traición. El reguero de confusión creció; hicieron aparecer por ahí, falsamente, responsabilidades que no existían;.... que sirva esto de explicación a este tribunal para establecer la verdad revolucionaria y para, nuevamente, cumpliendo con ese deber, defender nuestra Revolución, defender la causa de nuestro partido, la causa del marxismo leninismo".

Con este nuevo testimonio, que toda la prensa publicó íntegramente, exoneraba a la militancia y dirigencia del PSP de "la traición de Marcos Rodríguez", a quien, en su largo testimonio, jamás identificó como miembro de la Juventud Socialista o del Directorio Revolucionario. Ambas organizaciones quedaban limpias de pecado. El malo, el único malo, era Marcos Rodríguez.

Quedaba preparado el escenario para la comparecencia ante el Tribunal Supremo, días después, del "Primer Ministro, Jefe de la Revolución, Comandante Fidel Castro".

ORDOQUI Y LA VIEJA GUARDIA EN EL BANQUILLO

Luego del extenso y rectificador testimonio de Chomón, declararon ante el tribunal, en la segunda sesión del martes 24, varios testigos de relevancia[216] Entre ellos, Joaquín Ordoqui que afirma haber conocido a fines de 1958 en México a Marcos Rodríguez careciendo de lo más elemental. "Tenía poca ropa; una situación difícil;... lo único que tenía era miseria en México". En su comparecencia, Ordoqui hace mención a la carta que Marcos, estando ya preso en Cuba, le ha dirigido y en la que el procesado afirma que hay abuso de poder, que en la isla no hay garantías "en fin, señala él, lo que llama arbitrariedades". Es la misma carta cuya copia ha llegado a manos de Faure Chomón y que éste ha desmenuzado en la corte "por cierto, sin la presencia mía", dice ahora Ordoqui.

La carta a la que Ordoqui se refería había estado circulando por las calles. Para quejarse fue a ver a Ramiro Valdés, Ministro del Interior, quien lo remitió a Osvaldo Dorticós, Presidente de la República. Éste último le dice que investigará el caso y le dará al día siguiente una respuesta. Así fue.

A las veinticuatro horas Dorticós llama a Ordoqui y le dice, en palabras textuales del viejo dirigente comunista:

"Marquitos hace más de seis o siete meses que ha confesado; no puedo decirle el tiempo con exactitud; hace algún tiempo que ha confesado todo lo que ha hecho y, además, ha acusado a su compañera Edith García Buchaca, de que conocía este hecho".

Edith García Buchaca que se encontraba en aquel momento en la provincia de Oriente, regresó a La Habana, habló con Dorticós y pidió una reunión en la que participaran todos, incluyendo a Marcos y a Chomón. La reunión se produjo. Recuerda Ordoqui: "Fue así como se planteó el problema; y es realizada tal cosa; es discutido el problema; estaban Chomón y los de-

---

[216] Testificaron en esta segunda sesión, Raúl Valdés Vivó, Antonio Carcedo, César Gómez, Hirám Prats, José Novo, Jorge Valls, Alfredo Guevara, Edith García Buchaca, Joaquín Ordoqui, Carlos Rafael Rodríguez y César Escalante.

más compañeros; allí no hubo nada más que retractación de Marcos Rodríguez de lo que había dicho, acusando a uno de los que lo estaban interrogando de que había insinuado el nombre de mi compañera. Es así como se resuelven los problemas con los hombres de principios y me parece que así es como hemos sido educados en el Partido".

Aquella reunión, para Ordoqui, había terminado el incidente surgido.

Antes de Ordoqui, había testificado Edith García Buchaca; después, como si el destino los mantuviese aún ligados, Carlos Rafael Rodríguez quien, en sus primeras palabras aclara que, contrario a los rumores que circulan en la calle, no tiene él parentesco alguno con Marcos Rodríguez. Inmediatamente lanza, sin mencionarlos, una andanada contra Faure y el Directorio "los miserables, los infames han estado —como decía Fidel—, intrigando; han manejado como argumento en estos días, la idea de que el Partido Socialista Popular podía amamantar, podía producir delatores. No!". Pasa después, a analizar el primer discurso de Faure Chomón, y el posterior del día 23 de marzo:

> "Yo digo que no estoy de acuerdo con aquel primer discurso; no podía haberlo aceptado. Pero Faure Chomón ha rectificado su posición. Se ha producido su interpretación ayer, clara, cuyas intenciones reconozco;... la **explicación** de Faure es una explicación categórica de sus intenciones".... "Porque yo hubiera venido aquí a debatir con el Directorio, frente a frente estas cosas, si el Directorio hubiera mantenido esos criterios; y como no los mantiene, lo que me gusta es el llamado a la unidad que hizo el compañero Chomón".

Carlos Rafael hacía clara y pública la rectificación de Faure. Continuaba acondicionando así el terreno por el que avanzaría, dos días después, Castro.

En esta segunda vista que se efectúa el martes 24 testifican, también, Raúl Valdés Vivó, Subdirector del periódico "HOY", y Antonio Carcedo Ferrer, que había sido Responsable del Trabajo de la Juventud Socialista en la Universidad de La Habana. ¿Razón de su comparecencia?: Que afirmara, como lo hizo, que "este sujeto jamás perteneció a la Juventud Socialista".[217]

Declara César Gómez, quien fuera Secretario General de Juventud Socialista a partir de enero de 1957. ¿Razón de su comparecencia? El que pudiera hacer constar que "en ningún momento Marcos Rodríguez militó en aquella organización". Se jacta de los militantes de la Juventud Socialista que ocuparon altas posiciones en la FEU.[218]

El siguiente testigo es Hirám Prats, Organizador del Buró Ejecutivo de la Juventud Socialista, quien afirma que a principios del año 57 Marcos Rodríguez solicitó el ingreso a la Juventud Socialista a través de César Gómez, pero le fue denegado, entre otras cosas, debido "a su actitud personal que daba a pensar que era homosexual". El siguiente testigo fue José Novo Jiménez que se refiere a un viaje que su amigo, Eugenio Pérez Cowley, realizó a Holguín junto con Marcos Rodríguez. Afirma que en aquella ocasión Eugenio Pérez Cowley durmió en el cuartel del ejército en Holguín donde su tío, el Coronel Fermín Cowley, era el jefe.

Todos, en el juicio, se hacen cómplices de la farsa montada para culpar a Marquitos y exonerar al Partido. Sólo un hombre tiene el coraje de disentir. Jorge Valls declara haber tenido una gran amistad con Marcos Rodríguez y, sin vacilación alguna, afirma:

"Marcos sabía de las actividades que yo realizaba, así como de las que realizaba Joe Westbrook.... y jamás se filtró una de esas cosas. Marcos supo las gentes que escondíamos,

---

[217] ¿Quiénes componían en 1955 la Juventud Socialista en la Universidad de La Habana? Operando bajo el nombre de Buró Universitario tenía la siguiente dirección:
Secretario General   Raúl Valdés Vivó
Secretario Organizador Antonio Carcedo
Secretario de Propaganda Alfredo Font
Secretario de Finanzas César Gómez
Otros: Hirám Prats y Antonio Zorrillo
Fuente: Declaraciones de Raúl Valdés Vivó en el juicio de Marcos Rodríguez.

[218] ¿Qué miembros de la Juventud Socialista ocuparon presidencias de las Escuelas que componían la FEU?. Amparo Chaple que en 1955 ocupó la presidencia a la Escuela de Filosofía; y Alfredo Guevara y Leonel Soto. Fuente: Declaraciones de César Gómez.

supo de las actividades que teníamos y nunca hubo una cosa que se filtrara".

Ante estas respuestas categóricas, el fiscal dio por terminado el interrogatorio que fue continuado por el Presidente del Tribunal. Vuelve a hablar Jorge Valls para salir en defensa del nombre de otro de sus compañeros.

"Se ha hablado de un compañero mío, Tirso Urdanivia, que participó conmigo en múltiples actividades y sobre cuyo nombre se ha echado el estigma de traidor... Se acusa a Tirso Urdanivia, desaparecido desde 1958, de un estigma tan duro como el de traidor; por eso, creo mi deber venir aquí a aclarar la situación de Tirso Urdanivia. Yo quiero hablar de Marcos Rodríguez y de Tirso Urdanivia".

Lo callan. El fiscal no le permitió que continuase hablando.

La confrontación con Marcos Rodríguez, pues, fue solicitada por Edith García Buchaca, Secretaria del Consejo Nacional de Cultura, esposa de Joaquín Ordoqui y quien, años atrás, había estado casada con Carlos Rafael Rodríguez. ¿Cuándo y cómo se produjo la confrontación? ¿Quiénes participaron? ¿Quedó algo dilucidado de ese careo?.

LA "CINTA MAGNETOFÓNICA" DEL PRESIDENTE DORTICÓS

Desde muchos días atrás se propalaban por las calles de La Habana mil conjeturas sobre esta reunión celebrada en las oficinas del Partido Comunista. Los detalles se hicieron públicos en la tercera sesión del miércoles 25 de marzo en la comparecencia de Osvaldo Dorticós, Presidente de la República.

Se menciona entre los presentes a Haydee Santamaría, José Llanusa, el Comandante Faustino Pérez, Director del Instituto Nacional de Recursos Hidráulicos; el Viceministro Primero del INRA, Severo Aguirre; los comandantes Manuel Piñeiro, José N. Causse, Joel Iglesias y Efigenio Amejeiras; Alberto Mora; Ramiro Valdés Menéndez; José B. Ventura Machado, Ramón Calcines, Lázaro Peña.

Junto a Osvaldo Dorticós, testifican el Capitán José Abrantes, los oficiales de seguridad Vicente Gutiérrez Martínez, Lorenzo Hernández Calderío y José Amel Ruiz Rodríguez, bajo cuya responsabilidad estuvieron las investigaciones con respecto al acusado. También compareció como testigo el Capitán Renier Díaz, Primer Oficial Investigador que había actuado en relación con este caso por indicación del Comandante Camilo Cienfuegos en 1959, cuando Marquitos había sido detenido la primera vez.

Testificó Osvaldo Dorticós que conoció que el acusado Marcos Rodríguez había sido extraditado de la República Socialista de Checoeslovaquia "en virtud de determinadas sospechas relativas a su actuación en dicho país" y, además, "a las derivadas de la acusación anterior que contra él existía respecto a su participación supuesta como delator en los hechos de Humboldt 7".

"Todo esto estaba en manos de los cuerpos de Seguridad del Estado y, posteriormente, los compañeros del Ministerio del Interior informaron al compañero Primer Ministro que el acusado Marcos Rodríguez Alfonso... había admitido ser el delator. Pero que, además, en el curso de su confesión, había formulado determinadas imputaciones a la compañera Edith García Buchaca, en el sentido de que durante su estancia en México había informado a ésta de su participación en aquellos hechos de Humboldt 7; es decir, de su condición de delator. El compañero Primer Ministro informó exclusivamente al Comandante Raúl Castro y a mí".

Sólo esas tres personas y el Departamento de Seguridad, conocían de la confesión y de la extensión de las imputaciones. Acordaron que "la ventilación de esa cuestión quedaría en manos de Fidel. Y que él, personalmente, decidiera plantearla y resolverla en la forma que él seleccionara".

Así las cosas, Joaquín Ordoqui con una llamada telefónica solicita y recibe una entrevista con Dorticós. En el transcurso de la entrevista Ordoqui menciona la carta que había recibido de Marcos Rodríguez y le pide a Dorticós su intervención para aclarar la situación de Marcos. Dorticós informa a Castro de la conversación y deciden que Osvaldo le de a conocer al viejo militante comunista la confesión de Marquitos y las imputaciones a Edith García Buchaca que, en esos momentos, se encontraba en Santiago de Cuba. Regresó de inmediato Edith y exigió la confrontación, a la que ya nos hemos referido, "para que se ventilara esa imputación y apareciera la verdad".

> *"Creíamos correcto acceder a esa petición y organizamos, en las oficinas de la Dirección Nacional del Partido, aquella reunión en la que participamos el compañero Blas Roca, el compañero Faure Chomón, el compañero Emilio Aragonés, el compañero Ramiro Valdés, José Abrantes, el compañero Joaquín Ordoqui, la interesada compañera Edith García Buchaca y yo. Y, además, eventualmente, los compañeros del Cuerpo del Departamento de Seguridad que tuvieron a su cargo los interrogatorios del acusado".*

Dorticós ofrece al tribunal "la cinta magnetofónica donde aparece grabada aquella reunión". Primero le lee Osvaldo a Marquitos los detalles de la confesión ofrecida por él. Luego de un largo careo pregunta Dorticós a Marcos: "¿Por qué usted le dijo a Edith lo de Humboldt 7 y su traición?. Marcos lo niega: "No, no, yo no le dije a ella lo de Humboldt 7". Vuelve a preguntar: "¿Por qué usted dijo, y luego escribió, que usted le había informado a Edith sobre el hecho?". La respuesta de Marcos volvió a ser categórica: "No, no, no, eso no es cierto". La enfática negativa de Marcos hace exclamar a Dorticós: "Pero, por Dios!, ya usted ha dicho que no es cierto". Edith García Buchaca interviene en el careo para afirmar —poniendo como testigo a Emilio Aragonés que estuvo presente durante la conversación sostenida en México— que "en ningún momento ni en esa forma, así, general, que dice Marcos puede haberse tratado nada de traición... porque Marcos siempre se presentó... como una víctima, como una persona acusada injustamente de un hecho que, él mismo, rechazaba como lo peor que podía realizar un hombre".

Lo mismo afirma Joaquín Ordoqui: "Yo no recuerdo que jamás en la vida, en México, en las reuniones nuestras se tocó Humboldt 7". Precisa aún un poco más aclarando que fue en La Habana, luego del triunfo de la Revolución, que conoció de la vinculación de Marcos y Humboldt 7: "Me recuerdo que cuando se tocó Humboldt 7 fue cuando la detención de Marcos, que se mandó para La Cabaña por el MINFAR y comenzó el conocimiento nuestro del problema de Marcos en relación con Humboldt 7 y la salida de él para una beca que tenía en Checoslovaquia". Pero tanto él como su esposa niegan haber tenido conocimiento, estando en México, de "la posibilidad de que Marcos hubiese hecho eso".

Viene un interminable careo con el interrogador que le había arrancado la confesión. Interviene Blas Roca. Después, Faure Chomón y Ramiro Valdés. Todos, uno tras otro, interrogan a Marcos sin cesar; sin darle, apenas, tiempo para responder. En la interminable sesión lo golpean con más de tres centenares de preguntas, muchas de ellas, las más, repetitivas. Era, de hecho, un juicio sumarísimo, sin ninguna garantía procesal. Todo lo que vendrá después será una obra teatral cuyo primer acto, el celebrado en el local de la Audiencia de La Habana será un fracaso porque un primerísimo actor, Faure Chomón, se salió del libreto.

Pero habrá nuevos ensayos de la obra, nuevos interrogatorios maratónicos fuera de la sala del tribunal. Nuevas y más claras instrucciones a los actores para que el juicio público, transmitido por radio a toda la nación, cuyas conclusiones ya conocían de antemano, fuese todo un éxito.

Se acerca el acto final en el que, inevitablemente, rodará una cabeza. Los que desde los primeros días de la Revolución asisten sádicamente a La Cabaña para presenciar los fusilamientos, no quieren perderse el nuevo espectáculo. La prensa recoge la vergonzosa concurrencia:

"Los primeros asientos del Salón de Actos, donde se constituyó la Sala de lo Criminal del Tribunal Supremo, fueron ocupados por el Presidente del Supremo, Dr. Enrique Hart; el Ministro de Justicia, Alfredo Yabur; la Sra. María Caridad Molina, compañera del Presidente de la República, Dr. Osvaldo Dorticós; los magistrados Antonio Barreras y Antonio Herrera Machado y el Dr. Luis Buch".

CASTRO, TESTIGO ESTELAR

Se celebrará el jueves 26 la cuarta sesión. No sólo se radiará; también se transmitirá por la televisión nacional. Habrá un solo testigo. Por supuesto, éste será Fidel Castro.

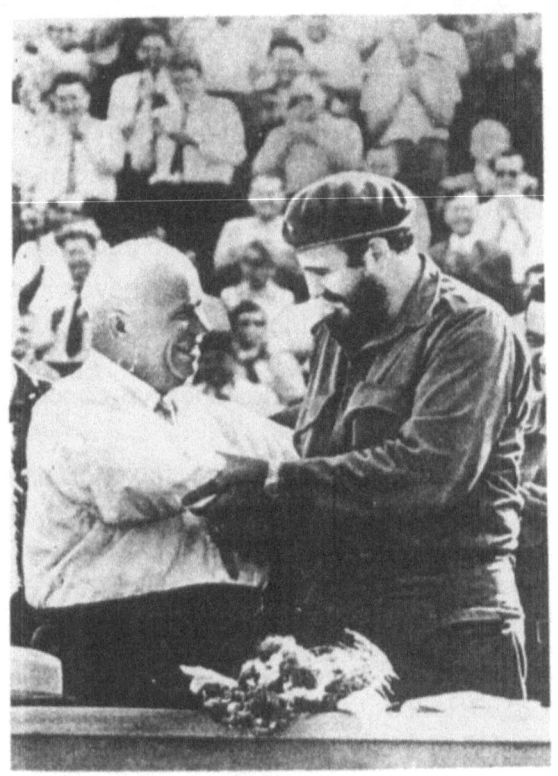

DESAPARECEN LOS AGRAVIOS DE LA CRISIS DE LOS COHETES

A fines de mayo de 1963 ya Castro se ha reconciliado con Nikita Kruschev. Los dictadores se reúnen, amistosamente, en el estadio deportivo de Moscú el 23 de mayo.

EN UNA GRANJA COLECTIVA

Para hacerse más grato a sus anfitriones soviéticos, Castro viste un traje típico al hablarle el 9 de mayo a trabajadores de una granja colectiva.

Para el estelar programa en que testificará el líder máximo se darán cita, además de las personas mencionadas en las vistas anteriores, el Comandante Flavio Bravo, Ramón Calcines, Manuel Luzardo, el Comandante Augusto Martínez Sánchez, el Ministro Raúl Roa, el Comandante Alberto Mora, de Comercio Exterior; Jesús Montané, Ministro de Comunicaciones; Arnold Rodríguez, Viceministro de Relaciones Exteriores; el Teniente Orlando Borrego, Viceministro de Industria; el Comandante René Vallejo; el Dr. Juan Marinello, Embajador en la UNESCO; y "el compañero Blas Roca, Director del colega "Hoy".

Ya es evidente para todos las diferencias entre los miembros del Directorio —defendidos por Revolución y Bohemia— y los antiguos militantes del Partido Socialista Popular que se saben respaldados por el "Primer Ministro y Máximo Líder de la Revolución". Estos últimos saben que tendrán que pagar un precio para ellos bajo: la cabeza de Joaquín Ordoqui. Los primeros, los otrora orgullosos miembros del Directorio, tendrán que escuchar que "la Revolución tiene el derecho de exigirles que actúen con madurez, que actúen con responsabilidad".

El jueves 26, antes de que Castro compareciese por televisión ante "el Tribunal de Apelación y el Tribunal del Pueblo," ya el periódico Revolución se encontraba a la defensiva ofreciendo explicaciones sobre lo que habían publicado:

> *"En una forma totalmente inesperada y artificial, los nombres de Revolución y Bohemia se han insertado en el proceso contra el delator Marcos Rodríguez... la Primera Referencia Acusatoria se produce cuando el compañero, Raúl Valdés Vivó, Subdirector del periódico "HOY" atribuye a Revolución y Bohemia el haber creado la confusión, al recoger lo dicho por el acusado en la prueba de confesión en el sentido de que era miembro de la Juventud Socialista. La segunda alusión corresponde al compañero César Escalante que califica de "venenosa" la reseña que Bohemia ofrece de la primera sesión en la Audiencia de La Habana".*

Lo que se le imputa a estas publicaciones y en general a los miembros del Directorio Revolucionario —como si fuese un terrible delito— es haber informado que Marcos Rodríguez era miembro de la Juventud Socialista. Esto obliga al periódico a hacer esta aclaración:

> *"Es Marcos Rodríguez quien se declara miembro de la Juventud Socialista. Así consta en el sumario y en la prueba de confesión. No es REVOLUCIÓN quien le inventa esa militancia".*

No les valdrá de nada. Por la noche, el máximo líder descargará sobre las dos publicaciones las más serias amonestaciones y les advertirá que con el mismo rigor conque, tres años antes, había aplastado el sectarismo, actuaría de nuevo.

Relata Castro que "habla ante dos tribunales: El Tribunal de Apelación y el Tribunal del Pueblo" y detalla el interrogatorio al que él, personalmente, después del primer juicio celebrado días atrás en la Audiencia, sometió a Marcos Rodríguez. Más de 200 preguntas le formuló Castro al infeliz acusado a quien "considero, con absoluta convicción, culpable".

Luego se refiere a la visita de Joaquín Ordoqui a Osvaldo Dorticós interesándose "por este señor...", lo "indignaba aquella especie de ingenuidad, de falta de perspicacia, del compañero Ordoqui". Y habla de la confrontación pedida por Edith García Buchaca con la que él, personalmente, no estaba de acuerdo, "pero los compañeros imputados lo solicitaron y, realmente, no era justo en este caso ni teníamos derecho a negárselo". Al terminar la confrontación, Castro le preguntó a Dorticós su opinión y éste le responde que, en su criterio, la afirmación de Marcos de haber informado de su delación a García Buchaca era "algo absolutamente falsa". Era, también, "la intuición" de todos los demás.

Meses después de la confrontación, vino el juicio.

> *"El juicio, por las razones que expliqué —dice Castro— se convierte en un juicio político y les voy a decir algo, aunque parezca raro. De la famosa carta dirigida por el señor Marcos Rodríguez a Joaquín Ordoqui, supe yo después, ...aquel documento no llegó a mis manos, por distintos fallos; descuido posiblemente de los compañeros del organismo correspondiente que recibieron ese documento en un momento dado. Descuido del compañero Faure en no entregármelo; descuido del compañero Joaquín en no*

entregármelo, en no entregarlo al Partido en la oportunidad de que debía entregarlo. Muchos han actuado mal y han actuado erróneamente".

Y pone al desnudo a Faure Chomón.

El Camarada Faure, decía Castro, había cometido un error porque él debió haber presentado las quejas o pruebas que tuviera al liderazgo del partido y no en el juicio.

"Es un hecho cierto que allí se hacen esas afirmaciones; las que hizo el compañero Faure. Era incuestionable, no se puede negar, que el compañero Faure hizo afirmaciones que, por su índole y carácter político, tenían necesariamente que provocar una discusión del problema. Todo el mundo ha leído estas declaraciones... y, naturalmente, si se hubiese publicado la versión incluso aclarada, revisada, no se resolvía nada... Se le había dado un magnífico caldo de cultivo a ciertos elementos parasitarios, intrigantes que son, por naturaleza, individuos creadores de problemas".

"¿Qué otras condiciones crearon el caldo de cultivo, facilitaron el éxito de los planes de este señor?. Ciertas circunstancias. La carta, ésta que yo califico de carta chantaje, y, paradójicamente esta carta que oportunamente habría podido ser muy útil, llegó a nuestras manos en la oportunidad que ya les informé".

"Tenemos que comportarnos con responsabilidad... ¡Que esos amagos de la Ley de Saturno sean rechazados! ¿Y cuál es la Ley de Saturno?. Aquella ley clásica que dice que la Revolución, como Saturno, devora sus propios hijos. ¡Que esta Revolución no devore a sus propios hijos!...¡Que las facciones no asomen por ninguna parte!".

"Y cuando.... hoy, por errores de nosotros, empezaba a amagar Saturno, esa ley maldita, encontrará al pueblo y nos encontrará a nosotros; y esa ley no tendrá nunca vigencia en nosotros".

¡La Revolución Cubana no devoraría a sus propios hijos!.

LA LEY DE SATURNO

En las montañas de Venezuela aplaudiría ingenuamente estas palabras el joven oficial Arnaldo Ochoa que, operaba allá una guerrilla cubana. Las escucharía con sorna, en su celda de Isla de Pinos, el Comandante Huber Matos. Con marcada indiferencia las atenderá el Comandante Rolando Cubela, recién regresado de Europa con el silenciador y la mirilla telescópica apenas desempacados. Un cuarto comandante, que, de regreso de una prohibida escala en su extenso recorrido, estaba en esos momentos siendo devorado por Saturno, sonreiría con argentina flema.

Se revolverán en sus tumbas los Comandantes William Morgan, Jesús Carrera y Humberto Sorí Marín. Donde quiera que se encontrase sonreiría con incredulidad el Comandante Camilo Cienfuegos.

El Comandante Félix Peña, de los primeros en ser devorados, se recogerá en su tumba en busca de espacio para acomodar a los próximos suicidas: el Comandante Eduardo Suñol, Vice-Ministro del Interior, uno de sus pocos acompañantes en el poco glamoroso segundo viaje a Moscú, y el ex mnistro de Comercio Exterior, Comandante Alberto Mora, miembro, como su padre, del Directorio Revolucionario. Ellos llevarían la cuenta de cuantos, hasta ese momento, habían sido ya víctimas de Saturno.

El Comandante Augusto Martínez Sánchez, objeto de continuas críticas, acariciará la pistola con la que el 9 de diciembre de aquel año se disparará un balazo en la cabeza que lo mantendrá al borde de la muerte. Aún, así, recibirá la postrera crítica: "...creemos injustificable e impropia de un revolucionario... esta infortunada decisión... Un revolucionario no tiene derecho a privar a su causa de una vida... que sólo es lícito sacrificar frente al enemigo". Firman la comunicación, que es un cruel reproche, Fidel Castro y, ¿quién lo diría?, el próximo suicida, Osvaldo Dorticós.

Lista que, pronto, engrosarían los grandes suicidas de la Revolución devoradora: Haydee Santamaría, la heroína del Moncada, que un 26 de Julio pondría, de un balazo, fin a su vida, y Osvaldo Dorticós, Presidente y Ministro sin mando, que con un disparo partirá su cabeza.

La Revolución devoraba a sus hijos y, con ellos, a la nación.

Otros morirán en desgracia condenados a un degradante ostracismo.

El 18 de noviembre de 1964 el Partido Unido de la Revolución Socialista (PURS) acordó separar de sus cargos a Joaquín Ordoqui. El comunicado estaba firmado por Fidel Castro en su carácter de Primer Secretario del PURS y expresa que "por acuerdo de la dirección de nuestro partido se decidió la suspensión del comunista Joaquín Ordoqui de los cargos de miembro de la Dirección Nacional del PURS y responsable del suministro de las Fuerzas Armadas Revolucionarias". La medida tendrá efecto "hasta tanto se realice una investigación completa de su conducta desde el año 1957 hasta el presente".

La fecha, 1957, lo vinculaba, descarnadamente al cargo de delación que se le había formulado a Marcos Rodríguez y que le costó la vida.

CAPÍTULO X

ACCIONES INTERNAS Y ACCIONES COMANDOS

A las pocas semanas de ser liberados, el Departamento de Defensa de los Estados Unidos anunció el 16 de febrero de 1963 que aquellos brigadistas que habían tomado parte en la invasión de Bahía de Cochinos podrían ingresar en las Fuerzas Armadas de los Estados Unidos.

El nuevo programa sería, en términos generales, similar al que ya estaba funcionando para otros refugiados cubanos que podían incorporarse voluntariamente al entrenamiento militar y, luego, escoger entre permanecer en el ejército o formar parte de la reserva militar.

El 25 de febrero de 1963 se inició el proceso de calificación de los voluntarios que luego comenzaron en marzo 11 a ser enviados a los distintos centros de entrenamiento.

Doscientos siete antiguos oficiales de la Brigada de Asalto 2506 partieron hacia Fort Benning, Georgia, para comenzar su programa especial de entrenamiento. Los más, optaron por la Infantería; un grupo numeroso, prefirió la Fuerza Aérea; otros, el de la Marina y, varios se decidieron por los Marines.

Formaron parte de la infantería, entre otros, Eneido Oliva, Roberto Pérez San Román, Modesto Castañer, Tomás Cruz, José Basulto, los hermanos Luis, Héctor y René Lamar, Félix I. Rodríguez y Raúl de Varona. A la Fuerza Aérea se acogieron José Balboa, Manuel Navarro, Gustavo Ponzoa y otros. Por la Marina optaron Tomás A. Font, Juan L. Cosculluela y algunos más. Renaldo Blanco Navarro, Francisco J. Hernández, Sergio Abreu y otros escogieron los Marines.[219]

---

[219] Relación completa de los oficiales de la Brigada 2506 que recibieron el curso de adiestramiento en Fort Benning, Georgia, aparece en la página 302.

Otro grupo de brigadistas se dirigió a Carolina del Sur para recibir su entrenamiento. En marzo de 1963, luego de inscribirse en las oficinas de reclutamiento en 4100 Aurora Street, en Coral Gables, y, otros, en la de Newark, New Jersey, se encontraban ya en Fort Jackson, Umbelino Bango, Feliciano Foyo, José Miró Torra, Enrique Oviedo y otros.[220]

LA PEQUEÑA FUERZA AÉREA DE LOS CAMPAMENTOS

Artime va estructurando, paso a paso, la pequeña fuerza aérea destinada básicamente a labores de suministro y traslado a las bases del personal envuelto en la operación de Centro América.

Ha visitado en Fort Benning a muchos de los que están ahí recibiendo el curso de entrenamiento y que, tres años antes, habían participado en la etapa que había culminado en Girón.

Algunos aceptan incorporarse al plan presentado por el persuasivo dirigente, que parece contar con el respaldo oficial. Otros pilotos, que no habían tomado parte de la gesta de Girón, también vienen a formar parte de la incipiente fuerza aérea. Entre éstos se encuentra Antonio González Torrecilla, "uno de los mejores pilotos que ha tenido Cuba", según expresa al autor Jorge Navarro (El Puma)[221] que es quien lo presenta a Artime.

Pronto contaría con un DC-3 que permanecerá en el aeropuerto de Paipilla, en Panamá, volando de Panamá a San José, Costa Rica, y al aeropuerto Las Mercedes en Managua.

La tripulación del DC-3 la componen Antonio González Torrecilla y Jorge Navarro, como pilotos; junto con Manuel Castellanos y Mario Ginebra Groero (piloto de la Marina) que morirá años después en África. Como jefe de los mecánicos se encuentra Pablo Astudillo Ojeda; con él trabajaba Junquera.

---

[220] Relación parcial de los miembros de la Brigada 2506 que recibieron el entrenamiento en Fort Jackson, South Carolina, aparece en la página 305.

[221] Antonio González Torrecilla había sido comandante de la Fuerza Aérea en la época inmediatamente anterior a la llegada de Castro al poder. Fuente: Jorge Navarro.

Funciona también un Cessna 180 que permanecía en el aeropuerto de Sabana Norte en Costa Rica, y traslada personal y equipo a, y desde, Tortuguero. Dificultaba la operación del Cessna —y del DC-3 cuando llegaban al aeropuerto de El Coco, en San José— las cenizas del volcán Irazú que, desde marzo de 1963, se encontraba en erupción lo que forzaba a los hombres de las bases a mantener permanentemente cubiertos con mantas y plásticos los motores de los aviones.

La tripulación del Cessna estaba compuesta por Hernán Organville y José Pellón.[222]

Cuentan en Nicaragua, en Monkey Point, con un Beaver con pontones para acuatizar en aquellas aguas pantanosas. Alberto Pérez Sordo[223] y Castillo (Propela) forman la tripulación.

Un año después, a fines de febrero de 1964, más de 30 brigadistas que se encontraban en Fort Benning renunciaron al ejército norteamericano, ya que "a un planteamiento de ellos al gobierno, se les informó que este país no tenía planes para Cuba ni mediatos, ni inmediatos. La respuesta les fue dada por Joseph Califano,[224] el General Finch, y otros oficiales de alta graduación".[225]

Entre los que pidieron su licenciamiento, que se hizo efectivo el 16 de marzo de 1964, se encontraban Tomás Cruz, Segundo Miranda, Raúl Costo, Valentín Bacallao, Silfredo González Ferregur, Alberto Muiñas, José Hipólito Bacallao Perdomo y otros.

Muchos, en Fort Benning y Fort Jackson, se incorporaron a los campamentos que en Nicaragua y Costa Rica estaba organizando Manolo Artime.

---

[222] José E. Pellón Blanco, fue copiloto de los C-46 que participaron en Playa Girón. Junto con Manuel Navarro pudo recoger, dos días después, a Matías Farías cuyo avión había sido derribado el 17 de abril de 1961.

[223] Alberto Pérez Sordo era Navegante de los B-26 de la Brigada 2506.

[224] En aquel momento Joseph Califano era asistente principal del Presidente Johnson en asuntos domésticos en aquel momento posición que ocupó hasta enero de 1969. Años después fue designado Secretario de Educación y Bienestar Social bajo la administración del Presidente Jimmy Carter.

[225] Información del Brigadista Segundo Miranda, carta de marzo 9, 1964. Archivo personal de Enrique Ros.

Mientras, el Presidente Johnson continuaba la zigzagueante política hacia Cuba que había caracterizado la anterior Administración de Kennedy.

El martes 21 de abril de 1964 la policía irrumpió en el local del Movimiento Demócrata Cristiano en el 1732 N.W. 7 St. en Miami, confiscando 100 libras de dinamita y de TNT, granadas de mano, rifles y pistolas automáticas, una ametralladora calibre 50 y otros armamentos.[226] Fue detenido, pero pronto dejado en libertad, Laureano Batista que en aquel momento ocupaba la Vicepresidencia de la organización. La revista Bohemia, de La Habana, cubre con deleite el episodio.[227]

En los primeros días de mayo, en Cayo Las Uvas, en la costa norte de Viñales, en Pinar del Río, las autoridades habían encontrado, a siete kilómetros de Puerto Esperanza, sumergidas en el agua, nueve cajas metálicas y ocho tambores, que contenían armas, explosivos y otros equipos bélicos. Resultaban confusas al gobierno de Castro las señales emitidas en Washington. ¿Se mantendrían "los compromisos contraídos?". ¿Se estarán "tomando las precauciones necesarias para evitar que unidades de cubanos exiliados... con sus ataques comandos afecten el acuerdo logrado" entre los Estados Unidos y la Unión Soviética?. ¿Frenará Johnson, como antes hizo Kennedy, las acciones comando de los exiliados?.

Ya desde los campamentos de Nicaragua y Costa Rica han comenzado a realizarse acciones.

ATAQUE AL CENTRAL PILÓN

El miércoles 13 de mayo, 1964, a las tres y cincuenta de la madrugada se produce una audaz operación. Miembros del MRR atacan el central azucarero Pilón, enclavado en Cabo Cruz, en la costa sur de Oriente, destruyendo más de 75,000 sacos de azúcar. La espectacular acción estremeció al gobierno cubano que

---

[226] Miami Herald, miércoles abril 22 de 1964.

[227] Revista Bohemia, La Habana, Mayo 4, 1964.

en la primera plana de la prensa controlada destacó las "declaraciones de Fidel sobre el ataque pirata a un central: Estos hechos, fortalecen el espíritu de combate de la Revolución y la obligan a ser dura con sus enemigos".

El periódico "Hoy", órgano del partido comunista, y toda la prensa oficial resaltaban las declaraciones de Castro sobre "el nuevo y criminal acto vandálico del gobierno de Estados Unidos perpetrado contra el pueblo de Cuba en la madrugada de hoy, cuando un barco pirata, tipo Rex..., atacó, con fuego de cañones y ametralladora, el central azucarero "Luis E. Carracedo" en el puerto de Pilón". Admitía que como "consecuencia de los impactos, los depósitos de azúcar se incendiaron, perdiéndose 70,000 sacos de azúcar que habían sido elaborados en dicho central en la presente zafra".

La operación, recuerda Félix I. Rodríguez, uno de los participantes, requirió diez guerrilleros: dos hombres rana, dos comandos de avanzada, dos comandos de apoyo, tres comandos de asalto y la tripulación de un RB-12. Los comandos volaron la tubería de enfriamiento de agua y la casa de bomba de la refinería, mientras que un barco rápido, armado con ametralladoras de 50mm y rifles sin retroceso calibre .75 y .57, barría la bodega, los tanques de melaza y alcohol y la chimenea".[228]

EL JURE Y MANOLO RAY

Manolo Ray y el JURE no quieren quedarse atrás. El 15 del mismo mes de mayo emiten su propio "parte de guerra" manifestando que fuerzas de esa organización desembarcaron por dos lugares distintos de la provincia de Oriente.

Para dentro de pocos días —el 20 de Mayo— Ray tiene anunciada su "entrada en Cuba".

El 18 de ese mes, "desde un lugar del Caribe", el Presidente del JURE habla al New York Times de sus planes y su estrategia "en la lucha contra el régimen castrista".

---

[228] Félix I. Rodríguez. Obra citada.

OPERACIÓN CASILDA

Luego del exitoso ataque al central Pilón, en Cabo Cruz, los comandos anticastristas planean y ejecutan otras acciones. En la foto Manolo Artime ofreciendo detalles de la próxima "Operación Casilda" a Ricardo (el Mexicano) Chávez, Nilo Messer y Rafael (Chichi) Quintero.

ÚLTIMA OPERACIÓN MILITAR DEL MRR

Momentos en que llega "La Gitana" a la base de Monkey Point, luego de haber sido detectada en "La Coloma", Pinar del Río en una operación de infiltración-exfiltración. En cubierta, aparecen Santiago Álvarez, Nilo Messer, Palomo y otros. En el muelle, entre otros, Manolín Gutiérrez y Carlos Hernández (Batea).

El entrevistador es Tad Szulc que sustituye -en estos menesteres- a Hebert Mathews. Planea, declara Ray con espíritu bélico, "entrar en Cuba con *unos cuantos grupos para reconstruir las fuerzas de la resistencia* que sufrieron un duro golpe después de la fracasada invasión de 1961".

Desde La Habana llega un cable:[229] "De un momento a otro se espera el anuncio de que el líder cubano exiliado, Manuel Ray, ha llegado a su patria para hacerse cargo de las operaciones anticastristas de su Junta Revolucionaria Cubana (JURE)". El propio 20 de mayo lanza el JURE una proclama "convocando a todos los cubanos para una nueva guerra de independencia que se inicia en suelo cubano".

No está solo Ray en esta bélica convocatoria. Eloy Gutiérrez Menoyo da a conocer que su plan de guerra de guerrillas "había ya comenzado... para establecer una segunda república" que reemplazará al régimen comunista.

El 4 de junio se produce una gran decepción. "Los grupos de cubanos para reconstruir las fuerzas de la resistencia en Cuba" de que hablaba Ray, no se encuentran en Cuba sino en Nassau. "Los grupos de cubanos" se limitan a "cinco cubanos exiliados y tres fotógrafos norteamericanos, incluyendo a una dama". Habían sido detenidos, en las acogedoras playas de Nassau, Flavio González, Juan Díaz, Armando Lastra, Israel Morell y Mirta Borres; y los dos fotógrafos norteamericanos. Todo se resolvió con una multa de US$14.00 a cada uno por posesión ilícita de armas de fuego.

Cumpliendo "los compromisos contraídos", como ha sucedido en los últimos meses, "un avión de patrulla del Servicio de Guardacostas Norteamericano ayudó a un destructor británico en la captura de los exiliados y los fotógrafos". Zulc califica el incidente como una "tragedia de errores"; para otros fue, más bien, una comedia.

Quienes, en ese momento, están luchando son otros. Cuatro exiliados combatientes, Felipe Vidal Santiago, Ladislao González

---

[229] Cable de la UPI de mayo 19, 1964. Diario Las Américas, Miami, Florida.

Benítez, Elías Rivera Bello y Alfredo Valdes Linares habían sido apresados al tratar de infiltrarse en Cuba.

FELIPE VIDAL SANTIAGO. EL MÁRTIR IGNORADO

Dentro de Cuba continúa la lucha. El jueves 28 de mayo de aquel año, vuelve a funcionar el paredón de fusilamiento.

"El Tribunal Revolucionario Número Uno del Distrito de La Habana sancionó a la pena capital a los procesados Felipe Vidal Santiago, Ladislao González Benítez, Elías Rivera Bello y Alfredo Valdés Linares".

Los sancionados, decía el comunicado oficial, "fueron apresados por miembros del Cuerpo de Guardafronteras del Ministerio del Interior cuando, a bordo de una embarcación pirata artillada, intentaban infiltrarse por la costa norte de la provincia de Las Villas en una operación organizada, dirigida y financiada por la Agencia Central de Inteligencia de los Estados Unidos".

La prensa oficial identificaba a Vidal Santiago, como oficial de la Marina de Guerra "durante la tiranía batistiana, así como Ayudante del entonces Ministro de Defensa Santiago Verdeja, trabajando luego bajo las órdenes del traidor Manuel Ray". En su aviesa intención de vincularlo al anterior gobierno callaba, por supuesto, que Felipe Vidal Santiago, graduado de la Academia Naval del Mariel en los comienzos de la década del 40, a los pocos días del triunfo de la Revolución había sido nombrado Jefe de la Policía Marítima.

Militó Felipe en las filas del Frente Unido de Liberación Nacional, junto a Aureliano Sánchez Arango, Pepe Utrera, Raúl MartínezArarás, Rubén de León, Facundo Pomar y otros.

Felipe Vidal Santiago, junto a sus tres compañeros, había partido hacia Cuba el 14 de marzo de 1964. El barco se lo habían facilitado Pedro Luis y Marcos Díaz Lanz ya que la embarcación de la organización de Vidal Santiago había sido confiscada, días antes, por las autoridades norteamericanas. Era Felipe uno de tantos cubanos que habían recibido la orden de confinamiento que les prohibía salir del Condado Dade.

Graduado de la Academia Naval, fue asignado en 1960 a la Embajada de Cuba en Venezuela. Percatado de la creciente influencia comunista en el gobierno cubano, conspira dentro de la propia embajada y, denunciado, se ve obligado a pedir asilo político en la vecina república de Colombia.

Para 1961 ocupará el Comandante Felipe Vidal Santiago el cargo de Secretario de Organización del Frente Unido de Liberación Nacional. El 8 de noviembre de 1962, eludiendo las restricciones que confinaban al Condado Dade a los revolucionarios cubanos, Vidal

Santiago convoca a sus compañeros del Frente Unido de Liberación Nacional a la finca Santa Catalina en el Condado Sumter, de la Florida. Concurren Humberto Núñez, Ricardo Palacios, Raymundo Fernández Bonilla, José Bóveda Santana, Federico Sáinz Maza, José Raúl Miret, Francisco Fernández Valdés, Eulalia Armesto, Alberto Solomón Carter, Roberto Trujillo Pérez y otros.

Ya antes, desde 1960, Vidal Santiago había constituido el Movimiento de Liberación Democrático Revolucionario, del que fue su Coordinador Nacional; junto a él militaron en aquella organización Miguel César Rodríguez y Alberto Solomón Carter. En febrero de 1961, a nombre del Movimiento Democrático de Liberación había suscrito, junto con Aureliano Sánchez Arango y otras prominentes figuras, una "fórmula institucional" que impugnaba las negociaciones que en aquél momento realizaban miembros del FRD y del MRP (Ver "Girón, La Verdadera Historia", del autor).

El paredón no se detiene.

TRES MÁRTIRES CAMAGÜEYANOS

Tres prominentes cubanos, de familias bien conocidas en la provincia de Camagüey, fueron ejecutados ante el paredón el martes 2 de junio de 1964, luego de haber estado detenidos por más de tres meses. Alberto Cesáreo Fernández Medrano, Manuel Paradela Gómez y Marcelino Martínez Tapia habían sido acusados de "realizar trabajos de espionaje dentro de la isla como miembros de la Agencia Central de Inteligencia".

Fernández Medrano, abogado, miembro distinguido del Club de Leones, fue gobernador de dicha organización en dos ocasiones. Paradela Gómez era un destacado miembro de la Masonería. Martínez Tapia había ocupado un escaño en el Congreso Nacional y militaba en la organización Rescate que dirigía Manuel Antonio de Varona.

Alberto Fernández Medrano participó en la creación de la "Universidad Ignacio Agramonte", de Camagüey de la que fue designado Decano de la Facultad de Ciencias Sociales, Políticas y Económicas; cargo del que fue despojado cuando el régimen castrista, con el pretexto de depurar y reformar la educación universitaria, sustituye al Consejo Universitario por la Junta Superior de Gobierno, en la Universidad de La Habana, y fuerza la renuncia de profesores de las universidades provinciales.

En la misma causa fueron condenados a varios años de prisión otros dos prominentes camagüeyanos: Jorge Bermúdez Combar y Manuel E. Zayas Bazán Recio; este último, antiguo gobernador de la provincia.

La prensa cubana destacó la noticia de la pena impuesta por el Tribunal Revolucionario del Distrito de Camagüey:

"Los sancionados —decía la nota— integraban una red de espionaje que operaba en la provincia de Camagüey, recibiendo instrucciones y órdenes procedentes de los Estados Unidos, y trasladando numerosos mensajes contentivos de informaciones militares, económicas y políticas a la Agencia Central de Inteligencia yanqui".

Acusaban a Fernández Medrano de haber retornado a Cuba en enero de 1962 "bajo el pretexto de trabajo relacionado con el Club de Leones, habiendo regresado a los Estados Unidos en abril de aquel mismo año" y posteriormente haber vuelto a Cuba "con la tarea de adiestrar a otros individuos en los métodos de espionaje".

El paredón funciona sin descanso. Apenas apagadas las descargas que segaron, en Camagüey, la vida de Alberto Fernández Medrano y sus compañeros, vuelve el fatídico paredón para arrancarle la vida a Miguel César Díaz Infante. Será en Santiago de Cuba. Acusado de "suministrar a la Agencia de Inteligencia importantes datos relacionados con la distribución de alimentos, las reservas de víveres existentes y falsificar las cifras con que se confeccionaban los censos de consumidores" es ejecutado Díaz Infante, funcionario del Ministerio de Comercio Exterior (MINCIN). "Severas sanciones de privación de libertad le fueron impuestas a Saturnino Polón Piñero, Francisco Linares Serrano y el resto de los encausados".[230] En menos de veinticuatro horas se había celebrado el juicio por el Tribunal Revolucionario en Santiago de Cuba, tramitado el recurso ante el Tribunal de Apelaciones y ejecutada la sentencia.

LA OEA PARECE AVIVARSE

A mediados de mayo rompe Brasil relaciones diplomáticas con Cuba. Uno de los primeros efectos de la medida será la de facilitar que el organismo regional tome cierta acción con respecto a la denuncia que Venezuela había presentado por la subversión fomentada por el régimen de Castro en aquella nación suramericana. Cuarenta y ocho horas después, el Presidente Humberto Castello Branco señaló que su gobierno está dispuesto a participar en cualquier acción punitiva que se adopte contra Cuba. Es terminante el discurso del mandatario brasilero: "la ruptura con Cuba era inevitable. El régimen cubano se ha convertido en un foco de subversión".

En Panamá, Marco A. Robles es electo presidente frente a las candidaturas de Arnulfo Arias y otros cinco pequeños aspirantes. De inmediato expresa su respaldo a la causa democrática cubana, "La causa de ustedes es la causa mía y es la causa, también, de todo hijo de este continente que ama la democracia y la libertad".[231] Desde Buenos Aires, el periodista y líder anticomunista peruano Eudocio Ravines, que regresaba de Chile, pide la unidad de toda la América para derrocar a Fidel Castro.

---

[230] Periódico "Revolución", Junio 6, 1964.

[231] Carta pública de Marco A. Robles a Manuel E. Navas Aguilar, Presidente de Judicatura Cubana Democrática, Junio 2, 1964.

El 26 de Junio ya el Consejo de la OEA estaba preparado para fijar la fecha y sede de la Reunión de Cancilleres que trataría la denuncia de Venezuela contra el régimen de Castro. Costa Rica propuso que la reunión se celebrase en Washington el 21 de junio. No hubo mayor objeción y fue aprobada fecha y sede con 17 votos y una obvia abstención, México. (Bolivia no participó por haberse momentáneamente retirado de la OEA). Una de las medidas que habrán de adoptar o rechazar en la conferencia de julio 21 será la del rompimiento colectivo de relaciones diplomáticas y económicas con Cuba.

De inmediato, la aparente unidad comienza a resquebrajarse. Uruguay, ya desde dos semanas antes, manifiesta a través de su Ministro de Relaciones Exteriores, Alejandro Zorrilla San Martín que Uruguay no votará sanciones contra Cuba ni ruptura con ella. El próximo país en distanciarse de las medidas que habrán de proponerse será, por supuesto, México. José Gorostiza, Secretario de Relaciones Exteriores de esa nación afirma que "el gobierno mexicano no aceptará la imposición de sanciones contra Cuba en la próxima Conferencia de Ministros de Relaciones Exteriores que se reunirá en Washington" y que se opondrá "muy especialmente a la interrupción de las relaciones diplomáticas y las comunicaciones" con la isla. Ya eran dos los disidentes, pero sólo serán necesarios catorce votos para aplicar las sanciones.

Es electo para presidir la Conferencia el canciller de Brasil, tan unido a la causa de la Cuba democrática, Vasco Leitao Da Cunha. Las sesiones se habrán de iniciar a las 10:25 de la mañana. Desde todos los Estados Unidos se trasladan hacia Washington, para una silenciosa manifestación de protesta, más de diez mil cubanos.

SANCIONES A CUBA

Al comenzar la sesión, Colombia, Costa Rica y Panamá son las primeras naciones en respaldar las sanciones propuestas. En pocas horas quince repúblicas americanas habían llegado a un acuerdo final para sancionar y condenar al gobierno de Castro, desechando las modificaciones sugeridas por las cuatro naciones del hemisferio que todavía mantenían relaciones con Cuba.

México, Chile, Bolivia y Uruguay habían ofrecido su abstención en lugar de un voto negativo si la resolución se modificaba para permitir que un estado cuestionase relaciones con Cuba "por razones humanitarias o de interés particular". Una no muy sutil maniobra para continuar sus relaciones diplomáticas y económicas con Castro. No tuvieron éxito.

El día 27 de julio representantes de veinte países americanos, con el voto afirmativo de quince naciones y el negativo de cuatro, firmaron el documento que imponía a Cuba las sanciones diplomáticas y económicas.[232]

Menos de un mes después, Uruguay rompía todo vínculo con la Cuba castrista.[233]

---

[232] La Resolución de la OEA contaba con un Considerando y siete artículos en su parte resolutiva. La votación por partes fue la siguiente:
CONSIDERANDOS: 16 Votos afirmativos y la abstención de México.
Artículo 1°:
Declarando que los actos fueron una agresión: 16 afirmartivos, 2 negativos (México y Uruguay) y una abstención (Bolivia).
Artículo 2°:
Condenación del gobierno cubano: 16 votos afirmativos; 3 negativos (México, Uruguay y Bolivia).
Artículo 3°:
Ruptura de relaciones diplomáticas: 14 afirmativos; 4 negativos (México, Chile, Bolivia, Uruguay) y una abstención: Argentina.
Suspensión de intercambio comercial: 14 afirmativos; 4 negativos (México, Chile, Bolivia y Uruguay) y una abstención (Argentina).
Interrupción de transporte marítimo: 14 afirmativos; 3 negativos (México, Chile y Uruguay); dos abstenciones (Bolivia y Argentina).
Artículo 4°:
Facultar al Consejo de la OEA a dejar sin efecto las medidas cuando el gobierno cubano haya dejado de constituir una amenaza a la paz: 16 afirmativos y 2 abstenciones (México y Argentina).
Artículo 5°:
Advertencia al gobierno de Cuba: 15 afirmativos y 4 abstenciones (México, Chile, Bolivia y Uruguay).
Artículo 6°:
Instar a estados no americanos a que suspendan comercio con Cuba: 15 afirmativos y 4 abstenciones (México, Chile, Bolivia y Uruguay).
Artículo 7°:
Tramitar el texto de la resolución a las Naciones Unidas: 16 votos afirmativos.

[233] Relación de algunos de los cancilleres que participaron en la Novena Reunión de Consulta de Ministros de Relaciones Exteriores: Bolivia: Fernando Iturralbe Chinel; Brasil: Vasco Leitao Da Cunha; Colombia: Fernando Gómez Martínez; Costa Rica:

PROSIGUE LA ACCIÓN EN CUBA

Los cubanos, dentro de la isla y en el exterior, burlando a las autoridades, siguen combatiendo la tiranía. El 19 de junio cae abatido sobre las costas de Caibarién, en La Villas, un avión que había lanzado varias bombas de construcción casera sobre el central "Marcelo Salado", antiguo Central Reforma, en las cercanías de aquella ciudad. Durante varios días la prensa castrista destaca con grandes titulares la victoria y la agresión.

El primer comunicado, con titulares que cubren la mitad de la primera plana, es firmado por el Ministerio de las Fuerzas Armadas Revolucionarias. El segundo día, el mismo espacio lo ocupa la "enérgica nota de protesta" enviada por el gobierno cubano al Departamento de Estado norteamericano, por intermedio de la embajada checoslovaca en Washington, que representa los intereses cubanos ante los Estados Unidos. El tercer día la primera plana la tomaba fotos de la matrícula N8365Z, del avión Cessna, modelo 205 y fotos de una de las bombas arrojadas "por el avión pirata" que consistían en "paquetes de TNT así como piezas metálicas".[234] Ya aparece identificado el piloto, que había resultado muerto al ser derribado el avión. Se trataba de Luis Díaz López. Habían sido hechos prisioneros los dos tripulantes de la nave: Inés Malagón Santiesteban y Luis Velarde Valdés. Morirán después frente al paredón. Se afirmaba que habían partido del aeropuerto de Brown en la Carretera Número Uno al sur de Miami.

Luisito Díaz, recuerda su compañero de lucha Orlando Bosch, había volado, en pleno día, sobre Caibarién dejando caer panfletos y, luego, continuó su vuelo para arrojar sobre el central azucarero aledaño las bombas de construcción casera. Regresaba el pequeño avión pero al volar nuevamente sobre Caibarién se encontraba en la ciudad Ernesto Guevara que inauguraba una

---

Daniel Odúber Quiroz; Chile: Julio Philippe; Ecuador: Gonzalo Escudero Moscoso; Estados Unidos: Dean Rusk; México: Vicente Sánchez Gavito (Embajador ante la OEA); Nicaragua: Alejandro Ortega; Panamá: Galileo Solís Fernánez; Uruguay: Alejandro Zorrilla de San Martín; Venezuela: Ignacio Iribarren Borges.

[234] Periódico Revolución. Junio 24, 1964.

fábrica de zapatos. Pilotos de la Fuerza Aérea de Castro toman el avión y persiguen y derriban la pequeña avioneta de Luisito.

Kruschev aprovechará la acción para desplegar una estruendosa campaña propagandística. Se dirigirá al filósofo y pacifista británico Bertrand Russell —que ya antes, durante la Crisis de los Cohetes en octubre de 1962, lo había servido— subrayando que "los vuelos de aviones de espías norteamericanos sobre el territorio no son inadmisibles". Elevaba al pequeño Cessna 205 a la categoría de los sofisticados U-2 y degradaba la acción heroica de Luis Díaz López calificándolo de "espía norteamericano". Pero la acción continuará.

OTRA VEZ, NEW ORLEANS

Los combatientes cubanos, acechados de cerca por las autoridades federales que les dificultan actuar desde Miami, se esfuerzan en operar desde áreas lejanas. Una será Nueva Orleans.

Pocas semanas después, agentes del FBI le incautaron a un grupo de exiliados cubanos, en la misma ciudad de New Orleans, el 31 de julio de 1964, una tonelada de dinamita, bombas de construcción casera y otros materiales en una operación que fue prominentemente destacada en el periódico de aquella ciudad Times-Picayung en sus ediciones de agosto 1o, 2 y 3.

Fueron momentos difíciles para el régimen de Castro. Resultaba indoblegable la resistencia interna y se sospechaba que la administración norteamericana, a pesar de sus muchas declaraciones en contrario, alentaba, dentro y fuera de la isla, a los combatientes cubanos. Algunas figuras del régimen pesaban sus lealtades. Eran los días en los que —sin saberlo, aún, Seguridad del Estado— Rolando Cubela (AM/LASH) recibía un alijo de armas y, semanas después, pedía a su "case officer" un silenciador para su rifle FAL.

Estaba resultando un verano muy cálido para el acosado régimen. En la zona de Yaguajay, al norte de Las Villas, junto al límite con Camagüey, se produce el 29 de junio (1964) un nuevo enfrentamiento de un grupo alzado comandado por Raúl Romero Hernández y las fuerzas del LCB (Lucha Contra los Bandidos). Es cruento este último combate. Muere Romero Hernández, comandante de la zona norte de las fuerzas rebeldes, y, junto a él, sus capitanes Everardo Díaz Cruz, Mario Bravo y Ulises Cabrera. Resultan gravemente heridos otros combatientes: Juan José Méndez Cruz, José Camacho Alfaro, Albérico Pérez de Corcho, Carlos Campanioni López e Ibrahim Zamora Rodríguez. Otros son hechos prisioneros: Orestes Pereira, Floro Camacho Alfaro, Feliciano García Aragón, Julio Álvarez, Federico Bravo Cerván y Eutimio Leyva Leiva.

Con el cambio de estación las acciones no se detienen. El 18 de octubre la radio castrista se ve obligada a informar que "un pequeño avión no identificado aterrizó en un pequeño aeródromo" cerca del central azucarero Pilón.[235] No fueron identificados los tripulantes de la pequeña nave aérea que partió de inmediato. Sobre este episodio guarda luego la prensa oficial absoluta reserva.

---

[235] Cable de la UPI, Octubre 19, 1964.

CAPÍTULO XI

EN LAS PRISIONES DE CASTRO

Ernesto Díaz Madruga muere en prisión el 9 de agosto de 1964 víctima de bayonetazos que le fueron clavados por el sargento Porfirio González en el edificio 6 en Isla de Pinos. Es el primer mártir del Plan de Trabajos Forzados que había comenzado en mayo de 1964 con el nombre de Plan "Camilo Cienfuegos". "El más grande derroche de violencia que se desató en toda la historia del presidio de Isla de Pinos, sólo superado, años después, en la cárcel de las celdas tapiadas de Boniato".[236]

Muere Díaz Madruga el mismo día en que comenzaron a formarse las primeras cuadrillas de trabajo forzado en los edificios en que se alojaban los presos políticos plantados, que eran aquéllos que no aceptaban el Plan de Rehabilitación. Fueron organizados en brigadas de cuatro cuadrillas compuestas de 50 presos cada una.[237] El trabajo forzado de Isla de Pinos terminó en 1967 cuando los presos políticos que allí se encontraban fueron trasladados a otras prisiones del país.

Por no someterse al trabajo forzado fueron salvajemente golpeados un gran número de presos políticos. Emilio Adolfo Rivero Caro, Pedro Boitel (que años después morirá, luego de una prolongada huelga de hambre), Alfredo Izaguirre Hornedo (que quedará de por vida físicamente incapacitado), y cientos más que recibirán fuerte castigo.[238]

---

[236] Armando Valladares "Contra Toda Esperanza".

[237] Juan Clark. "Cuba: Mito y Realidad".

[238] "Contra Toda Esperanza", de Armando Valladares, "Cuba: Memorias de un Prisionero Político", de Angel Pardo y "Rehenes de Castro", de Ernesto Díaz Rodríguez son algunas de las obras escritas por antiguos presos políticos.

CONSPIRACIONES INFILTRADAS

El 28 de agosto son detenidos dos jóvenes de Arroyo Arenas. Era, en apariencia, tan sólo uno de los tantos arrestos que a diario realiza Seguridad del Estado. Cuando Alberto Grau, en su pequeña finca, conoce de estas detenciones comprende que ha sido detectada la red que planeaba un atentado a Fidel Castro que habría de realizarse el 7 de septiembre.

La idea del tiranicidio la había concebido Osvaldo Figueroa Gálvez (Maqueca), uno de los jóvenes detenidos. Sabía Osvaldo que Castro asistía con regularidad al Estadio Latinoamericano (el antiguo Stadium del Cerro), sentándose siempre detrás del receptor, rodeado de sus guardaespaldas. Ese sería el sitio en el que, en el momento oportuno, sería ajusticiado por los jóvenes comp lotados.

Participaban en el planeamiento un grupo de jóvenes de la zona de Arroyo Arenas, Wajay, Punta Brava y Santa Fé; casi todos amigos desde la infancia. Entre ellos se encontraba Fernando Quijano (Mimo), el otro joven detenido aquel 28 de agosto; Felipe Alonso, Alberto y Frank Grau, Reynaldo Figueroa, Giraldo Cribeiro, Angel Pardo, José Manuel Rodríguez Cruz (Lolo) y otros. Pero varios de los que participan en el plan del atentado están realizando, también, otras actividades clandestinas. Es, esta conspiración, un mosaico complicado.

Al conocer del arresto, Alberto Grau trata de evitar su propia detención y cambia con frecuencia de paradero. Felipito Alonso y Reynaldo Figueroa, profundamente complicados en el atentado, también se alejan de sus sitios habituales. El 5 de septiembre Alberto es detenido, cerca de la Quinta Balear, y conducido a las oficinas del G-2, precisamente en los momentos en que carros patrulleros, en busca de Alberto y Frank, rodeaban la finca de ellos disparando sobre un joven campesino, Juanelo, que había llegado allí en busca de refugio por sus actividades clandestinas.

Angel Pardo, más envuelto en labores de recolección de inteligencia y comunicación, logra mantenerse libre hasta la madrugada del 5 de noviembre cuando carros de la Seguridad del Estado rodean su casa y es arrestado. Su destino inmediato: Villa Marista, donde se encuentra el Departamento de Seguridad.

Felipe Alonso se mantendrá libre, pasando por casas amigas en Santa Cruz del Norte y en Ampliación de Almendares, hasta el 16 de Julio de 1965.

¿Por qué han sido detectados todos y cada uno de los jóvenes conspiradores?. La razón es la más sencilla y la más común: El grupo ha sido infiltrado, y lo había sido casi desde el inicio de la conspiración.

MANOLO VIERA. AGENTE DOBLE

Manolo Viera ("El Gordo"), acompañado de José Luis y Emilio[239] habían llegado de los Estados Unidos pocos meses antes y entrado, clandestinamente, por Caibarién, zona con la que el Gordo Viera estaba bien familiarizado. El primer contacto lo hace con Juanito Besú que lo conocía a través de Rescate Libre (no relacionado con Rescate Revolucionario) y Unidad Revolucionaria. Venía con plantas para transmitir al exterior la información de inteligencia que recogiese sobre las bases soviéticas en la Isla.

Viera, que años atrás había militado en el "26 de Julio", se va introduciendo, haciéndose útil, en las células clandestinas. A través de Besú conoce a Angel Pardo; por Pardito establece contacto con Alberto Grau a quien sugiere colocar en la finca de éste la planta transmisora que opera Joao (José Luis).

La labor que se realiza en las primeras semanas es de recolección de información sobre las bases soviéticas que se encuentran en distintos puntos de la Provincia de La Habana. Pardo le da a Viera la información recogida que será transmitida al exterior a través de la planta operada por José Luis. El círculo de actividades se va ampliando y aumenta, también, el número de personas que en ellas participan.

---

[239] Joao De Madeiro Canto y Castro (José Luis) había participado en acciones comando contra Castro en 1961, poco antes de la Invasión de Bahía de Cochinos; el otro personaje (Emilio) que llegaba con El Gordo Viera y José Luis, desaparecerá sin dejar rastro.

En las labores de recolección de inteligencia que se hacía llegar al exterior por embajadas amigas y, aparentemente,[240] por la planta transmisora situada en la finca de Alberto y Frank Grau, participan con Angel Pardo, Antonio (Tony) Leza Rivero, Noel Guillermo Goodrich Rodríguez, Evelio Fernández Fernández, Andrés Isasi Hernández, José René Martínez Carratalá, Alfredo Sardiñas Piedra, Vicente Díaz Álvarez, Eduardo Briñiz Garcés, Adolfo Giol Brayon. En los pasos preparatorios del atentado intervienen, junto a Osvaldo Figueroa (Maqueca), Fernando Quijano (Mimo), Felipito Alonso, Alberto y Frank Grau, Giraldo Cribeiro y José Manuel Rodríguez Cruz (Lolo). Éste último abandonará a sus compañeros y se quedará colaborando con el régimen.

En este complicado cuadro conspirativo existe un tercer círculo que, aunque actuando separadamente con contactos y medios propios, mantiene, también, relaciones con las dos redes antes mencionadas. Éste lo componen, básicamente, otros dos hermanos: Polita y Mongo Grau.[241] Junto con Mongo y Pola están trabajando Alberto Belt, hermano del antiguo Ministro de Relaciones Exteriores y Embajador, Guillermo Belt; José Luis Pelleyá; Alberto Cruz, antiguo Ministro de Comunicaciones durante el gobierno de Ramón Grau San Martín, y que en ese momento era el Coordinador Nacional de Rescate Revolucionario; Carlos Guerrero; Esteban Pola; Iván Ledo; Manolo Companioni, y otros.

Eran tres redes que funcionaban como círculos tangentes, separados uno del otro pero que, en algún momento, se cruzaban. Una peligrosa y frágil estructura.

Fue lo que, al conocer Alberto el 5 de septiembre la detención de sus dos compañeros, comprendió de inmediato el joven militante. Lo supo también, el propio día, Angel Pardo.

---

[240] "Aparentemente" porque a José Luis (Joao) Seguridad del Estado le ha quitado los cristales de frecuencia con los que podrá transmitir al exterior. Esto se sabrá después.

[241] Polita y Ramón (Mongo) Grau, sobrinos del ex-presidente Ramón Grau San Martín, que aún vivía en su casa de la Quinta Avenida frente a las oficinas de Seguridad del Estado, mantenían una red de información con muy estrechos contactos con distintas embajadas extranjeras.

Pardito, visiblemente menos comprometido en los planes del atentado, alertó a varios de los que componían la célula clandestina. Entre ellos, a quien creía un valioso y confiable compañero: Joao (José Luis). Felipe Alonso había estado trabajando estrechamente con el Coordinador de Liberación Nacional, Gustavo Acubas Sánchez, Segundo Jefe de Farmacias del antiguo Hospital Reina Mercedes. Sánchez se había comprometido a suministrarle materiales necesarios para el atentado; ignoraba Felipito que Acubas Sánchez trabajaba ya para Seguridad del Estado.

Pola Grau está realizando, en aquellos días de intenso trabajo conspirativo, distintas gestiones para sacar del país a Borico Padilla, antiguo funcionario del gobierno de Grau San Martín. Pola había tratado, sin éxito, de lograr su asilo en alguna de las pocas embajadas aún abiertas en La Habana. En una de las frecuentes visitas de Angel Pardo a la finca de Alberto Grau comentan ambos amigos y conspiradores, en presencia de El Gordo Viera, la apremiante situación en que se encontraba Pola. El Gordo Viera ofrece, "a través de sus conexiones", trasladar a los Estados Unidos a Padilla en una lancha que le facilitarían "los amigos". Comunican a Pola la oportuna oferta, recuerda Angel Pardo, ella acepta y, días después, Viera recibe a Padilla para "trasladarlo a los Estados Unidos".

Había caído en manos de la Seguridad del Estado. A los dos o tres días Pola quiere conocer si ya Padilla ha salido del país porque Uruguay va a romper relaciones con Cuba en los próximos días y ella, si Padilla aún no ha salido, quisiera intentar asilarlo allí antes del rompimiento. Preguntado Viera, éste informa que ya está en los Estados Unidos.[242] Los miembros de las tres grandes redes descritas han ido cayendo. Confirma Pardo, ya muy tarde, lo que algunos de sus compañeros desde la cárcel (Carlos Vidal y Orlando), le habían informado: Manolo Viera, "El Gordo", era un doble agente.

---

[242] Al día siguiente Pola recibe, en la clave convenida, un mensaje afirmando que el antiguo funcionario ya estaba en los Estados Unidos. Se sabrá después que fue por medio de la tortura que le arrancaron a aquel viejo funcionario la clave para el falso mensaje.

Semanas atrás Viera y José Luis habían pretendido salir de la Isla por Caibarién, la misma zona por donde habían entrado. Detectados —al menos esta es una de las varias versiones— no les es posible exfiltrarse. Para varias de las personas entrevistadas extensamente para esta obra, que eran integrantes de alguna o de varias de estas tres grandes redes clandestinas, es éste el momento en que José Luis (a quien antes habíamos conocido como Juan Carlos, el Portugués) se convierte también, como desde antes el Gordo Viera, en un doble agente. Los que fueron sus compañeros consideran que puso como condición para colaborar con los agentes de Castro, que se le respetase la vida a aquéllos que en él habían confiado.

Empieza la redada. Caen Osvaldo Figueroa y Fernando Quijano; luego, Alberto y Frank Grau; muere, baleado en la finca, Juanelo. Pronto estarán, unos en la Galera Siete y otros, Tony Leza, Carlos Vidal, y Juanito Besú en la Galera Ocho. Allá está, detenido el 5 de noviembre, Angel Pardo. Aquella misma madrugada habían sido apresados otros complotados: Giraldo Cribeiro, Israel Crespo, Rafael García.

Envuelven en la Causa 614 de 1964,[243] "por un delito contra los poderes del estado y contra la estabilidad e integridad de la nación" a muchos a quienes Angel Pardo ni siquiera conoce. Le imponen severas penas "sin la concurrencia de circunstancias modificativas de la responsabilidad criminal, todos con trabajo obligatorio".

Poco después se inicia un nuevo proceso: La Causa 38 de enero de 1965.[244] Serán condenados en ella hombres y mujeres ya mencionados: Alberto Cruz, Ramón (Mongo) Grau Alsina; su hermana, Polita Grau; Alberto Belt; José Luis Pelleyá, Carlos Guerrero, Esteban Pola, Iván Ledo, Manolo Companioni y otros, arrestados todos la mañana de enero 21 de 1965. ¿La acusación? Haber participado en planes para asesinar a Fidel Castro, haber tomado parte en la salida ilegal de menores (Operación

---

[243] El tribunal lo compondrán Rogelio González Álvarez, Presidente; Manuel Ramón Contreras, Secretario, y Héctor Laza, Vocal.

[244] El Tribunal de la Causa 38 de 1965 lo componen Rogelio P. González; Juan B. Rodríguez Barreiro, Secretario, y Héctor Laza, Vocal.

Peter Pan) y estar en contacto con embajadas extranjeras ofreciéndoles información sobre la situación del país.

A Alberto Grau lo procesan bajo la Causa 479 de 1964, junto con Osvaldo y Reynaldo Figueroa Gálvez, Rafael Armendi de la Portilla, Fernando Quijano González y otros compañeros. Son serios los cargos: Confabulación para atentar contra la vida del Comandante en Jefe y Primer Ministro, Fidel Castro.

JOSÉ LUIS (EL PORTUGUÉS)

Mediaba diciembre de 1964 cuando entra en la cárcel, pálido y demacrado, Joao. Recuerda Alberto Grau: "cuando llega, se acerca a abrazarme y trata de decirme algo pero yo lo rechazo. Lo consideraba —y aún hoy tengo grandes dudas— como un infiltrado".

Habla Joao también en las pocas horas que permanecerá en La Cabaña, con Juanito Besú[245] con quien tan estrechas relaciones había mantenido. "Me confiesa —dice Besú al autor en una de las entrevistas sostenidas para este libro— los detalles de la fallida exfiltración por Caibarién y como había aceptado en aquel momento, para salvar su vida y la de los que han confiado en él, colaborar con Seguridad del Estado". Ignoraba Joao (José Luis) que ya, desde antes, era Manolo Viera un agente doble.

Angel Pardo tiene una experiencia similar. Días antes de que le entreguen a Angel la petición fiscal, han traído al patio de La Cabaña a Joao. "Armendi, que lo reconoce, va y me avisa inmediatamente. Cuando abren la galera voy y lo saludo. Él me dice "cuando den el patio te veo; tenemos que hablar" expresaba Angel Pardo en su libro "Cuba. Memorias de un Prisionero Político" y, luego, me lo confirma en extensa entrevista. No les fue posible

---

[245] Juanito Besú había trabajado muy cercanamente con Viera y Joao. Al tratar de comprar para ellos carne clandestinamente es detenido, juzgado y condenado, en la Causa #2 de febrero de 1964, "por contrabando de carne". Permanece en El Príncipe hasta agosto de 1964 en que es trasladado a Seguridad del Estado en Villa Marista, y sometido, de octubre a noviembre, a continuos interrogatorios al conocerse su vinculación con la red de inteligencia. En los primeros días de diciembre de 1964 envían a Besú a La Cabaña.

Le inician un nuevo proceso: La Causa 634 de 1964 por delito contra la Integridad y Estabilidad de la Nación. Es condenado a 30 años (el fiscal le pedía 20!!).

hablar. "Esa misma tarde se lo llevaron y por la noche oímos una descarga frente al paredón. Nadie vio el juicio. Cuando su compañera, seguramente su esposa, preguntó le dijeron: "Ya el juicio se celebró, fue sancionado a la pena capital y ejecutado".

Queda una inmensa interrogación que nadie ha podido responder con claridad. ¿Si Joao (José Luis) era un agente que ya estaba trabajando para Castro, por qué es fusilado?. Los que lo conocimos, y compartimos con él riesgos inmensos en los meses anteriores a Girón, cuando todos confiábamos en él y lo llamábamos Juan Carlos Jiménez, queremos creer que en el futuro aparecerán pruebas que muestren su inocencia. Pero hoy, los testimonios y evidencias lo condenan.

El paredón no descansa. El 16 de noviembre fusilan en aquella fortaleza a Agustín López Reyes y a Conrado Fernández. A las pocas semanas ejecutan a Aurelio Martínez Ferro, profesor de física y matemática de la Escuela Naval del Mariel, y de Astronomía en la Universidad de La Habana.

Aurelio Martínez Ferro, Profesor de la Cátedra de Astronomía de la Escuela de Ciencias de la Universidad de La Habana, antiguo profesor del "Colegio La Luz", encarcelado durante largo tiempo sin ser sometido a juicio, fue fusilado el 18 de diciembre de 1964.[246]

Cinco días después, acusados de "tráfico de explosivos" y, por supuesto, de "pertenecer a la Agencia Central de Inteligencia", fueron ejecutados ante el paredón Ricardo Ulloa Olivera, Daniel Montero Camallieri y Desiderio Lourdes Valladares. Otros fueron sancionados con penas de uno a 30 años.

En territorio norteamericano, afrontando los riesgos de la detección de sus movimientos por las autoridades federales, los cubanos hacían acopio de armas y recursos para realizar acciones sobre la isla.

Terminaba así —muriendo frente al paredón abnegados combatientes cubanos— el año 1964.

---

[246] El profesor Aurelio Martínez Ferro, "mantuvo en el juicio valentía y civismo al hacerse responsable de los cargos que pesaban sobre sus discípulos de la academia y que habían sido detenidos con él". Angel Pardo. "Cuba: Memorias de un Preso Político".

CAPÍTULO XII

SERIOS PROBLEMAS EN LOS CAMPAMENTOS

No todo marchaba bien en los campamentos. Sobre todo en aquéllos enclavados en la tranquila Costa Rica.

Durante los últimos meses de 1964 el periódico "Libertad" de extrema izquierda, de Costa Rica, mantuvo una constante denuncia de la existencia de campamentos en la zona de Tortuguero y Sarapiquí. La campaña, insistió repetidamente el dirigente del Movimiento de Recuperación Revolucionaria, Manuel Artime, "está dirigida por el Partido Comunista de Cuba que mantiene una campaña de difamación contra el MRR y las demás organizaciones del exilio". La ofensiva denigratoria, denunció Artime, "irá in crescendo, como parte de un plan encaminado a eliminar el prestigio del exilio cubano".[247] Negaba enfáticamente el dirigente del MRR las implicaciones que se le atribuían a su organización en tráfico de licores desde los campamentos enclavados en Costa Rica.

Se refería Artime a la información ofrecida por el reportero norteamericano Hal Hendrix, del Miami Herald, quien "ha sido sorprendido en su buena fe por una serie de filocomunistas cubanos y latinoamericanos".

No todos se unían a la torcida denuncia del periódico Libertad y a los agitadores del patio y foráneos que pretendían culpar a los cubanos en aquellos campamentos de entrenamiento con un tráfico de bebidas en el que ellos no tomaban parte.

El periódico "La República", de San José, publicó el 4 de diciembre (1964) un editorial titulado "A propósito de un campamento" denunciando la aviesa campaña y analizándola "desde el

---

[247] Declaraciones de Manuel Artime el 23 de noviembre de 1964 en conferencia de prensa celebrada en Miami.

punto de vista del pueblo cubano, que sufre de tiranía, hambre, cárcel y paredón".

"Nuestro gobierno, por boca de su representante en la OEA, en la IX Reunión de Consulta, dejó bien en claro su decisión de contribuir al derrocamiento de la tiranía comunista cubana". Y continuaba el editorial "¿Se sirve la causa a la libertad de Cuba persiguiendo como perros de presa a los que quieren aprender a manejar un fusil para hacer a su patria libre?".

En Sarapiquí, donde se instaló uno de los tres campamentos ubicados en Costa Rica, existía, desde antes, una pequeña pista que luego se amplió cuando se estableció el campamento. Se encontraba situada, recuerdan José M. Hernández, Julio Yanez, Luis Arrizurieta, Nilo Messer y otros, en una finca de un costarricense, de origen alemán, llamado Ludovico (Vico) Starke,[248] que presidía el movimiento nacionalista "Costa Rica Libre".

Existía un hecho cierto. Inspectores del fisco estaban investigando "el caso de contrabando relacionado con un avión que aterrizó ilegalmente cerca de Sarapiquí, con 150 cajas de whisky procedente de Panamá". No había evidencia alguna que relacionase al avión que introducía clandestinamente el licor, con los combatientes cubanos.

La verdadera historia es la siguiente:

Había llovido copiosamente. Recuerda Julio Yáñez que en horas del mediodía se aproximó a la pequeña pista de Sarapiquí un avión C-46 (la pista estaba preparada sólo para pequeños aviones Cessnas y Pipers). Venía sobrecargado y, al aterrizar, sus alas comenzaron a rozar con las ramas de los arbustos que se encontraban junto a la pista. El piloto, temeroso, frenó bruscamente y el avión se incrustó de nariz en el mojado terraplén.

El piloto y el copiloto quedaron golpeados pero no seriamente heridos (uno era panameño naturalizado norteamericano; el otro era un cubano-americano. Ninguno con vinculación alguna con el campamento). El contrabando iba a ser recibido por una figura pública local. Momentos después del accidente sólo se en-

---

[248] Rafael (Chichi) Quintero considera que la finca donde estaba el campamento de Sarapiquí pertenecía a Cornelio Orlich.

contraban allí Julio Yáñez y Víctor Herrera (Guatusi). Aramis Piñón y Esteban Bani se había retirado poco antes. El resguardo fiscal había llegado en 5 ó 6 pequeños aviones y, en ausencia de los complicados, fueron detenidos Yánez y Guatusi y presentados al jefe militar de la zona, el Coronel Nipa Chávez. Poco después -al dificultarse su traslado a Cartago y Sabana-, eran conducidos en una de las pequeñas avionetas Pipers a San José. Quedaron inmediatamente en libertad.

Cuando Julio Yáñez fue liberado de su breve arresto recibió instrucciones de Manolín Hernández, que en aquel momento representaba a Artime en Costa Rica, de ocultar las armas porque sabía que se iniciaría una investigación y que el campamento sería minuciosamente inspeccionado por las autoridades ticas.

En menos de 5 días se abrió un extenso y profundo hueco en la cercanía de la base, se forró con madera y se colocaron, engrasadas en cajas, las armas. Con la misma grama se tapó la ya rellenada zanja. La inspección que días después se produjo no pudo encontrar rastros de materiales militares en aquel campamento "dedicado a la explotación forestal".

Vico Starke —le expresa Luis Arrizurieta a Enrique Ros en extensa entrevista— tenía gran interés en quedarse con las armas para su organización "Costa Rica Libre". No lo pudo lograr. "De noche saqué la mitad de las armas y el parque por la barra de Tortuguero enviándolos hacia Monkey Point. La otra mitad la saqué por el Río San Juan", recuerda Arrizurieta que administraba los campamentos en Costa Rica.

La prensa y los políticos opositores de Orlich trataron, y consiguieron, sacarle el mayor provecho a que "los inspectores del fisco... hallaron recientemente un campamento de guerrilleros cerca del lugar".

La investigación se estaba realizando por las autoridades costarricenses cuando se encontraba en San José, la ciudad capital, el reportero del Miami Herald, Hal Hendrix, que la destacó en la primera página de la edición de noviembre 21, con fotos de Artime y un sugestivo título: "Exiliados, objetos de prueba en Costa Rica".

El artículo estaba lleno de imprecisiones tales como: "de acuerdo a informes circulando aquí en la vecina Panamá...", "se cree...", "de acuerdo a informes no oficiales..."; "la presente investigación ha llevado a muchos observadores a especular que...". Es decir, no había un dato sólido que uniese a la organización revolucionaria con el contrabando de licores que estaba siendo investigado. La razón para el señalado destaque de una actividad basándolo sólo en rumores e infundios pudiera encontrarse en los últimos de los trece párrafos de que se componía el reportaje de Hendrix:

> *"Una irritación adicional evidentemente parece debida a la extendida creencia en esta área —y en **algunos centros oficiales norteamericanos**— de que miembros de la organización de Artime fueran responsables del reciente ataque a una nave española en aguas internacionales que se acercaba a Cuba".*
>
> *"La embarcación española fue dañada severamente. El ataque provocó una fuerte protesta del gobierno español en Madrid".*

Pagaba caro el MRR el error cometido cuando atacó al Sierra Aranzazu al confundirlo con el Sierra Maestra. Incidente al que nos referiremos en próximas páginas. Aquélla acción puso a la organización en crisis con la Agencia Central de Inteligencia y con los superiores de ésta en la Casa Blanca. La investigación sobre la introducción clandestina de licores en Costa Rica ofreció la conveniente oportunidad de presionar, —lo que no era muy necesario—, al gobierno centroamericano para cerrar los campamentos cuyas operaciones creaban inconvenientes y graves fricciones internacionales.

La situación, de por sí ya crítica, se volvió aún más tensa cuando se hizo pública, precisamente en esos momentos, la extraña muerte de Roberto Trujillo Rodríguez, un miembro de la organización que se encontraba en una de las bases establecidas en Costa Rica.

Bajo las firmas de Al Burt y Bon Behning, el Miami Herald publica una información, también recogida por Diario Las Américas en su edición del 5 de diciembre de 1964, que dice en su primer párrafo:

"Un cubano refugiado, padre de dos hijos, que había desaparecido, fue muerto en un campamento de adiestramiento anticastrista en Centro América, según informó el MRR el jueves por la noche". Y luego continúa, "la extraña muerte de Roberto Trujillo Rodríguez, que se mantuvo secreta por varios meses, está siendo investigada...".

LA MUERTE DE ROBERTO TRUJILLO RODRÍGUEZ

El 13 de febrero de 1964 Roberto Trujillo Rodríguez, junto con Elpidio Delgado Soto, Aroldo Morán, Félix Conde y otros, hasta un total de 10, volaron del aeropuerto de Miami hasta Norfolk, Virginia.[249] Allí abordaron por la noche un barco (el Joanne) que a los nueve días de navegación los dejó en Tortuguero, de donde fueron posteriormente trasladados en una avioneta hasta Sarapiquí.

Así los campamentos que se organizaban en Centro América se iban nutriendo de jóvenes entusiastas y decididos. Los más, abnegados y entusiastas. Otros, menos confiables.

Hubo problemas con Trujillo. A los dos meses, aproximadamente, dejó de saberse de él. Se decía que había sido trasladado. Otros comentaban que había sido ajusticiado.

Artime había viajado a Bogotá para entrevistarse con el Presidente León Valencia, que deseaba agradecerle la información que semanas antes Manolo le había ofrecido sobre un atentado que contra el Presidente colombiano fraguaban en Panamá. Allí se encontraba cuando le llegó la noticia de la muerte de Trujillo. "Se indignó" recuerda Nilo Messer que estaba con Artime en Bogotá.

La muerte de este miembro de los campos de entrenamiento, la investigación de contrabando de licores en lugares cercanos a esos campamentos y la presión política sobre el Presidente Francisco Orlich, fuerza a éste a ordenar el 5 de diciembre de

---

[249] Declaraciones de Elpidio Delgado Soto el 19 de febrero de 1965 cuando fue sometido a un interrogatorio en la televisión cubana luego de ser apresado en una operación de infiltración.

1964 el cierre de los campos de entrenamiento militar enclavados en el noroeste de la nación.

La clausura de las bases en aquel país representaba para las organización revolucionaria un daño moral mayor que el material porque ya, desde unos meses antes, se había entrado en conversaciones con funcionarios del gobierno dominicano para la instalación de campamentos en aquella nación que estarían más cerca de las costas cubanas que las remotas bases en el país centroamericano.

Ya las relaciones de la organización con los sectores "aliados" habían variado. La colaboración, discutida y convenida en las conversaciones entre el Fiscal General Bob Kennedy y Manolo Artime, antiguo jefe civil de la Brigada, se había basado en la idea, formulada precisamente por el fiscal general, de una operación que fuese totalmente independiente, con completa autonomía, no dirigida por la CIA, aunque la Agencia financiaría la operación. En la segunda mitad de este difícil año de 1964 las condiciones habían cambiado y las suspicacias, por ambos lados, van alterando lo que, hasta hace poco, eran relaciones amistosas.

Ahora el MRR tenía que someter para su aprobación los planes de acción que eran rechazados con frecuencia. No autorizaban acciones comando; sólo podían hacer trabajo de inteligencia; es decir, recolección de información para uso de la propia Agencia. Aún para esta labor las operaciones desde Centro América se hacían dificultosas. Una operación de infiltración requería de un barco madre, de lanchas rápidas, y de balsas especiales para llegar a la costa. Hacerlo desde Nicaragua o Costa Rica era engorroso.

Cada día eran mayores las dificultades para operar desde Centro América. Parecía un problema insoluble. Surgió de la mente de un joven no vinculado a la Dirección Militar del Movimiento ni a la azarosa actividad de los campamentos de Costa Rica y Nicaragua, la idea salvadora de aquella casi irrealizable operación.

Un viaje de Manolo Artime a República Dominicana, propiciado por Rafael García Toledo, y una conversación, abierta y franca con Donald Reid, que presidía el Triunvirato que gobernaba aquella nación, permitió que en tres días todo quedase resuelto. La organización tendría una base en la Bahía de Haina. Ésto acortaría el tiempo de una operación ya que la base quedaba separada de Cuba tan sólo por el Paso de los Vientos.

Pero los sectores "aliados" pondrían reparos a este acuerdo. ¿Por qué?. Porque no tendrían control de la operación. La misma razón que pondrá en crisis al MRR con la Administración en el caso de Rolando Cubela, al que nos referiremos en el próximo capítulo.

BASES EN REPÚBLICA DOMINICANA

Rafael García-Toledo[250] había mantenido con las más altas figuras del nuevo gobierno dominicano estrechas relaciones. Le explicó a Manolo Artime aquella vinculación que había comenzado a principios de 1962 cuando, recién llegado a Venezuela,[251] lo había visitado una figura prominente[252] de la incipiente democracia que trataba de surgir en República Dominicana luego del ajusticiamiento de Rafael Leonidas Trujillo. Lo invitaba, conocida su capacidad organizativa, a residir un tiempo en Santo Domingo para colaborar en la estructuración de una fuerza juvenil que pudiera enfrentarse con éxito a los grupos comunistas. La invitación, lo sabría poco después, la había formulado la Agrupación de Fuerzas Vivas Dominicanas (AFVD) que agrupaba a sectores empresariales, comerciales e industriales que deseaban influir en distintos estratos de la vida dominicana para evitar que los comunistas tomaran el poder. Una de las figuras más sobresalien-

---

[250] Rafael García-Toledo había militado, como uno de sus más jóvenes miembros, en el Directorio Revolucionario 13 de Marzo en la lucha contra el gobierno de Batista. Después del 1o. de enero de 1959, García-Toledo se envuelve en la pugna que en la Universidad de La Habana surge por la presidencia de la FEU. Aunque proviene del Directorio Revolucionario, Rafael respalda la candidatura de Pedro Luis Boitel. Cuando Boitel renuncia a su aspiración, García-Toledo presenta también su renuncia a la posición que ocupaba en aquella candidatura.

[251] En Caracas establece una estrecha relación con Máximo Díaz —conocido como Pepe Iglesias en las filas del MRR clandestino en Cuba— y juntos laboran en la Delegación del MRR en Venezuela.

[252] Aquella primera invitación no fue aceptada por García Toledo quien, al repetírsele meses después, ya en Miami, por Enrique Pérez Martí la acepta y se traslada a la República Dominicana.

tes de la AFVD era Donald Reid Cabral que, en aquel momento, ocupaba la Secretaría de Relaciones Exteriores en el gobierno provisional.

Asesorado por Angel Félix Yergo (Zenea),[253] la primera tarea de García-Toledo fue la de constituir lo que sería conocido como el BRUC (Bloque Revolucionario Universitario Cristiano) que reunió a miembros de la Agrupación Católica Universitaria Dominicana y de la Juventud Católica. El BRUC tenía vinculaciones con una organización ampliamente respetada, la Unión Cívica Nacional, dirigida por el doctor Viriato Fiallo.

El trabajo diario fue estrechando sus relaciones con Donald Reid Cabral, el más joven de los dirigentes de la Agrupación de Fuerzas Vivas Dominicanas. El BRUC ganó las elecciones universitarias derrotando a la candidatura comunista. Había culminado con éxito la labor de García-Toledo. Sin embargo, en las elecciones nacionales celebradas el 20 de diciembre de 1962, Viriato Fiallo, candidato de Unión Cívica, perdió frente a Juan Bosch, del Partido Revolucionario Dominicano. El joven dirigente cubano regresó a Miami fraguada ya una sólida amistad con Donald Reid quien, como Canciller de la república, le había ofrecido ciertas concesiones que el joven militante no aceptó explicándole a su ya buen amigo Donald Reid que algún día le pediría algo en favor de su patria.

El momento para recordarle al novel canciller aquella conversación había llegado. En los meses transcurridos, la posición de Reid Cabral era mucho más prominente. Presidía ahora el triunvirato que gobernaba en República Dominicana después que un golpe militar había depuesto a Juan Bosch luego de haber éste ocupado el poder por siete meses.

Manolo Artime, sin mucha fe en el resultado de las gestiones aprobó la idea. García-Toledo llamó a Reid quien, de inmediato, le facilitó la documentación y los medios necesarios para trasladarse a República Dominicana y entrevistarse con él.

---

[253] Angel Félix Yergo, conocido por muchos como Zenea, había sido en Cuba asesor político de prominentes figuras públicas (los senadores Anselmo Alliegro, Miguel Suárez Fernández, Jorge García Montes) y se distinguía por su capacidad organizativa.

REUNIÓN CON REID CABRAL

La reunión fue amistosa y productiva. A los pocos minutos de la conversación se incorporó a ella, por una llamada presidencial, Frank Rivero Caminero, Jefe de la Marina Dominicana. Entre los tres acordaron la forma en que operarían. No habría, como en Costa Rica y en Nicaragua, campamentos. La marina dominicana suministraría, al costo, todo lo que hiciese falta. La operación funcionaría en el Río Haina donde se encontraba la Base Naval. En una de las riberas del río estaba la base y, en la otra, el Ingenio Río Haina, uno de los centrales más grandes del mundo.

Antes de llegar a la Base de Haina, al Santa María (el buque madre del MRR) habría que desmontarle el equipo visible de comunicación y artillería para que luciese un barco carguero.Los miembros de la tripulación permanecerían en la base con todas las comodidades que ésta ofrecía.

Contaban con otro punto de operaciones, llamado Las Calderas, que se encontraba al sur y que servía para el reabastecimiento de armamentos porque estaba más cerrada; es decir, más privada. Cerca se encontraba una isla, La Beata, al sur de la península de Barahona que había sido una prisión en época de Trujillo y al frente de la cual estaba un antiguo militar. En la isla Beata se hacían prácticas de demolición y se entrenaban los hombres rana que, luego, regresaban en los barcos a los campamentos de Centroamérica.

La operación desde República Dominicana era totalmente distinta, en su estructura, a la de Centroamérica. En Costa Rica y Nicaragua, como hemos visto, se contaba con distintos campamentos construidos, preparados y administrados por miembros de la organización que permanecían, más o menos permanentemente, en dichas bases. En República Dominicana no existían campamentos de esa naturaleza.

A la base naval de Haina llegaba procedente de Monkey Point el Santa María con su equipo de comunicación y artillería desmontado, para, una vez reabastecido, partir hacia las operaciones. Cuando el Santa María, como buque madre, salía a una operación, se le incorporaban en la isla Beata las lanchas rápidas (la Gitana y la Monty). Realizada la operación regresaban a Haina y, de allí, volvían a las bases en Centro América; es decir, a Monkey Point.

El MRR contaba en aquel momento, recuerda Rafael García-Toledo, con 8 secretarías y dos jefes territoriales; eran éstos los que estaban a cargo de un país (Costa Rica y Nicaragua). La inclusión de República Dominicana como un tercer país desde donde operar forzó, lógicamente, a designar un tercer jefe territorial. La designación de García-Toledo para esa posición, produjo recelos y fricciones no por la persona designada sino por la distinta estructura y forma de operar de esta nueva base.

No había, repito, personal permanente del MRR en aquella base de la República Dominicana. Compartían responsabilidades Frank Díaz Pou y García Toledo que eran los que con más frecuencia viajaban al país. Para atender el avituallamiento del Santa María y de las lanchas rápidas se turnaban, y a veces coincidían allá, Rafael, Frank Díaz Pou, Director de Organización de la Juventud;[254] Silvano Pozo,[255] Director Obrero; Karma Prieto[256] y Francisco (Chicho) Tallefer.

---

[254] Frank Díaz Pou militaba, desde muy joven, en el MRR. Participó, junto a su hermano Antonino, en el movimiento clandestino de esa organización. Luego del encarcelamiento (marzo) y posterior fusilamiento (abril 1961) de Rogelio González Corso (Francisco), Frank Díaz-Pou y el Mexicano Chávez se encargan de la reorganización de la red clandestina del MRR en Cuba (Jesús Permuy y Antonino Díaz Pou están asilados en la Embajada de Venezuela; Antonino renuncia a su asilo, continúa su actividad clandestina y morirá ante el paredón en diciembre de 1961). Frank Díaz-Pou formará luego parte de la operación de los campamentos en Centro América y ocupará la Secretaría de Organización de la Juventud del MRR.

[255] Silvano Pozo, Director Obrero del MRR, había pertenecido a la Juventud Obrera Católica (JOC). Joven de gran preparación, había asistido a varios congresos obreros en América Latina. Fue electo Secretario General de las Juventudes Obrero Campesinas de América Latina, en el Congreso celebrado en 1964 en una pequeña población cercana a Lima, Perú.

[256] Karma Prieto, era Directora de Cultura de Secretaria de Juventudes del MRR. Su hermano Luis estuvo a cargo de la base Zenón Viera en Nicaragua.

CUBIERTA DEL "SANTA MARÍA"

Un aspecto de la cubierta del buque madre "Santa María", comandado por el Capitán René Cancio. El barco contaba con antenas especiales y artillería desmontable.

Una de las ametralladoras del Santa María. De espaldas, Tony Iglesias.

OPERACIÓN RESCATE Y OPERACIÓN CARLAY III

La "guerra de guerrilla naval"[257] ya hace meses que se ha intensificado. Primero fue la acción sobre el central Pilón; luego, varias acciones aisladas. En agosto 20, se produce la operación para rescatar el barco Río Verde que con problemas mecánicos se mantenía fondeado cerca de Puerto Cabezas. Pocos días después el 31 del propio mes sale el Santa María con sus lanchas, Monty y la Gitana, a atacar la estación de radar instalada en Cabo Cruz que está siendo operada por técnicos soviéticos.

El 11 de septiembre se frustra la Operación Carlay III que tenía como objetivo destruir la estación de radar y tanques de combustible en Puerto Samá. La inesperada presencia de un gran contingente de tropas en la zona hizo fracasar la proyectada acción.

RINDE HONORES EL COMODORO DOMINICANO A LA GUERRA NAVAL CLANDESTINA

El 3 de septiembre se celebra un acto de extraordinario valor simbólico. El Comodoro Frank Rivero Caminero, Jefe de la Marina de Guerra de la República Dominicana, visita el Santa María, el buque madre del MRR.

Los oficiales y tripulantes del Santa María celebran un ceremonial marítimo en el Puerto de Haina para recibir a bordo al Jefe de la Marina Dominicana que viene acompañado del Jefe de la Base Naval de Haina, Capitán de Navío Domingo German Bello. La visita de los altos oficiales navales dominicanos es recogida en las notas que conserva celosamente en sus archivos el Capitán René Cancio que comandaba el Santa María. En la ceremonia se expresa el reconocimiento de la marina dominicana a la abnegada lucha de los combatientes cubanos. El prestigio del MRR está, ese 3 de septiembre, en la cúspide. Pronto caerá a profundidades abismales.

---

[257] Así los sectores aliados denominaban a esta fase de la lucha contra Castro.

OTRAS BASES

Tan pronto el MRR empezó a operar desde la República Dominicana comenzó Donald Reid Cabral a recibir peticiones similares de otras organizaciones. Todas ellas, sin conocerlo los peticionarios, fueron consultadas por el presidente del triunvirato gobernante con su amigo García-Toledo.

La primera solicitud llegó del Directorio Revolucionario Estudiantil (DRE) transmitida a través de Frank Varona, cubano de prestigio, amigo de Reid que residía en aquella república desde hacía varios años. Consultado por el mandatario dominicano, Rafael García-Toledo dio, sin vacilación alguna, su visto bueno a esta organización en la que él mismo había militado. Se le asignó al DRE la isla Carolinas. El grupo estudiantil asignó a Isidro (Chilo) Borja, la responsabilidad de dirigir aquel centro de operaciones.

El nuevo grupo que pidió ayuda allí fue el JURE, de Manolo Ray, que contaba con un viejo barco, el VENUS. "Me creó un problema en el MRR, incluso con el propio Manolo Artime que me recriminaba porque había utilizado mis relaciones para favorecer a una organización ajena al MRR" recuerda Rafael en extensa conversación con el autor para este libro. "Los pude convencer, muy a regañadientes, que la causa de Cuba estaba por encima de estancos partidistas".

Manolo Ray, jamás supo a quien le debió la oportunidad de operar desde aquella isla. "En el ejercicio de mi profesión he conversado con frecuencia, por asuntos de negocios, con Ray que mantiene en Puerto Rico una magnífica empresa de diseños y arquitectura e ingeniería, pero nunca le he tocado este tema. Ahora se enterará por tu libro", expresaba Rafael al autor en nuestra muy amplia conversación.

Llegó la petición de un nuevo grupo. Donald Reid estaba prejuiciado en contra de esa organización. "El informe que me han dado sobre este grupo es negro", le expresó Reid a García-Toledo al informarle de la nueva petición. Se trataba del grupo dirigido por Eloy Gutiérrez Menoyo.

"Recuerdo que Reid me dio la lista de los que solicitaban autorización para operar desde aquella nación. En esa relación estaba Ramonín Quesada, que había sido comandante del Directorio Revolucionario 13 de Marzo, a quien yo conocía de Placetas, en Las Villas. Le dije a Donald: "Esta es una persona seria. No puede estar en nada malo".

El plan de Menoyo era distinto al del MRR, el DRE y al del JURE. Las operaciones de estas tres últimas organizaciones consistían en acciones comandos sobre distintos puntos de la isla. La estrategia del grupo dirigido por Gutiérrez Menoyo era otra: Utilizarían la base en República Dominicana como un trampolín para infiltrarse en Cuba en grupos sucesivos. Poco tiempo iban a permanecer en Punta Presidente, en la Bahía de Manzanillo, Gutiérrez Menoyo y los militantes de las tres organizaciones[258] que formaban su grupo. Nos referiremos a esta operación en el Capítulo XIV.

EL SIERRA DE ARANZAZU. COSTOSÍSIMO ERROR

Otra acción dramática, pero que resultó disparatada, conmovió la atención de la prensa internacional el miércoles 15 de septiembre (1964). Un buque de carga fue atacado "por dos veloces embarcaciones no identificadas: produciéndose a bordo explosiones e incendios, hundiéndose frente a la costa de Cuba".

La misma nave que cinco meses antes había atacado Puerto Pilón había divisado, a mucha distancia, un barco de gran calado confundiéndolo con el "Sierra Maestra",[259] el buque insignia de la Marina Mercante Cubana.

Comprensible, pero costosísimo error.

El objetivo no iba a ser una embarcación, sino un puerto. Era, el objetivo inicial, una acción planeada desde hacía más de

---

[258] El primer contingente estuvo compuesto por Eloy Gutiérrez Menoyo, Ramón Quesada Gómez, Domingo Ortega Acosta y Noel Salas Santos. Las organizaciones envueltas en aquella operación eran el Segundo Frente Nacional del Escambray, Alfa 66 y MRP.

[259] El "Sierra Maestra", había sido designado como la mejor unidad del Ministerio de Transporte durante el año 1964 y tenía como capitán a Onelio Pino, timonel del yate Gramma cuando Castro desembarcó en diciembre de 1956. Había sido el primer barco cubano que visitara la República Popular China.

tres años por prestigiosos revolucionarios que, en aquella fecha, militaban en el Alfa 66. Esta es la historia:

En el otoño de 1961, a los pocos meses del fracaso de la invasión de Playa Girón, Tony Cuesta, Santiago Álvarez (padre), Ramón Font y Santiago Álvarez, hijo, habían elaborado un plan para atacar el Puerto de Vita,[260] en la costa norte de Oriente, entre los puertos de Gibara y Nipe; pero no pudo realizarse en aquel momento.

Luego, en 1962 trataron ellos de realizarla con Comandos L, pero fueron apresados cuando salían en cuatro barcos, con explosivos y armas, por el Río Miami. Otro triste episodio de la bochornosa tramitación del "caso cubano" durante la Crisis de los Cohetes.

El tercer intento para atacar el pequeño pero activo puerto azucarero, trató de llevarlo a cabo Santiago Álvarez, hijo, militando ahora en el MRR. Hacia allá se dirige el buque madre, Santa María, capitaneado por René Cancio y las dos lanchas rápidas (la Monty, piloteada por el Mejicano Chávez y la Gitana, a cuyo frente está el propio Santiago Álvarez). A tres o cuatro millas de la costa, cuando todos los hombres están en estado de alerta con las armas listas y los artilleros en su posición, a uno de éstos, Luis Prieto, se le escapan tres tiros de la ametralladora calibre 50 frustándose el sorpresivo ataque. De regreso al buque madre deciden poner en ejecución la segunda opción: Atacar a alguno de los barcos mercantes cubanos que transitan por esa ruta y de muchos de los cuales Cancio, el capitán del barco madre, tiene sus siluetas: el "Oriente", el "Bahía de Nipe", el "Las Villas" y el "Sierra Maestra".

Al caer la tarde, luego de descartar algunos buques porque sus diseños no coincidían con la silueta de los barcos cubanos, pasó una gran embarcación que lucía como el Sierra Maestra.

---

[260] Puerto de Vita es un punto de embarque de azúcar, con grandes almacenes que "entrándole por la costa, bajando hacia el sur y tirándole desde el lado norte de la bahía, se podían destruir completamente". Santiago Álvarez, describiéndole al autor la operación.

Para identificarlo salieron las dos lanchas rápidas.[261] Aquella tarde iba en una de las lanchas rápidas, aunque no era parte de la tripulación, Tony Iglesias.

Ya era de noche; la Monty se acercó al barco y encendió un reflector dirigiéndolo a la popa. Ricardo Chávez confirmó la identificación a la Gitana basándose en el testimonio de Roberto Cao, que había visto la palabra "Sierra" por el lado en que se aproximaba a la nave.

Trataron de localizar a Manolo Artime en busca de autorización para atacar al barco. No fue posible contactar al dirigente cubano y, temerosos de que perderían el objetivo si esperaban más tiempo, presionaron a la base en Monkey Point en busca de autorización para atacar. En la base se encuentran Félix I. Rodríguez y Antonio (El Gallego) Sanz. Félix toma la decisión: "Si están seguros de que es el Sierra Maestra, pueden actuar". Las lanchas no vacilan.

La Gitana, que estaba más artillada que la Monty, se acerca al objetivo. Abre fuego sobre el puente de mando con la calibre 50, tirando varias ráfagas hasta que se apagaron las luces. Ya la tripulación del barco ha comenzado a arriar los primeros barcos salvavidas. Se les informa por los altoparlantes que se les dará tiempo para que abandonen el barco y se alejen antes de que el buque sea destruido.

Eran cerca de las 3 y media de la madrugada. A las 3:50 am envía el Santa María el siguiente mensaje a la base de Monkey Point:

> *"Atacamos Sierra Maestra por media hora. Barco ardiendo. Doce millas Sur. Ataque estructura. Náufragos arriando botes".*

---

[261] La tripulación de las lanchas, en esa acción, era la siguiente:

La Monty: Capitán, Ricardo Chávez; Maquinista, Roberto Cao; Reinaldo González, Serapio Cepero, Justo Salcedo; Jorge Arroyo, Vicente García, Jorge Rodríguez, Anael Álvarez, Luis Fernández, Pedrito Blanco y Generoso Bringas, que operaba la balsa.

La tripulación de la Gitana se componía de Santiago Álvarez como capitán; Pedro López Delgado como maquinista; Luis Prieto; José (el Chino) Petit; Emilio Palomo; Miguel (Cuco) Espinosa; Romero Epifanio y José Ángel Vale como telegrafista.

"Me acerqué por la banda estribor y comencé por la popa, por encima de la propela, tirándole dos cañonazos, mientras las ametralladoras calibre 50 no paraban" recuerda Santiaguito Álvarez en extensa entrevista con el autor. Le habían lanzado siete proyectiles en la línea de flotación y más de mil quinientas balas calibre 50. Se alejan las dos lanchas rápidas y cuando se encontraban a unas doce o quince millas de distancia observan la explosión del barco "como una bola de candela que sube y luego se abrió como un hongo".

Quince minutos después, el Mexicano Chávez envía al Santa María esta comunicación:

"4:11 AM AMPLIANDO MI MENSAJE ANTERIOR, Barco comenzó a hacer explosiones. Lugar ataque 21.25 latitud norte; 74.09 longitud oeste. Tripulación se lanzó al agua. Arriando botes. Debe haber heridos. Respetados vidas y náufragos. Comunique base envíen auxilio...". Firmado: Chávez".

Estaban felices. Creían haber destruido el Sierra Maestra, el buque insignia de la Marina Mercante Cubana. Partieron, jubilosos, hacia la Isla Tortuga, al norte de Haití. Allí comenzaron a oir los primeros partes sobre un barco que había sido atacado al norte de la provincia cubana de Oriente. No identificaban, aún, al buque.

Ya Félix Rodríguez, a cargo de las comunicaciones en Centro América, ha informado a "Lastra"[262] el éxito de la acción. Ha sido destruido el buque insignia de la marina cubana. Pronto recibe una hiriente y demoledora respuesta:

"Por favor díganos en qué océano están operando: ¿Atlántico o Pacífico? Sierra Maestra cruzó la pasada semana el Canal de Panamá rumbo a la República de China".

¿Cuál era, entonces, el barco ametrallado e incendiado?.

Horas después, el Santa María y las dos lanchas rápidas pasaron el Paso de los Vientos y llegaron a la costa sur de Haití en busca de combustible. Oyeron, por primera vez, el nombre de

---

[262] "Lastra" era el nombre con el que se identificaba a la Agencia Central en la operación de Centro América.

Sierra de Aranzazu.[263] Habían incendiado e inutilizado el barco. Pero no era el Sierra Maestra. Era el carguero español Sierra de Aranzazu que, con frecuencia, tocaba puertos cubanos.

La noticia fue confirmada por el cable de Jorge Giraud[264] a Cancio recibido a las 5 pm del mismo día 15:

"Cancio:

Mensaje del Consejo dice: Urgente envía mensaje al Santa María ordenando oficiales y tripulantes no decir absolutamente nada, repito, nada, sobre ataque al Sierra Aranzazu". Firmado: Giraud".

Cinco minutos después se recibía otro mensaje más esclarecedor:

Septiembre 15, 1964 5.05 P.M.

"Cancio: Sierra Aranzazu fue el buque español atacado ayer por equivocación. Firmado: Guiraud"

El combustible que necesitaban no lo encontraron en Haití y tuvieron que continuar hasta la Isla Beata.

Se realizaban inmensos esfuerzos para silenciar el grave incidente. Cables firmados por "el Coronel Ignacio" (Manolo Artime) y "el Coronel Quintero" (Chichi Quintero) urgen mantener absoluta reserva e instruyen a las naves a no continuar hacia la República Dominicana. Pero, esto no le era ya posible al Santa María que apenas tenía combustible.

En esos momentos caían sobre García Toledo, en Santo Domingo, más improperios que proyectiles habían hecho blanco en el Sierra de Aranzazu. El Presidente Reid y el Comodoro Rivera Caminero estaban, comprensiblemente, indignados con lo que, en un principio, consideraron como una acción premeditada. Tocó al solitario representante del MRR en la República Dominicana

---

[263] "Yo, personalmente, me alegré más. Yo era muy joven, pero muy antifranquista. Un tío mío, Emilio Palomo, era el exiliado político español de más alto rango porque había sido Ministro de Gobernación en la República". Santiago Álvarez.

[264] Jorge Giraud es radio-operador en Monkey Point.

aplacar a los dos dirigentes dominicanos que tanto habían confiado en él.

En el ataque habían muerto el capitán Pedro Ibarguren Goitía[265] y dos oficiales, quedando heridos algunos tripulantes.[266]

La prensa dominicana cubría con gran destaque el grave incidente. El "Listín Diario", uno de los periódicos de más circulación, publica en la primera plana fotos del carguero español y de miembros de su tripulación. Aparecen cables originados en Washington, en La Habana; en Miami, en Madrid.

De inmediato, las autoridades cubanas acusaron al gobierno de Estados Unidos de ser responsable de la agresión al carguero español calificando "como cínicas las declaraciones del Departamento de Estado Norteamericano de que no saben quién realizó el ataque".

Este error hizo aún más críticas las ya tirantes relaciones entre la organización revolucionaria y la Agencia Central de Inteligencia. Dentro de tres meses, a fines de diciembre, luego de graves incidentes en los campamentos y de serios errores de juicio en las relaciones con la CIA, terminaría esta antigua vinculación.

---

[265] "Fue un castigo de Dios", expresó años después a René Cancio, el tercer oficial de cubierta del Sierra de Aranzazu. "Semanas antes, habíamos salido en el Sierra de Aranzazu del puerto de Cienfuegos rumbo a España y, a la altura aproximada de Jamaica, se descubrió un polizón. Era un cubano, muy joven. El capitán Pedro Ibarguren, a pesar de la petición y ruego de toda la tripulación y del polizón, ordena entrar en el puerto de Santiago de Cuba para entregar a las autoridades al joven refugiado. Atraca al muelle y, luego de cumplir los trámites oficiales, entrega al polizón que, en el mismo sitio, es juzgado por un grupo de milicianos que lo condenan a muerte por fusilamiento. Allí, en el muelle, en presencia de toda la tripulación, es ejecutado el joven polizón cubano. Por eso yo considero que fue un castigo de Dios que el Capitán del Sierra de Aranzazu hubiese muerto en un ataque perpetrado por revolucionarios cubanos". Palabras del Tercer Oficial de Cubierta del Sierra de Aranzazu al Capitán René Cancio una tarde de 1978 en el Puerto La Unión, de El Salvador.

[266] José Gomendio, dueño de la línea de barcos de la que formaba parte el Sierra de Aranzazu confirmó a un exiliado cubano, Esteban Zorrilla, la versión de que el capitán Ibarguren había entregado a "polizones cubanos". Entrevista del autor con Esteban Zorrilla.

CONTINÚA LA ACCION

El lunes 18 de enero (1965) el Ministerio de Información del Régimen de Castro se vio obligado a informar que "un bombardero B26 dejó caer en horas de la noche una bomba de 250 libras en territorio cubano". Era un militante del MIRR quien había lanzado sobre el central Niágara aquella bomba de construcción casera.

El central Bahía Honda, en la provincia occidental de Cuba, fue objeto, en la madrugada del 13 de febrero de 1965, de un nuevo ataque. El Movimiento Insurreccional de Recuperación Revolucionaria (MIRR), utilizando otro viejo bombardero B26, había arrojado tres bombas incendiarias de 100 libras cada una y gran cantidad de fósforo vivo sobre la planta azucarera. La tripulación regresó "a su base, en algún lugar del Caribe, en perfecto estado", informaron a la prensa Orlando Bosch y Marcelino García.

CONFERENCIA DE LOS PARTIDOS COMUNISTAS EN CUBA

Días antes de que cayesen las bombas del MIRR sobre el central Niágara, concluía la Reunión de los Partidos Comunistas de Latinoamérica que, sin mucho secreto, se había celebrado en La Habana. La radio oficial, sin hacer mención del país en que la conferencia se había efectuado, mencionó varios de los acuerdos.

La Conferencia "dedicó una atención especial a los problemas de la solidaridad con el pueblo cubano y el gobierno". Entre estas tareas de solidaridad se destacaba una de interés permanente: "La demanda del restablecimiento de relaciones diplomáticas y multicomerciales con Cuba, la lucha contra el bloqueo económico y por el desarrollo del comercio, la denuncia de los preparativos de agresión y de las actividades de los contrarrevolucionarios y demás agentes de la CIA". Tres décadas después repiten las mismas consignas.

ACCIONES Y DOCUMENTOS

Las acciones del MIRR irritan a la administración norteamericana. El 11 de julio autoridades federales allanan el local del MIRR y detienen a cuatro de sus dirigentes y a dos norteamericanos que con ellos se encontraban. Son arrestados Orlando Bosch, Marcos Rodríguez Ramos, Gerullo Gutiérrez, y José Díaz Morejón. Detenidos quedan, también, William J. Johnson e Isaac Rafferty. Los cuatro cubanos habían iniciado una huelga de hambre por no habérseles señalado una fecha para su juicio.[267]

Algunas organizaciones, con o sin respaldo foráneo, realizan acciones en Cuba. Otras, redactan documentos.

El 12 de julio se da a conocer, en anuncio político pagado, una "carta abierta al exilio cubano" aprobada el día 6 por la Junta Revolucionaria Cubana (JURE) en la reunión que habían celebrado en la ciudad de Tampa, en la Florida.

Acusa a los que "pagados por los hampones de la política, se entregaron a campañas calumniosas para deformar la imagen de nuestra organización". Afirma que la promesa del 20 de mayo (de infiltrar en Cuba al máximo dirigente de la organización) ha tenido que ser aplazada; y advierte que "no permitiremos que las impaciencias obstaculicen la ejecución de nuestro plan, dirigido a la victoria". Firman la carta abierta al exilio cubano figuras prominentes del JURE que, en su mayoría, habían formado parte del anterior Movimiento de Recuperación del Pueblo (MRP):

Manuel Ray	B. Osorio Dávila	Germinal Rivas
José M. Estévez	Emilio Guede	Carlos Diago
Arturo Villar	Manuel Riera	Juan Meléndez
Pedro Cervigón	Juan J. Butari	Napoleón Seuc
Martiniano Orta	Pedro E. Tenza	Javier Lezcano y otros

Otros, los más, prefieren recorrer el camino de la acción.

---

[267] Señalado el juicio para el 15 de Julio, los combatientes cubanos fueron dejados en libertad provisional.

El día anterior miércoles 30 de julio (1965), la policía newyorquina incautó un cargamento de armas "que estaba destinada a grupos anticastristas en Cuba. El material estaba compuesto por dos morteros de 60mm, 25 metralletas, numerosas pistolas, detonadores y otros armamentos". El 11 de agosto son ejecutados otros tres cubanos. Habían sido acusados "de pertenecer a la Agencia Central de Inteligencia de los Estados Unidos (CIA), y dedicarse al espionaje, la subversión y el sabotaje de los barcos mercantes cubanos". Los nuevos mártires ajusticiados eran Roberto Fernández Cobo, Jorge Raúl Pereira Castañeda y Roger Sabino Sopena Hinojosa.

Los acusan de haber sido reclutados por Manuel Cajarabille Lebeque, que había pertenecido a la Marina Mercante Cubana, y de haber introducido petacas incendiarias, plantas de transmisión de alta velocidad y materiales para el uso de escritura secreta.

CAPÍTULO XIII

DISTANCIAMIENTO DE CUBELA

Cubela se fue sintiendo distanciado de la Revolución cuando al terminar su período como Presidente de la Federación Estudiantil Universitaria "elementos sectarios que trataban de restarle el prestigio que la FEU tenía, crearon una Organización de la Juventud Nacional, de la Juventud Rebelde, sin contar con la Federación Estudiantil Universitaria". (Declaraciones del Comandante Rolando Cubela en el juicio a que será sometido en marzo d e 1966).

Cuando termina su presidencia de la FEU, Rolando se aleja aún más de la Revolución, pero trata de acercarse nuevamente a ella ingresando en la Escuela de Oficiales de Matanzas, en la que se encuentra, poco después, cuando la Crisis de Octubre resentido por órdenes que recibe del Comandante Raúl Castro. Renuncia al ejército y, "me separé aún más de la revolución". (Declaraciones de Rolando en el juicio antes mencionado).

Provenía Cubela de las filas del Directorio Revolucionario, organización que, como todos sabemos, se había distinguido en la lucha contra el gobierno de Batista, aunque Cubela se mantenía, en los primeros años de la Revolución, amistosamente distanciado del Movimiento 26 de Julio.

Faure Chomón, Pepín Naranjo, Ramón Guin, Raúl Curbelo, Jorge Valls, Julio García Olivera, Miguel Díaz Isalgué, Guillermo Jiménez, Raúl Díaz Arguelles, Gustavo Machin, Alberto Blanco y otros militaban, junto a Cubela, en aquella organización. Era natural que la Agencia Central para iniciar sus primeros contactos con el Comandante Cubela tratara de utilizar a algunos de sus viejos compañeros. Varios fueron contactados. Otros, no.

En febrero de 1963 están en Washington, en conversaciones con las más altas figuras del gobierno, Díaz Isalgué y Héctor Moreno que luego entrarán clandestinamente en Cuba para realizar, utilizando sus estrechas relaciones con figuras del régimen, un atentado a Castro.

"Te menciono a Moreno porque ya murió. Héctor fue a La Habana junto conmigo. Él allá se movía en su círculo y yo en el mío. Había una departamentalización completa". Manifestó Miguel Díaz a Enrique Ros en extensa entrevista para este libro.

Pepín Naranjo y Raúl Castro tienen una muy estrecha vinculación y Naranjo ejerce sobre Raúl una gran influencia. Si grande era la identificación de Naranjo con Raúl mayor era su enemistad con Ramón Guin. En el juicio a Cubela sale a relucir, por supuesto, el plan del atentado a Castro y los dirigentes y funcionarios que han sido, o podrían haber sido, contactados. Pepín Naranjo que tenía una vieja amistad con Díaz Isalgué[268] y sabía de la amistad de éste con Ramón Guin complica a éste, más seriamente de lo que realmente está, en tales planes. Pepín Naranjo utilizó el juicio de Rolando Cubela para darle un fuerte golpe a su enemigo personal, Ramón Guin.

DEL TRÓPICO HACIA EUROPA

A fines de 1964 se va a producir un extraño y complejo maridaje entre miembros del Directorio Revolucionario (Rolando Cubela, El Mago Robreño, Odón Álvarez de la Campa, El Loco Blanco), militantes del MRR (Manolo Artime, Chichi Quintero, el Gallego Sanz, Nilo Messer); hombres que trabajan junto con los sectores "amigos" (Carlos Tepedino, Miguel Díaz Isalgué, Hernán Henríquez, Álvarez Machado), y otras figuras (Ramón Guin, Cuco León, este último más vinculado con Artime). No será en los campamentos de Centro América o República Dominicana. Se producirá en el otro lado del Atlántico.

---

[268] Miguel Díaz Isalgué y Pepín Naranjo habían sido muy amigos. Exiliados en Miami cuando el gobierno de Batista, habían convivido "en la misma casa en 14 avenida y la 4 calle del N.W., junto con Faure Chomón, Ramón Guin, El Loco Blanco, El Mago Robreño y otros miembros del Directorio Revolucionario".

Aún en el exilio, en 1958, Pepín Naranjo se casa con Teresa López Muiño. "La boda se celebra en Jacksonville, en el Consulado Cubano en aquella ciudad, ya que por razones políticas no querían efectuarla en Miami. Yo fui el único testigo de la boda". Fuente: Miguel Díaz Isalgué.

En aquel momento el servicio de inteligencia del régimen de Castro, y la prensa oficial, denunciaban "la base militar norteamericana que se planeaba construir en la isla Saona" la que "serviría a los gusanos que se entrenan en la isla Catalina" para reanudar "los actos de piratería que desde los territorios de los Estados Unidos, Nicaragua y otros países.... han venido cometiendo".[269]

Los grupos de acción, de distintas nacionalidades, han puesto en práctica en los últimos meses una nueva modalidad para movilizar la opinión pública en favor de sus demandas. En el transcurso de los primeros once meses del año 1964 varios barcos han sido secuestrados y forzados a navegar sin rumbo fijo mientras la prensa destaca prominentemente el temor, la inquietud, la zozobra, de los inocentes pasajeros.

Luego del descalabro sufrido por el equivocado ataque al carguero español "Sierra Aranzazu" el 15 de septiembre, las relaciones del MRR y la Agencia Central de inteligencia entraron en crisis. Se hacía difícil mantener abiertos y funcionando los campamentos de Nicaragua, y estaban próximos a cerrar ya los de Costa Rica. Las pocas acciones realizadas y el aislamiento en que se encontraban los hombres en las bases iban creando, también, tensiones internas. Algo hay que hacer. Pero lo que hizo esta organización que tanto dependía del respaldo de los sectores "amigos", fue algo peor que el error del ataque al "Sierra de Aranzazu": iniciar una operación, de gran trascendencia, sin informar al aliado protector.

A fines de octubre de 1964 parten hacia Cádiz, Nilo Messer y Antonio (el Gallego) Sanz. Llevan una misión delicada que ya, poco antes, le había sido presentada a quien en aquella ciudad española los esperaba. Se incorpora en la misión otro cubano que había participado muy activamente en actividades revolucionarias, como militante del MRR, en el clandestinaje en Cuba: Pepín Canal, quien ya residía desde hacía varios meses en aquella ciudad.

---

[269] Periódico Revolución, enero 18, 1965.

Se trataba de secuestrar en alta mar un buque de bandera cubana que cubría con regularidad la ruta comercial hacia puertos cubanos. Pocas semanas después van Chichi Quintero y el Gallego Sanz a Palma Mallorca donde estaba anclado el barco,[270] que la organización planeaba secuestrar. Pero la operación no es autorizada por los sectores aliados que respaldan las actividades de la organización revolucionaria. Molestó, muy comprensiblemente, este rechazo a los dirigentes anticastristas que llegaron a la conclusión de que en próximas operaciones no debían ser tan comunicativos y consultivos con los aliados. Craso error.

Malogrado aquel intento, llega a España, desde Miami, Cuco León.[271] Cuco León había informado en Miami a Manolo Artime que un alto oficial del gobierno castrista, cuyos íntimos colaboradores se encontraban en estos momentos en Madrid, planeaba una acción militar y quería establecer contacto con el dirigente del MRR. Éste comisiona a Nilo Messer para que, junto con León y el Gallego Sanz, avanzaran en las conversaciones iniciales.

Van Sanz y Nilo a Madrid para hablar con el Mago Robreño y el Loco Blanco que son los contactos del funcionario del régimen cuya identidad aún no les es conocida. Recibida toda la información preliminar necesaria van a París donde ya se encuentra Rafael (Chichi) Quintero y le informan de la reunión sostenida. Conocen que el personaje, ya identificado, estaría en Roma dentro de pocas semanas.

Se concerta una nueva entrevista, pintorescamente en la Torre Eiffel, de París en la que están presentes el Capitán Alberto (El Loco) Blanco, Antonio (El Gallego) Sanz y Quintero. Aún éste no ha hablado con Cubela. Y comienzan a trazar un plan que será discutido con el Comandante Cubela cuando éste viaje a Europa el próximo mes. El Mago Robreño no está presente pero se mantiene al tanto de las conversaciones a través de su amigo El Loco Blanco. El plan, que luego describiremos, se llamaría "Plan de los 100", pero ni Artime, que aún no ha llegado, ni Quintero,

---

[270] Por vivir aún el capitán de aquel barco y no conocer su presente ubicación política omitimos el nombre del barco y el de su capitán.

[271] Miguel (Cuco) de León se había incorporado recientemente al MRR a través de Tito Mesa. En Cuba había sido Representante a la Cámara.

que es el Jefe Militar del MRR, informan del mismo a la CIA, aunque ésta va conociendo en detalle todas las conversaciones a través de El Mago Robreño que trabajaba para la Agencia. Robreño militaba en el grupo de Cubela, de Blanco, de Odón Álvarez de la Campa, pero, también, estaba vinculado con la CIA.

Ignorante del doble juego de Robreño, se traslada Quintero a Roma para entrevistarse, por primera vez, con Cubela. Allí, en los elegantes salones del Cavaliere Hilton, en una extensa conversación (tres días: día y noche!!) trazan en detalle el plan. ¿Siniestro? ¿Ridículo? ¿Fantasioso?: Juzguémoslo:

El MRR contaría con 100 hombres (El Plan de los 100) preparados para tomar Varadero, donde, en conmemoración del 17 de abril, se celebraría una reunión del Consejo de Ministros. Cubela, que tendría libre acceso al área, mataría a Castro con su rifle FAL al que se le proveería una mirilla telescópica y un silenciador. Los 100 hombres, con planeadores y pequeños helicópteros, tomarían Varadero, aislándolo.

Cubela pidió un silenciador y una mirilla. Los demás detalles, la creación de un triunvirato después de la liquidación física de Castro y los pasos subsiguientes serían discutidos con Artime que ya se encontraba en España.[272]

ENTRA ARTIME EN ESCENA

Artime había volado poco antes con el Gallego Sanz a Roma donde se les reúne Nilo Messer. Se hospedan en el Hotel Edén, cerca de la Vía Venetto.[273] Se les unen varios cubanos, entre ellos un brigadista, José Raffo, que era presidente de los estu-

---

[272] Según informa Rafael (Chichi) Quintero a Enrique Ros en extensa entrevista.

[273] Nilo J. Messer había ingresado en los campamentos en marzo de 1961, apenas cuatro semanas antes de producirse la invasión. Desembarca en Girón formando parte del Batallón 2, Compañía F, que había sido transportada en el vapor Houston. En la prisión estrecha sus relaciones de amistad con Manolo Artime. Al ser liberados en diciembre de 1962 actúa como secretario del dirigente nacional del MRR.

diantes de la Universidad Gregoriana de Roma.[274] Manolo quería hacer contacto con la más alta jerarquía eclesiástica y logró una entrevista con el Papa. El propósito era conseguir que a Monseñor Boza Masvidal se le concedieran mayores facilidades para viajar a los Estados Unidos y actuar como un obispo auxiliar para los cubanos de Miami. Se pretendía también, desviar la atención del motivo del viaje de Artime a Europa que tenía a Madrid como escala final.

Cuando llegan a París los recibe Marcos Ruiz Ayala, que había sido embajador cubano en Francia. A través de Ayala, Artime habla con varios funcionarios del gobierno de De Gaulle. En el consulado español le entregan a Artime, por error, el pasaporte de Cubela que se dirigía a Madrid.[275]

Artime llega a Madrid desde París, vía Irún, acompañado de Messer y Sanz. Quintero y Cubela, separadamente, arriban a la capital española desde Roma. La reunión de Artime con Cubela, en la que no habrá testigos, se producirá en un apartamento del edificio Torre de Madrid.[276] Hablan Cubela y Artime. Analizan el plan de operaciones. Discuten —a los dos les interesa sobremanera— qué va a pasar después del golpe. En otras palabras: ¿Quién va a gobernar? ¿Cómo se formará el nuevo gobierno?. Pronto llegaron a un acuerdo: Se crearía un triunvirato: Artime, Chomón y Cubela.

La Agencia es informada, pero no por el MRR. Al percatarse del alcance y magnitud del proyecto, toma la CIA en sus manos la operación. Ni el MRR ni Artime son ya confiables. Han pretendido ocultarle esta importante acción.

---

[274] José Antonio Raffo Barrera fue de los primeros 10 jóvenes en incorporarse en mayo de 1960 a lo que llegaría a ser la Brigada 2506.
Coincidentalmente, el presidente de los estudiantes de la Universidad Gegoriana era cubano y también cubanos eran el Padre jesuita Richard Chilson, director del Colegio Pío Latinoamericano adscrito a la Universidad; y la rectora de las Hermanas de la Caridad. También estaba el Padre de la Torre, que era profesor.

[275] Entrevista de Nilo J. Messer con Enrique Ros en septiembre 14, 1995. En aquellos años los cubanos podían entrar en Francia sin visa, pero para ir a España la necesitaban. Por eso, con frecuencia se solicitaba en Francia el visado para España.

[276] A través de María Comellas, Nilo Messer había rentado ese apartamento.

Artime no informa de los planes a la CIA. Es la razón —tal vez la perfecta excusa— que presenta la Agencia para ponerle fin a su vieja vinculación con la organización revolucionaria cubana.

Chichi Quintero había regresado a Monkey Point, el campamento de Nicaragua, para calmar la creciente intranquilidad que existía en las bases por los incidentes relatados en capítulos anteriores y por la prolongada ausencia de sus jefes. Fue a Chichi al primero a quien la Agencia comunica que se va a liquidar la operación. La anonadante noticia se la va a dar un viejo conocido, Carl James, que se había mantenido cerca de Quintero desde los tiempos de la Isla Useppa. El veterano agente había permanecido largo tiempo en los campamentos de Guatemala y se sentía muy identificado por la causa cubana. Pero cumplía órdenes superiores.

Cita a Quintero en Panamá donde le dice, en forma amigable pero firme:"Lo que vayan a hacer, háganlo ya. Ustedes están terminados".

Conociendo a través de El Mago Robreño de los planes que Artime está elaborando con Cubela, la CIA margina al dirigente del MRR y continúa ella los contactos directos con el antiguo dirigente del Directorio Revolucionario. Con largueza, rayana en estupidez, colman de dinero al comandante que sólo recibe del gobierno cubano un modesto salario. De inmediato se observa el derroche. Cubela está esquiando en los Alpes. Compra numerosos trajes; paga él las cuentas de todas las juergas.

INDISCRECIONES DE CUBELA

No pasan, por supuesto, inadvertidas estas indiscreciones del Comandante Cubela.

El embajador cubano en Francia —que era mucho más que un simple diplomático— informa a Raúl Roa, Secretario de Estado, las excesivas cantidades que estaba gastando Cubela en su ya prolongado viaje por España, Francia e Italia. Sumas muy superiores a los estipendios entregados a él por el estado cubano. ¿De donde procedían esos fondos? ¿Quién está sosteniéndole tan alto nivel de vida a este infeliz comandante que carece de recursos propios? ¿Quién? ¿Por qué? ¿A cambio de qué?.

Marina García, que trabaja en Italia para el Ministerio de Relaciones Exteriores (MINREX), también expresa a Raúl Roa —y éste a Raúl Castro— su inquietud.

Sabe bien el embajador Antonio Carrillo de donde procede el dinero. Sus informes al Canciller Roa sólo cubrían el expediente. Es Carrillo mucho más que la persona que está al frente de la Misión Diplomática de Cuba en Francia. Es, al mismo tiempo, Jefe de la Seguridad de Inteligencia Cubana en toda Europa. Ya antes, había reportado a La Habana las entrevistas que Cubela, su amigo personal, sostuvo con Artime en Madrid.

Había sido Ernesto Guevara quien llevó a Carrillo a esa posición cuando el guerrillero argentino estuvo en Francia organizando su prolongada incursión por varios países de África. Tenía Carrillo —que contaba con el firme respaldo de Pepín Naranjo— amplia y útil experiencia en asuntos de África y del Medio Oriente, adquirida al servir como embajador en Marruecos e Irak antes de pasar a Francia en 1963. Sólo en apariencia era un diplomático.

La CIA tiene en Europa un "pay master". Es un joven cubano encargado de suministrar fondos a los que van a actuar como agentes. Era dueño de joyería e íntimo amigo de Cubela. Empieza la CIA a "comprar" al débil comandante. En menos de un mes le entregan $36,000 dólares.[277] Se fue a esquiar y a disfrutar, desorbitadamente, de la vida nocturna de París.

Carrillo, frustrado estudiante de medicina, era amigo de Cubela desde los años universitarios. Protegido de Pepín Naranjo, detestado por Manuel (Barbarroja) Piñeiro,[278] había estado estrechamente vinculado al Directorio Revolucionario. No obstante que la evidencia era perfectamente conocida por la Seguridad del Estado, en el juicio a Rolando Cubela, que se celebra en marzo de 1966, el fiscal sólo hará referencia a los contactos del dirigente del Directorio Revolucionario con Manuel Artime efectuados a fines de

---

[277] Rafael Quintero. Entrevista con el autor.

[278] Antonio Carrillo, esposo de la estultora Rita Longo, era un vigilante que era vigilado. No creían en su lealtad a la Revolución (Entrevista de Ricardo Bofill con el autor).

1964 y principios de 1965. Ni en las acusaciones del fiscal ni en los Resultandos y Considerandos se hace referencia alguna a contactos de Cubela con agentes o funcionarios de la CIA.

INDISCRECIONES DE ARTIME

No sólo Cubela comete visibles errores. También en ellos incurre Manuel Artime.

Desde Europa, el que fuera jefe civil de la Brigada 2506 hace declaraciones indiscretas:

"En Cuba todos conspiran... hasta los generales. Al gobierno le queda poco tiempo...".

En aquel enero de 1965 se encontraban en París, por razones distintas, Emilio Aragonés y Osmani Cienfuegos, acompañados del joven Raúl Roa Kouri. Permanecía ahí Cubela.[279]

Ya en febrero el antiguo dirigente del Directorio Revolucionario está en Madrid, en el Hotel Plaza, con su buen amigo Enrique Rodríguez Loeche,[280] embajador cubano en Marruecos. Compartían las noches de tragos y parrandas con El Mago Robreño. También se encontraba González Gallarreta que permanecerá allí hasta abril. Cubela no. Cubela partiría hacia La Habana el 28 de febrero de 1965,[281] luego de una estadía de dos días en Newfoundland. Llevaba su rifle, su mirilla, su silenciador. Y sus temores.

CONVERSACIONES CON CUBELA

Poco antes de partir Ernesto Guevara hacia Nueva York en diciembre de 1964, para hablar ante la Asamblea General de las

---

[279] José Luis Llovio-Menéndez "El Insider", Pág. 93.

[280] Enrique Rodríguez Loeche —junto con Ramón Sánchez Parodi y otros— fue incorporado al Ministerio de Relaciones Exteriores en junio de 1959 al sustituir Raúl Roa a Roberto Agramonte. Fuente: José Duarte Oropesa, "Historiología Cubana IV".

[281] José Luis Llovio-Menéndez. Obra citada.

Naciones Unidas, el Comandante Rolando Cubela viajaba hacia Europa con el aparente propósito de participar en el Congreso de la Unión Internacional de Estudiantes.

Aprovecha ese viaje el dirigente estudiantil para trasladarse hacia París donde establece contacto nuevamente con Luis Enrique Transaco, a quien conocía de viajes anteriores porque éste trabajaba en la Embajada Cubana en Francia. Se comunica Cubela, también, con Carlos Tepedino, a quien conocía de La Habana. Tepedino había sido en La Habana propietario de una joyería en la Calle Amistad "donde se reunían grupos insurreccionalistas de la facción Auténtica".[282] En 1964, Tepedino vivía en Nueva York y viajaba con frecuencia a Europa por tener también "una joyería en Roma y una oficina en Ginebra". Transaco y Tepedino serán los nuevos contactos, en Europa, de Cubela con la CIA.

No eran nuevas, como sabemos, las relaciones del Comandante del Directorio Revolucionario con la Agencia Central de Inteligencia. Luego de la entrevista de Cubela con Desmond Fitzgerald en noviembre de 1963 (el mismo día en que J. F. Kennedy moría asesinado, en Dallas, Texas), se mantiene la relación entre la Agencia y el antiguo dirigente estudiantil.

Cables de la CIA indican que un alijo de armas para Rolando Cubela (AM/LASH) se le entregó en Cuba en marzo de 1964 y otro en junio. Ya el 5 de mayo de 1964 su "case officer" solicitó de la División Técnica del Servicio conseguir un silenciador para el rifle FAL de Cubela.[283] En aquella fecha no fue posible entregarle el silenciador, pero siguieron las conversaciones y en el otoño de aquel año AM/LASH insistió en que "el asesinato del líder cubano era el paso inicial para el éxito de un golpe militar", aunque fue informado, de acuerdo a lo expuesto en la audiencia pública del Senado a la que tanto nos hemos referido, que "el gobierno de los Estados Unidos no podía envolverse en forma alguna en el primer paso de ese plan".

---

[282] Declaraciones de Rolando Cubela en el juicio que concluirá el 8 de marzo de 1966, (Causa 108 de 1966, por la que fue sancionado a 25 años).

[283] Audiencia del Senado de 1975, ya citada. Página 89.

Ahora, utilizando la presencia de Cubela en Francia, se comienza a concretar, como antes relatamos, el plan que pueda hacer factible la eliminación del dictador cubano utilizando al comandante del Directorio. Esta es la versión que aparece en los documentos —ya desclasificados— de las audiencias del senado norteamericano sobre las relaciones de Cubela (AM/LASH), Artime (B-1) y la CIA.[284]

Para facilitar esto, la Agencia lo pondrá en contacto con "B-1, líder de un grupo anticastrista... que necesitaba un hombre dentro de los círculos de gobierno de Cuba",[285] al tiempo que AM/LASH deseaba un arma con silenciador, lo que la CIA no deseaba entregarle directamente. Al poner a los dos juntos, B-1 (Manuel Artime) tendría su hombre dentro de Cuba y AM/LASH (Cubela) obtendría, de Artime, su silenciador. Como Pilatos, la CIA se lavaba las manos.

El 31 de diciembre de 1964 regresan a Miami Manolo Artime y Antonio Sanz. Esperarán juntos, con sus respectivas esposas, el nuevo año. Pocas semanas después parten los dos nuevamente hacia Madrid con dos objetivos: primero entrevistarse con Martín Artoja y, luego, celebrar una nueva conferencia con el comandante Rolando Cubela.

La reunión con Martín Artoja había sido conseguida a través de Jaime Capdevila quien había estado durante varios años al frente de la embajada española en La Habana. Participaría de la reunión, también, Javier Martín Artoja. Trataba Artime de conseguir que el gobierno español cambiara su política hacia Cuba.

El segundo propósito del viaje era más delicado. Quería el Secretario General del MRR precisar con el antiguo comandante del Directorio Revolucionario la operación que ya habían delineado y acordado la última semana de diciembre.

---

[284] Los nombres de Cubela y Artime no son mencionados en el Informe del Comité Senatorial siguiendo una norma general de no revelar —si no es necesario— las actividades de las personas. Las identificaciones —que son, de por sí obvias— las revela por primera vez, George Crile III en extenso artículo del Washington del 2 de mayo, 1975, "El enigma de AM/LASH".

[285] Audiencia del Senado 1975.

HABLAN ARTIME Y CUBELA

Sobre las relaciones entre Artime y Cubela, sus conversaciones y sus planes, existen distintas versiones.

A grandes rasgos es ésta la versión oficial:

Tepedino viaja a París para preparar el contacto entre el antiguo dirigente del Directorio y Manuel Artime, cuya reunión se va a realizar en Madrid donde, en esos momentos radican distintos amigos y conocidos de Cubela —José Luis González Gallarreta,[286] y Odón Álvarez de la Campa[287]—, quienes se habían reunido con Hernán Enríquez y Agustín Álvarez Machado.[288]

Según Cubela, el enlace de Artime con él lo había realizado el Mago Robreño con una llamada telefónica que Robreño, desde Madrid, le hace a Cubela que estaba en París.

Tres viajes realiza Cubela entre París y España: el primero el 25 de diciembre de 1964; en esa oportunidad reside en la sede de la embajada cubana. Los otros dos los realiza el 6 y el 20 de febrero de 1965. Artime se ha trasladado a Madrid a principios de febrero para la entrevista planeada. Se hospedará en el Hotel Emperador. Lo sabe Tepedino y El Mago Robreño,[289] quienes así lo informan a Cubela que se encuentra en ese momento en París. Cuando llega a Madrid permanecerán esta vez en el Hotel

---

[286] José Luis González Gallarreta funcionaba como Agregado Diplomático de la Embajada de Cuba en España.

[287] Odón Álvarez de la Campa había ocupado la Secretaría de Relaciones Exteriores en la CTC. En octubre de 1963 fue autorizado a viajar a Madrid por motivos de salud, acompañado de González Gallarreta. A los 30 días, según testimonio de Gallarreta en el proceso judicial a que fue sometido en marzo de 1965, habían sido contactados por Hernán Enríquez y Álvarez Machado. A Odón, se afirma en el juicio y no ha sido negado, "se le ofreció $100,000.00 por su colaboración". Siguió funcionando en la Embajada Cubana en Madrid hasta marzo de 1965. Permaneció en Madrid desde octubre de 1963 hasta abril de 1965.

[288] En el juicio que le celebrarán a Cubela en La Habana, aparecerán Enríquez y Álvarez Machado como agentes de la CIA.

[289] Jorge Robreño (El Mago) residía en Madrid, luego de haber estado vinculado al Gobierno Revolucionario durante los primeros años de constituido, habiendo servido en los tribunales revolucionarios.

Plaza. Para facilitar la entrevista Cuco León,[290] amigo de Artime, utiliza el apartamento en la "Torre de Madrid". La llave la conserva Alberto Blanco.[291] Se suceden llamadas de larga distancia y recibos que, en su momento, llegarán a manos de la Seguridad del Estado. Todo el andamiaje está montado para el teatral encuentro.

El 9 de febrero, Blanco recoge a Artime en el Hotel Emperador van al apartamento de la Torre de Madrid donde los espera Robreño y el Gallego Sanz[292] y, también, Cubela y Tepedino. La conversación de Artime y Rolando se prolonga por tres horas; en ella se planean los detalles del atentado: se realizará con un FAL 7.62, propiedad de Cubela, al que se le adaptará un silenciador y una mirilla telescópica; inmediatamente de realizado el atentado se producirá una invasión a la isla. El atentado lo ejecutarán Cubela, El Mago Robreño (a quienes planean infiltrar días antes) y el Loco Blanco (luego de recibir un serio entrenamiento en República Dominicana). Como siempre, grandiosos planes y muy pocas realizaciones.

Los cuatro que sabían del atentado a Fidel Castro eran Cubela, Blanco, Robreño y González Gallarreta (declaraciones de González Gallarreta en el juicio).

Gallarreta mantendrá el contacto con Artime. Sanz vuela a Miami en busca de la mirilla telescópica y el silenciador; pieza que trae y entrega a Blanco y éste a Gallarreta y Gallarreta a Cubela quien, al regresar a La Habana, puede introducirlas fácilmente en la isla por la franquicia diplomática que disfruta. Parte de su Dolce Vita.

---

[290] Miguel de León (Cuco), antiguo Representante a la Cámara, en Cuba, por la provincia de Oriente.

[291] Alberto Blanco Romariz (El Loco), recién se había trasladado a Madrid; era viejo amigo de Cubela y de Robreño. El apartamento estaba alquilado a nombre de Nilo Messer.

[292] Antonio Sanz (El Gallego). En el juicio a que es sometido Cubela no se ofrece detalle alguno sobre "el Gallego Sanz"; ni, siquiera, su primer nombre. Sanz había viajado a Madrid en noviembre de 1964, se había trasladado por unos días a Palma de Mallorca, Roma y París y regresado a Miami el 31 de diciembre. En febrero regresó con Artime a Madrid.

Eran, éstas, las figuras que aparecían vinculadas, en el exterior, en la versión oficial de este elucubrado y fantasioso plan que nunca se puso en acción. Intentaron, también, involucrar en él a otras personas que residían en Cuba: Ramón Guin,[293] Juan H. Alsina Navarro[294], Guillermo Cunill Álvarez y Angel Herrero Veliz.

A pesar de que no pudieron presentar una simple prueba que comprometiera a Guin en el complot, el prestigioso revolucionario fue condenado a 25 años de prisión.

En el juicio a que fue sometido el comandante del Directorio Revolucionario afirma que "el motivo fundamental (de mi viaje) era que pensaba quedarme un tiempo por Europa estudiando y para ello trasladé unos cuantos libros de medicina en este viaje". ¿Por qué va a Europa a estudiar y no lo hace en Cuba?. Es esa la lógica pregunta que se ve obligado a contestarle al fiscal:

"Sencillamente tenía una serie de contradicciones, de problemas, me sentía bastante inestable, y viajé, quizás buscando un escape a todas esas inquietudes, tratando, quizás, de huir de lo que no podía, que era en definitiva de mí mismo, de algo que llevaba dentro".

"Llevaba una serie de preocupaciones... que me hicieron caer en una vida bastante desordenada, una vida de fiesta, de cabaret, una vida insana por completo, que me fue descomponiendo y deteriorando... me fui acomodando a una vida completamente desorganizada, que me produjo un desequilibrio emocional bastante grande. Y por eso salí al extranjero".

---

[293] Ramón Guin Díaz trabajaba en el INRA (Instituto Nacional de Reforma Agraria). Había sido contactado en Cuba por su viejo amigo Miguel Díaz Isalgué quien con relativa frecuencia se infiltraba en Cuba y había realizado varias acciones de infiltración y exfiltración. (Ver "Girón: La Verdadera Historia" de Enrique Ros).

[294] En el proceso legal, Juan Alsina Navarro sólo pudo ser acusado de orientar a González Gallarreta donde contactar a un patrón para pilotear una lancha. Fue condenado a 10 años de prisión. Los otros dos procesados (Cunill y Herrero) fueron absueltos.

No fue para salir "de una vida bastante desordenada, una vida de fiesta, de cabaret" que, en las Navidades de 1964, salió de la isla.

CUBELA, SUS CONTACTOS EN EUROPA Y SU JUICIO

Aunque para muchos fue en su viaje a Madrid, en febrero de 1965, cuando Artime contactó a Rolando Cubela (a través del Mago Robreño, González Gallarreta, y otros), la verdad es otra.

El dirigente del Directorio Revolucionario no perdió tiempo cuando partió de La Habana el 25 de diciembre. En el extenso documento, ya desclasificado —que cubrió los alegatos de intentos de asesinato a líderes extranjeros formulados ante el Comité Selecto del Senado de los Estados Unidos en noviembre 18 de 1975— aparece que ya en enero 3 de 1965 Manolo Artime, en una amplia entrevista con un oficial de la CIA, había informado que él y Cubela habían llegado a un acuerdo firme que descansaba en seis puntos.

La afirmación —al menos en cuanto a una reunión de Artime y Cubela antes de la fecha que en el juicio todos han señalado (febrero 1965)— es irrebatible, pues está plasmada en un documento fechado el propio 3 de enero de 1965.

Un resumen de estos seis puntos es el siguiente:

1) B-1 (Artime)[295] debe facilitarle a AM/LASH (Cubela) un silenciador para el FAL.
2) B-1 debe proveerle a AM/LASH, rutas de escape controladas por B-1 y no por los norteamericanos.
3) B-1 debe preparar una de las provincias occidentales, Pinar del Río o La Habana, con alijos de armas y una organización clandestina.
4) B-1 debe estar en Cuba una semana antes de la eliminación de Castro, pero nadie, incluyendo a AM/LASH, sabrá la localización de B-1.

---

[295] Warren Hinckle y William Tuner, identifican a Manolo Artime como B-1 en "The Fish is Red".

5) B-1 debe conseguir el reconocimiento de, por lo menos, cinco naciones latinoamericanas tan pronto Fidel sea neutralizado y se haya constituido una Junta.

6) Un mes antes de la neutralización de Castro, B-1 aumentará el número de ataques comandos a un máximo a fin de levantar el espíritu y la moral del pueblo de Cuba.[296]

A nada condujeron tan elaborados planes. En abril de 1964 el Presidente Johnson había decidido "descontinuar el uso de acciones de sabotaje controladas por la CIA contra Cuba." (Minutas de la reunión del Grupo Especial celebrada el 7 de abril, 1964). En abril del siguiente año, 1965, a todos los planes se les había puesto fin. A la Administración sólo le interesaría ahora evitar "una segunda Cuba."

---

[296] Informe 94-465 del Comité Selecto del Senado, noviembre 18, 1975.

CAPÍTULO XIV

En los primeros días de enero de 1965 muere ante el paredón Joao B. Madeiro Canto y Castro, a quienes muchos conocían como José Luis, el portugués.[297] A Joao, que había participado en la expedición a la Bahía de Moa el 5 de abril de 1961, como fuerza diversionaria,[298] lo conocíamos en 1961 como "Juan Carlos Jiménez, el Portugués".

El 30 de enero, a los tres meses de su arresto, se inicia el juicio de Angel Pardo y de sus 23 compañeros.[299]

Desde el exterior se sigue golpeando. Casilda se convierte en el próximo objetivo de los grupos comandos. Ya no del MIRR, con Orlando Bosch al frente, sino del MRR que dirige Manolo Artime. Se acercan a la bahía las dos lanchas rápidas, la Monty y la Gitana, en lo que estaba planeado como un sorpresivo y breve ataque naval. Atacan las instalaciones portuarias pero el fuego le es ripostado inmediatamente. Se mantiene una intensa batalla hasta que quedan silenciadas las ametralladoras cuatro bocas castristas. No puede el régimen ocultar la noticia. Así la describe en la primera plana de Revolución:

"En la noche de ayer, 2 de febrero, a las 11:30, desde una lancha pirata, amparándose como siempre en la oscuridad de la noche, se produjo un ataque con ametralladoras calibre 50, cañones 57mm, contra los tanques de combustible próximos a la playa "Ancon" en Casilda, municipio de Trinidad, Las Villas... Los miembros de la Defensa Popular que hacían

---

[297] Juanito Besú que habló con él horas antes afirma que José Luis (Joao) fue fusilado el 19 de diciembre de 1964.

[298] Ver "Girón: La Verdadera Historia", del autor.

[299] El tribunal lo componen el Teniente Rogelio Álvarez, como Presidente y los Vocales Teniente Manuel Ramos Contreras y Héctor Laza. El abogado defensor de oficio es José Miguel Pérez Lamí "cuya misión es simplemente la de pedir una sentencia justa para su defendido". Angel Pardo, obra citada.

guardia en la referida playa, repelieron con rapidez y energía la agresión de que eran objeto...".

Firma la nota el Ministerio de las Fuerzas Armadas Revolucionarias.

Antes de transcurridas 48 horas ya se encontraban las dos lanchas rápidas del MRR y su buque madre, en una nueva operación. Se trataba de exfiltrar, el 4 de febrero, a dos compañeros (Nilo Alfonso Morejón y Elpidio Delgado Soto) que se habían infiltrado varios días antes. Al entrar por La Coloma, en la parte oeste de Pinar del Río, detectaron en el radar una embarcación. Cuando la balsa en que va Generoso Bringas a recoger a los infiltrados se separa de la lancha, el buque que se veía en el radar se convierte en tres o cuatro barcos que se mueven hacia la balsa. La Gitana comienza a disparar con la ametralladora 50 manteniendo a distancia a los tres pequeños barcos castristas. Aún disparando se alejan de la costa las dos lanchas del MRR. Tras larga persecución llegarán frente a la Isla Swan prácticamente sin combustible. Luego seguirán a Puerto Cabezas y, más tarde, a la base de Monkey Point.

Fue, como temían, la última operación que realizó esta organización desde aquella base.

En los momentos en que las ametralladoras y cañones de los combatientes cubanos disparaban sobre sus objetivos, el Comandante Eloy Gutiérrez Menoyo ofrecía, en extensas declaraciones, innumerables y comprometedores detalles sobre las operaciones de los grupos anticastristas. Decepcionante el contraste.

DESEMBARCO Y DETENCIÓN DE ELOY GUTIÉRREZ MENOYO

La última semana se había producido un hecho que capta el interés en la isla y en el exilio. "Milicias serranas y tropas de la División 50 localizaron, persiguieron, cercaron y capturaron a cuatro agentes enemigos armados que se infiltraron en la región de Baracoa, provincia de Oriente. Entre los capturados se encuentra el cabecilla contrarrevolucionario Eloy Gutiérrez Menoyo".

Gutiérrez Menoyo describirá en su comparecencia pública el 2 de febrero de 1965, con excesivos e innecesarios detalles, toda la operación. Y se referirá, en forma pública y abierta, a las operaciones anteriormente realizadas por su organización y por grupos afines. Mordía la mano que gobiernos amigos le habían extendido y ponía en precaria situación a los revolucionarios cubanos que seguían combatiendo al régimen desde distintas playas.

Había partido, explica el antiguo comandante del Segundo Frente del Escambray, de la Punta Presidente, situada en la Bahía de Manzanillo, en el extremo occidental de la República Dominicana. Su expedición había sido el resultado de los esfuerzos de tres organizaciones: El Segundo Frente Nacional del Escambray, Alfa 66 y el MRP que ya, antes, habían realizado diversas acciones. Menciona, en sus extensas declaraciones, a los que se quedaron en el campamento de Punta Presidente:

Cecilio Vázquez, Reinold Rodríguez, teniente; Zenén Castillo, sargento; Alfredo Díaz; Ernesto Díaz, patrón de la lancha Bertra;[300] Pedro Díaz, maquinista de la lancha; Sergio López, radiotécnico; Maximo Hernández, ayudante de radiotécnico; José Casanovas, "Cuqui"; Miguel Álvarez; José Mauri, "El Abuelo", patrón del barco "Mameyes"; Fernando Duarte; Lorimel Rodríguez; Mario de la Cruz; Jesús Ortelio Pineda, enfermero; Carlos Páez; Orlando Vega; Angel del Baño;[301] René Cruz; Florentino Pernas, "Kiko", quien como Angel del Baño, había salido de Cuba el 19 de enero de 1961 junto con Gutiérrez Menoyo, Andrés Nazario Sargén, Lázaro Asencio, Armando Fleites y otros militantes de la organización.

---

[300] Ernesto (Maño) Díaz Rodríguez, había salido clandestinamente de Cuba en marzo de 1960. Como miembro de Alfa 66, y en su condición de Jefe de Operaciones participó en las distintas acciones que desde mediados de 1961 realizó esa organización. Condujo la embarcación que trasladó a Menoyo a Cuba en enero de 1965. En una infiltración posterior (Diciembre de 1968) es detenido y condenado a 15 años de prisión. En 1974, por organizar cédulas clandestinas dentro de la cárcel, será condenado a 25 años adicionales en la Causa 93.

[301] Angel del Baño había sido Capitán del Ejército Rebelde, como miembro del Segundo Frente Nacional del Escambray.

Sigue mencionando el dirigente del Segundo Frente a otros antiguos compañeros: Rafael Menéndez; Eduardo Rodríguez; Jesús de la Rosa, otro de los que habían partido de Cuba el 19 de enero de 1961; Julio Ruiz, antiguo capitán del Segundo Frente, y Luis García.

Habían sido apresados, junto con Gutiérrez Menoyo, Ramón Quesada Gómez, Comandante del Directorio Revolucionario; Domingo Ortega Acosta, que también había llegado a los Estados Unidos el 19 de enero; y Noel Salas Santos.[302]

LOS CAMPAMENTOS, DE NUEVO, TEMA DE DEBATE PÚBLICO.

Se va haciendo más difícil la operación de los combatientes cubanos desde las bases en Centroamérica. Con fecha 17 de marzo de 1965, el periódico Washington Post publica un artículo del periodista Dan Kurzman afirmando que "los campos de entrenamiento de los exiliados cubanos en Nicaragua están siendo cerrados a raíz de un escándalo en una base de exiliados en Costa Rica en relación con un complot para derrocar al gobierno costarricense".

Afirmaba el artículo que "la clausura del campamento en Costa Rica fue ordenada hace tres semanas por las autoridades de ese país". Por supuesto, la noticia es llevada a primera plana por el periódico Revolución en su edición de marzo 23.

No le importaba al Washington Post, y, mucho menos, a Revolución, que fuera totalmente incierta la noticia. Había sido el cuatro de diciembre del pasado año —y por las razones expuestas en capítulos anteriores— que los campamentos de Sarapiquí y Tortuguero, en Costa Rica, fueron cerrados. Ahora

---

[302] Años después, en 1985, la revista "Moncada", vocero del régimen, informó que Noel Salas Santos era un agente castrista infiltrado en Alfa 66, que fue condecorado con la orden del Ministerio del Interior y ascendido al grado de Mayor de Seguridad del Estado. Fuente: Pablo R. Castellanos, El Nuevo Herald, Julio 19, 1995. Antonio Veciana, tan profundamente vinculado a Alfa 66, discrepa de la interpretación del Pablo Castellanos. Considera Veciana que Noel Salas se unió sanamente a Alfa y que, con posterioridad a su captura, se asoció con el régimen.

pretendían introducir un elemento de política exterior (un complot para derrocar a un gobierno amigo) con el evidente propósito de crear una fricción entre dos gobiernos que tan desinteresadamente habían colaborado con los cubanos del destierro. Pero, inevitablemente, las puertas se nos irían cerrando.

El tiranicidio sigue en la mente de los cubanos al comenzar este nuevo año de 1965. Tres miembros de la organización "Ejército de Liberación Nacional", son detenidos al comenzar el mes de enero acusados de planear un atentado contra Castro que se realizaría en la inauguración del campeonato que se iba a celebrar en el Estadio Latinoamericano el 31 de enero. Éste sería una de las distintas acciones planeadas contra los principales dirigentes del gobierno. En el propio mes de enero se tiene preparado un atentado para cuando Castro visite el Restaurante Vita Nova, en 21 y L a donde concurre con frecuencia. Son arrestados Enrique Abreu Villahy, Carlos Vicente Sánchez, Julio de las Nieves Ruiz Italuga, así como el empleado de aquel restaurante, Carlos Garriga del Castillo.

Días después, en letra muy pequeña, casi diminuta, se menciona que Ché Guevara había llegado a París y partirá hacia Asia "con Karachi como primer punto de llegada". Ni la nota, ni la letra, podían ser más pequeñas. Lo que se destaca es la empalagosa comunicación de Carlos Rafael Rodríguez, que preside el INRA, a Fidel Castro sobre "la aplicación de la disciplina laboral y el aprovechamiento de la elevada conciencia de nuestros trabajadores" para aumentar los rendimientos en los diversos cultivos. La saeta, llena de curare, va dirigida al Ministro de Industrias que abandonando —sin autorización ni consulta previa— su recorrido por África se dirige a la China de Mao.

Será al día siguiente, en la edición de enero 31 del periódico Hoy, que se publica la lección sobre dialéctica marxista-leninista que, a distancia, le envían Carlos Rafael Rodríguez y Fidel Castro al ya políticamente herido de muerte, guerrillero argentino.[303]

---

[303] Ver en este libro Capítulo XVII.

El 19 de febrero, son otros dos ex-combatientes, procedentes de los campamentos de Centroamérica, los que hablan ante la televisión cubana. Elpidio Delgado Soto y Nilo Luis Alfonso Morejón (que habían sido infiltrados en la operación narrada en páginas anteriores) fueron presentados en la televisión nacional y ampliamente interrogados sobre las actividades desplegadas en los campamentos de Costa Rica y Nicaragua.

Hacía exactamente un año que Delgado Soto había partido de Miami hacia Norfolk, Virginia, para incorporarse, a bordo del Joanne, a la base de Tortuguero.

El 26 de diciembre de 1964 habían salido de la base de Monkey Point en el barco madre "Santa Lucía" hasta cerca de las costas de Cuba, donde fueron trasladados a una de las lanchas rápidas, comandadas por Chávez, el Mexicano.[304] A una milla de la costa pasaron a una balsa de goma con motor silencioso. Así desembarcaron pero, un mes después, fueron detectados y capturados por agentes del Departamento de Seguridad en un lugar conocido por La Salina.

Algunas acciones fallan, como ésta y el reciente desembarco de Gutiérrez Menoyo, pero otras se realizan con éxito. El 2 de febrero, en horas de la noche, una lancha rápida ataca con ametralladoras calibre 50 y cañones de 57 milímetros los tanques de combustible cercanos a la playa "Jancón", cerca de Casilda, Municipio de Trinidad, en Las Villas.

UNA UNIDAD QUE NO FUNCIONA

Un nuevo intento de unidad entre grupos revolucionarios se da a conocer el 3 de abril de 1965. Luego de frecuentes y laboriosas conversaciones distintos organismos de lucha convienen en que: "La unidad ideológica y de acción de los elementos y factores afines y representativos del proceso histórico y revolucionario de nuestra patria...constituye la única forma... para

---

[304] Datos sobre este valioso combatiente pueden encontrarlos en las dos obras anteriores del autor: "Girón: La Verdadera Historia y "De Girón a la Crisis de los Cohetes: La Segunda Derrota".

acelerar el derrocamiento de las fuerzas comunistas en la isla esclava".

El documento lo firman las siguientes organizaciones:

Irán González
Movimiento Revolucionario
30 de Noviembre

Frank Díaz
Movimiento de Recuperación Revolucionaria

Manuel Urrutia Lleó
Alianza Revolucionaria
Democrática Cubana

Aurelio Nazario Sargén
Segundo Frente Nacional
del Escambray

Domingo Cardoso
Movimiento Revolucionario
del Pueblo (MRP)

Diego Medina
ALFA 66

Gregorio del Campo
Federación Estudiantil
Universitaria

Francisco Valle
Frente Anticomunista
Magisterial

Manuel Barreira
C.N.M.T.

Luis González Grajales
Comité Ayuda a la Resistencia

Jesús Gómez Calzadilla
Ejército Rebelde

Antonio Santiago
PRC Auténtico

Carlos Zárraga
Movimiento "Cuba Libre"

José I. Rey
Unidad Nacional
Revolucionaria (UNARE)

Antonio Garcés
Organizaciones Revolucionarias
Integradas Cubanas (OIRC)

Charles Simeón
Comité Pro Alianza de las ODR

Denio O. Fonseca
Movimiento Revolucionario
Frank País

Marcos A. Irigoyen
Agrupación Montecristi

Mario Caso Álvarez
Comité Obrero Pro Liberación

Tomás Prieto
Movimiento Demócrata Martiano

Félix Barrios
Cruzada Continental Anticomunista

Orestes Meneses
Acción Juvenil Obrera.

El 11 de junio autoridades federales allanan el local del MIRR y detienen a cuatro de sus dirigentes y a dos norteamericanos que con ellos se encontraban. Son arrestados Orlando Bosch, Marcos Rodríguez Ramos, Getulio Gutiérrez y José Díaz Morejón. Detenidos quedan, también, William J. Johnson y Frank Rafferty. Los cuatro cubanos habían iniciado una huelga de hambre por no habérseles señalado una fecha para su juicio.[305]

SIGUE LA ACCIÓN

Mientras, en Cuba, siguen aplastando todo intento de la más ligera oposición. Días después de haber ejecutado ante el paredón a Manuel Izquierdo González, funcionario de la Aduana de La Habana, el gobierno cubano anunció la detención de 53 personas, muchas de ellas religiosos bautistas, acusándolas de haber creado una organización de espionaje entre cuyas actividades se encontraba el suministro de "ayuda a los bandidos rebeldes y elementos contrarrevolucionarios infiltrados" en la isla. El comunicado oficial sólo identificaba a uno de los supuestos complotados: Herbert Caudill, de la Junta Misionera Bautista del Sur, con sede en la ciudad de Atlanta, Georgia. Acusaba a Caudill de haber reunido "amplia información militar, así como política y económica que transmitió a los organismos de espionaje de Estados Unidos, de quien recibía sus órdenes y ayuda financiera..."[306]

No son novedosos los cargos imputados. La redacción de la nota parece calcada de los que, un año antes, presentaron a Alberto Fernández Medrano y a los distinguidos miembros camagüeyanos del Club de Leones, fusilados el 2 de junio de 1964:

> *"Amplia información militar, así como política y económica que transmitió a los organismos de espionaje de Estados Unidos, de quien recibía sus órdenes y ayuda financiera...".*

Lo que les faltaba en originalidad lo prodigaban en severidad.

---

[305] Señalado el juicio para el 15 de Julio los combatientes cubanos fueron dejados en libertad provisional.

[306] Cable UPI, abril 9, 1965.

Sin duda, los grupos dentro de la isla se mantienen activos en acciones de sabotaje. El 24 de abril (1965) el periódico "HOY" se hace eco de distintos incendios en los campos de caña y destaca, en particular, el realizado en los cañaverales aledaños al Central Bolivia que se producía a pesar de la vigilancia de "los trabajadores voluntarios" aunque, gracias a ellos "pudo evitarse que el incendio se extendiera aún más".

El régimen denuncia otra "organización de espionaje" en la capital de la provincia camagüeyana, "orientada y dirigida por el Servicio Central de Inteligencia (CIA) de Estados Unidos". El anuncio se hace público el 23 de abril mencionándose el arresto de ocho miembros de la organización "entre quienes se encuentran funcionarios de la administración de los ferrocarriles de Camagüey". Los acusan de reunir datos sobre movimientos de tropas, transporte de mercancías y cifras económicas... que eran remitidos a la CIA "utilizando escrituras secretas y otros medios". Se identifica como jefe de este grupo a Manuel Parrado Álvarez que fue colocado de inmediato a la disposición del Tribunal Revolucionario de Camagüey.

Mientras los cubanos, dentro de la isla, con sus actos de sabotaje mantienen al gobierno en un continuo estado de alerta, el régimen castrista no cesa en sus intentos de subvertir el orden en la América Latina. El 23 de abril el gobierno de Ecuador mostró documentos que probaban "la infiltración comunista castrista de Cuba en los problemas políticos laborales del Ecuador", ofreciendo respaldo económico destinado a promover la agitación en las filas obreras de aquel país. No es sólo en el país suramericano en el que se prueba la presencia castrista. Termina el mes de abril con un caos en la República Dominicana.

CONDUCTA IMPROPIA. LA UMAP

En noviembre de 1965, comienza un plan de rehabilitación para aquellos que por diversas razones no se han integrado al proceso revolucionario. Se utilizaría para ello una estructura creada dos años antes.

En agosto de 1963 "informa al pueblo el Comandante Raúl Castro Ruz, Ministro de las Fuerzas Armadas Revolucionarias", el proyecto de ley por el que se habrá de crear el Servicio Militar Obligatorio.

Toda la prensa, radial y escrita, cubre el anuncio. Bohemia le dedica catorce páginas completas, con cincuenta y seis capítulos, a "los resultados del estudio realizado, cuyo objeto principal ha sido alcanzar los objetivos patrióticos del Servicio Obligatorio sin lesionar otros intereses nacionales". Por supuesto, aclara el Comandante Raúl, "dicho proyecto deberá ser discutido por la clase obrera, por los campesinos, estudiantes, el pueblo revolucionario en general". Para nadie fue una sorpresa que "luego de tantos estudios" el proyecto se convirtiese en ley sin cambio alguno.

Comprendía la nueva ley a todos los hombres de 17 a 45 años (las mujeres de 17 a 35 años serían admitidas como voluntarias). El término de servicio sería de tres años, y los que tratasen de evadirlo serían sancionados de tres a seis años de cárcel.

Pronto surgirá del SMO (Servicio Militar Obligatorio) una nueva institución: La UMAP (Unidades Militares de Ayuda a la Producción) que, en teoría, servirían para que los jóvenes reclutas volvieran a ayudar al INRA participando en la zafra azucarera y en los frutales. En la práctica, la UMAP se transformó en algo bien distinto. Todos aquéllos acusados de "conducta impropia eran remitidos, como castigo, con el pretexto de ser rehabilitados, a la UMAP. Holgado era el concepto de conducta impropia".

Hacia esos campos, verdadero Archipiélago Gulag, fueron enviados dirigentes religiosos, seminaristas, homosexuales, opositores; todo aquel que podía ser considerado un desviado social. Fue en noviembre de 1965 que se crean, unidas al Servicio Militar Obligatorio, estas "Unidades Militares de Ayuda a la Producción". Se producen arrestos masivos de homosexuales, se les purga de sus trabajos y de sus cátedras.

Había sido en una reunión del Ministerio de Fuerzas Armadas (MINFAR), celebrada en el Castillo de la Chorrera, en La Habana, donde el propio Fidel Castro había delineado las razones para crear esta nueva estructura militar:[307] Cuba necesitaba de la

---

[307] José Luis Llovio-Menéndez, "Insider". Fue Llovio-Menéndez destinado a la Unidad Militar 2096 cerca del Central Violeta, en Nuevitas, Camagüey.

UMAP para absorber a los hombres de edad militar que no estaban políticamente aptos para el servicio militar regular, por no estar integrados en la Revolución, participar activamente en servicios religiosos, ser homosexuales o tener antecedentes criminales. Esos hombres, de acuerdo a las instrucciones dadas por Castro, "no debían ser enviados a UMAP como castigo, sino como parte de un proceso de rehabilitación ideológica". Los campamentos estarían localizados en zonas poco pobladas como las de la provincia de Camagüey.

La UMAP era, en palabras del propio Castro, "un esfuerzo de la Revolución para rescatar a jóvenes que se deslizaban peligrosamente por la pendiente del vicio y la perdición".[308]

Hoy ya no existe la UMAP pero, como apunta Zarraluqui, uno de los primeros conscriptos, "el aliento que dio vida al Archipiélago Gulag cubano ha sobrevivido sin hiato en la CJC (Columna Juvenil del Centenario), luego en el EJV (Ejército Juvenil del Trabajo) y perdura hasta hoy, treinta años después".

AUMENTAS LAS DIFICULTADES

Se va haciendo más difícil la operación de los combatientes cubanos.

Suspendidas las operaciones desde la Base Haina, en República Dominicana, como consecuencia del incidente de Sierra de Aranzazu; cerrados los campamentos de Costa Rica por las infundadas acusaciones de contrabando y las presiones políticas ejercidas sobre el presidente Orlich, sólo quedan funcionando —con grandes dificultades— las bases de Nicaragua. Comenzará a ejercerse sobre el gobierno amigo de ese país, todo tipo de presión.

---

[308] José Antonio Zarraluqui, artículo "Archipiélago UMAP", El Nuevo Herald, domingo 26 de noviembre de 1995.

CAPÍTULO XV

REPÚBLICA DOMINICANA: NO SERÁ OTRA CUBA

ESTALLA LA CRISIS DOMINICANA

Todo comenzó el sábado abril 24 cuando un grupo de militares irrumpió en el Palacio de Gobierno y forzó la renuncia del Presidente Donald Reid Cabral, al tiempo que tomaba la estación Radio Santo Domingo. Los rebeldes planteaban el regreso al poder del expresidente Juan Bosch.

El ejército, bajo la jefatura del General Elías Wessin y Wessin no actuó con rapidez para aplastar la revuelta que en los primeros momentos no tenía suficiente apoyo ni fortaleza. El afable Reid Cabral no se había labrado, en su breve reinado, ni la lealtad de las fuerzas armadas ni el respaldo masivo de la población civil. Por eso, cuando el ejército, al fin, reacciona para intentar aplastar la rebelión, el grupo de oficiales actúa no para reponer a Reid Cabral sino para formar una Junta Cívico Militar. Es, entonces, cuando la crisis realmente se produce.

CASTRO Y EL PSP DOMINICANO

La extrema izquierda, en Cuba y en República Dominicana, convoca a la lucha para reponer al expresidente Bosch. Todo estaba orquestado de antemano. Ya desde antes de que el pequeño grupo de oficiales penetrase en el Palacio de Gobierno exigiendo con éxito la renuncia de Reid, el Partido Socialista Popular Dominicano había emitido un manifiesto demandando el regreso de Bosch:

> "El retorno de Bosch a la presidencia legítima de la república significa la victoria de la voluntad popular".

Planteaban ese regreso no por medios pacíficos sino por la violencia:

"Sin embargo, esa victoria sólo puede ser alcanzada por la movilización y la lucha activa de todos los sectores patrióticos del país".

Por supuesto, el retorno de Bosch era sólo el pretexto:

"Es necesario enarbolar la consigna *del retorno del Presidente Juan Bosch al frente del Gobierno Constitucional de la República".*

Pero en aquel manifiesto, emitido muchos días antes de iniciarse el brote insurreccional, los comunistas del PSP Dominicano planteaban con claridad que "el retorno de Bosch no significa la solución de los problemas nacionales, *pues éstos se resolverán únicamente con la eliminación del dominio económico del imperialismo norteamericano y el establecimiento de democracias socialistas*".

Es decir, el retorno de Bosch era la consigna. La implantación de un régimen comunista era el objetivo.

Ante la inicial vacilante actitud de las fuerzas armadas los insurgentes comenzaron a repartir armas a la población civil. Francotiradores se situaban en las azoteas de los principales edificios, y multitudes enardecidas recorrían las calles de la capital incendiando las residencias y empresas de "elementos ligados al depuesto triunvirato". Extendida la revuelta, los comunistas prescinden de la consigna del regreso de Bosch y se apresuran a consolidar su verdadero objetivo. No hay garantías. Santo Domingo es un caos. Desde Puerto Rico Bosch declara: "Esto se ha transformado en una revuelta social".

Los ciudadanos norteamericanos habían sido reunidos en el Hotel Embajador, en las afueras de Santo Domingo. Iban a ser evacuados a Puerto Rico. Ya el 27 de abril Rafael Molina Ureña,[309] el presidente provisional instalado el domingo, se asilaba

---

[309] El Dr. Rafael Molina Ureña había sido Presidente de la Cámara de Diputados bajo la presidencia de Juan Bosch que había permanecido en el poder exactamente siete meses. Molina Ureña, junto con Francisco Peña Gómez, Manuel Espinal, Lembert Peguero y Antonio Guzmán, había calorizado un movimiento que luchaba por el regreso de Bosch.

en la embajada de Colombia, junto con 15 miembros del efímero gobierno de transición. Se había creado una junta militar encabezada por el coronel Pedro Bartolomé Benoit. El General Wessin Wessin respaldaba a esta Junta Militar que convocaba a elecciones el primero de septiembre de ese propio año.

La ley y el orden estaban completamente quebrados en la isla. La embajada norteamericana era tiroteada. Los elementos extremistas tomaban el control de la situación. Los coroneles Francisco Caamaño Deñó y Miguel Angel Hernando Ramírez, respaldados por los activistas del PSP Dominicano, son los que fuerzan el asilo del "presidente" José Rafael Molina Ureña que abogaba por el retorno de Bosch.

Sobresalen dos recias figuras militares en medio de aquella anarquía: El Coronel Caamaño por los insurgentes, y el General Wessin por las fuerzas que defienden el orden. La nomenclatura extremista cambia. Ahora, los que quebraron el orden son "constitucionalistas"; los que defienden al gobierno son "golpistas".

EL GENERAL ELIAS WESSIN WESSIN

El Gral. Elías Wessin Wessin, Jefe del Centro de Enseñanza de las Fuerzas Armadas (CEFA), tras una breve vacilación, se enfrenta a las milicias golpistas. Pronto respalda a la Junta de Gobierno que preside el Gral. Antonio Imbert y dirige, desde el cuartel de San Isidro, las acciones militares contra las fuerzas de Caamaño.

EL CORONEL FRANCISCO CAAMAÑO

La vida del Coronel Francisco Caamaño Deñó estuvo vinculada a la Florida cuando no era coronel sino, sólo, Francis, para sus íntimos. Francis Caamaño estudiaba en la Riverside Academy, en la Florida, y fue expulsado por "conducta impropia" (Fuente: Rafael García-Toledo). Por eso regresó a República Dominicana y, como su familia estaba ligada al régimen militar, ingresó en el ejército. Caamaño formó parte de todas las ramas de las Fuerzas Armadas Dominicanas: había ingresado como cadete en la Escuela Naval de la Marina de Guerra, graduándose como alférez de navío. A mediados de 1950 pasó al Cuerpo de Infantería y, años después, a la fuerza aérea.

Pronto se situó bajo la sombra del ahora General Antonio Imbert, uno de los dos sobrevivientes de los que participaron en el atentado a Trujillo. Francis era su asistente, chofer, buscador de cosas para el ya retirado General Imbert. Luego ascendería de teniente a capitán.

Ocupaba una posición administrativa durante el segundo triunvirato presidido por Donald Reid cuando fue removido del cargo y enviado como cónsul a Montego Bay, en Jamaica, por haber cometido una irregularidad.[310] Poco después regresó ya no como miembro del ejército sino de la Policía Nacional, y fue asignado al Comando de Fuerzas Especiales.

LA BATALLA DEL PUENTE DUARTE

El 27 de abril comenzó una fiera batalla para dominar la capital. Los tanques del Cuartel de San Isidro, controlado por el General Wessin, cruzaron el Puente Duarte y entraron en la ciudad. Los líderes rebeldes decidieron detener el fuego y solicitar la mediación de la embajada norteamericana. No hubo acuerdo. La frustrada mediación, es bueno dejarlo aclarado, no la solicitó la misión diplomática foránea; fue pedida por los grupos rebeldes.

El 28 de abril llega a la Casa Blanca un cable de alta prioridad. La situación en Santo Domingo se está deteriorando rápidamente. Mil vidas americanas están en peligro. El embajador considera que "ha llegado el momento de desembarcar los Marines". Johnson no vacila.

Pide a su Secretario de Estado, Dean Rusk, que contacte de inmediato a los embajadores de países latinoamericanos solicitando de ellos que la OEA "convoque a una reunión inmediata". A McNamara le pide que coloque en alerta las fuerzas militares. A

---

[310] El General Belisario Peguero, como jefe de la policía nacional separó de sus cargos a los coroneles José Morillo y Francisco Caamaño quienes fueron puestos en retiro por el Presidente Donald Reid, nombrándolos cónsules en Kingston y Montego Bay, respectivamente. (Antonio Llano Montes."Barricadas de Odio").

las 7:30 de la noche ya está reunido con los líderes del Congreso, el Vicepresidente, el Embajador Stevenson, el Asesor McGeorge Bundy, el Almirante Raborn (que recién había jurado el cargo de Director de la CIA ese día en horas tempranas de la tarde); los senadores Fulbright, Mansfield, Dirksen; el Presidente de la Cámara, McCormack y otros.

Poco después, aquella misma noche, el Presidente le hablaba al pueblo americano.

En medio de una debacle, desembarcan el miércoles 28 los primeros 400 marines norteamericanos.

La prensa cubana destacaba que "civiles armados patrullaban las calles de Santo Domingo en compañía de tropas rebeldes". El 29 de abril, informaba la UPI, cinco embajadas latinoamericanas habían sido atacadas por las turbas.

WASHINGTON CALIBRA LA SITUACIÓN DOMINICANA

Una figura, bien relacionada con el caso cubano, se ve sumergida en la Crisis Dominicana recién estrenando una nueva posición. David Atlee Phillips había sido designado Jefe de la Agencia Central en Santo Domingo (COS) días antes de abril 24. Las tres primeras semanas debe pasarlas en Washington en estrecho contacto con Raborn, Helms y Fitzgerald. Se enfrentaba a un riesgo que era inadmisible para el Presidente Johnson: La posibilidad de una segunda Cuba en el área del Caribe. La reacción del presidente norteamericano no se hizo esperar.

Phillips como la figura de más alto rango de la CIA en Santo Domingo tendría que lidiar directamente con el Embajador Ellsworth Bunker que era el diplomático de la OEA de más antiguedad y el representante personal del Presidente Johnson pero, también, tenía que contar con el embajador norteamericano, residente, Taprey Bennett. En Santo Domingo permanecía el General Bruce Palmer que había sido enviado a Santo Domingo cuando Lyndon Johnson exigió que "el mejor general en el Pentágono debía estar al frente de la operación".[311]

---

[311] The Night Watch. David Atlee Phillips.

En la mañana de junio 14 Phillips se hizo cargo de la oficina de la CIA en Santo Domingo.

En la Casa Blanca, Lyndon B. Johnson, sin desatender sus funciones oficiales, se mantenía al tanto de la situación. El miércoles 5 de mayo ofrecía, como de costumbre, la Recepción Diplomática a los Representantes Extranjeros, 114 países, en Washington. A las nueve de la noche los diplomáticos miembros de países de la OEA abandonaban la recepción para la reunión convocada por aquel organismo regional en la que se decidiría si todas o algunas de estas naciones respaldarían a los Estados Unidos en el envío de tropas a la República Dominicana.[312] En una habitación aledaña al largo aposento en que se celebraba la recepción diplomática dos personajes conversaban muy secretamente por más de una hora. Anatoli Dobrynin, el bien conocido embajador soviético y Dean Rusk analizaban la situación que en esos momentos ambas naciones enfrentaban en Vietnam y la República Dominicana.

Debate la OEA el "Caso Dominicano" y aprueba el 6 de mayo, con votación de 14 a 5, la creación de una fuerza interamericana para restablecer la paz. Se opusieron a la medida Chile, Ecuador, México, Perú y Uruguay. En esta decisión sin precedente, la OEA envía a una nación del continente una fuerza militar internacional para garantizar la paz: Brasil, Paraguay, Costa Rica y Honduras son las que aportan miembros de sus respectivos ejércitos.

Al día siguiente queda constituida en Santo Domingo una Junta de Gobierno encabezada por el Gral. Antonio Imbert Barreras, figura central en el ajusticiamiento de Rafael Leónidas Trujillo. Pocos días después el Consejo de Gobierno que preside Imbert controla el territorio nacional y el 90% de la ciudad de Santo Domingo.

Los propios miembros de la Comisión Especial enviada por la OEA a la República Dominicana confirmaron una fuerte infiltración comunista entre los rebeldes.

---

[312] Lady Bird Johnson, "Diario de la Casa Blanca".

Las fuerzas interamericanas avanzan en Santo Domingo para formar una "zona de seguridad" que comprendía una gran parte del área residencial de la capital donde se encontraban las embajadas y la Nunciatura Apostólica.

Ya antes, en la noche del domingo 2 de mayo, el Presidente Johnson había sido muy específico en su discurso a la nación Americana:

"...yo quiero que ustedes sepan que no es fácil para un presidente enviar a nuestros jóvenes a otro país, pero yo no creo que el pueblo americano espera que su presidente vacile al enfrentar un peligro sólo porque resulta una decisión difícil de tomar".

"El movimiento revolucionario (en la República Dominicana) dio una trágica vuelta. Dirigentes comunistas, muchos de ellos entrenados en Cuba, viendo una oportunidad de crear más desorden, se incorporaron a la Revolución...Lo que comenzó con una "revolución popular democrática" cayó en una banda de conspiradores comunistas".

No se limita Johnson al envío de efectivos militares a República Dominicana. Usa también todos los recursos diplomáticos disponibles para tratar de conseguir que las dos fuerzas antagónicas acuerden respaldar a un gobierno de tránsito. Primero, envía a Santo Domingo, el 30 de abril, al antiguo embajador John Bartlow Martin. Luego, en mayo 15, estarán en la capital dominicana McGeorge Bundy, Thomas Mann, Cyrus Vance y Jack Vaughn que recién ha sustituido a Mann como Subsecretario de Estado para Asuntos Interamericanos. No tuvieron mucho éxito estas primeras gestiones.

Otras prominentes figuras que habían servido con lealtad a distintas administraciones Demócratas respaldaron en este difícil trance al Presidente Johnson. Éste fue el caso de Adolf Berle, ya en el ocaso de su útil vida pública.

El hombre que había ocupado destacadas posiciones en la política exterior americana bajo todas las administraciones Demócratas (Woodrow Wilson, Franklin D. Roosevelt, Harry Truman y John F. Kennedy), y tenía un perfecto dominio del español por haber vivido durante muchos años en la propia República Dominicana, apoyó las decisiones tomadas por el Presidente Johnson. El 3 de junio de 1965 le hizo llegar al mandatario norteamericano un memorándum que tituló: "La Ocupación Dominicana y la Guerra Fría en el Caribe".

Decía Berle en aquel memorándum que el presidente no podía olvidar el caso cubano ni el intento de colocar cohetes en la isla en 1962, y que lo que movía a los que provocaban el desorden en la República Dominicana no era el beneficio a los habitantes de aquella isla sino la enemistad hacia los Estados Unidos.

NO SE PERMITIRÁ OTRA OPERACIÓN CASTRISTA

Las erróneas decisiones tomadas por la anterior administración norteamericana en el caso cubano estaban presentes en la mentalidad de los más altos funcionarios. "Esta vez —dijo el Vicepresidente Hubert Humphrey— no habrá errores. No se permitirá que una operación de tipo castrista se establezca en la República Dominicana".[313] Abundan los mediadores. Comisiones de la OEA, de las Naciones Unidas, ex-presidentes latinoamericanos, enviados especiales del Presidente Johnson y otras personalidades presentan fórmulas para terminar el sangriento conflicto.

Tantos son los mediadores que pronto se impugnan los unos a los otros. La Comisión de Paz de la OEA, al regresar de la República Dominicana, acusó a las Naciones Unidas de comprometer los esfuerzos de la OEA y pidió que el Secretario General de las Naciones Unidas suspendiera todas sus gestiones en la isla.[314] Las dos organizaciones multinacionales pugnaban la una con la otra para recibir el crédito de un cese al fuego que aún no se había logrado.

---

[313] Cable de la UPI de mayo 11 de 1965.

[314] Informe de la Comisión de Paz de la OEA de Mayo 20, 1965.

LA ONU: CAJA DE RESONANCIA PARA CASTRO

El Consejo de Seguridad de las Naciones Unidas servía de tribuna y caja de resonancia al representante de Cuba, Fernando Álvarez Tabío, para presentar la posición castrista y fustigar a la OEA como "el Ministerio de Colonias de los Estados Unidos". Durante varios días Álvarez Tabío trató de someter los informes y comunicaciones de la OEA al Consejo de Seguridad de las Naciones Unidas. Pretendía el representante cubano, inútilmente, que las decisiones de la ONU prevaleciesen sobre los acuerdos de la OEA aunque "la carta de las Naciones Unidas reconoce plenamente la importancia de los acuerdos regionales para el mantenimiento de la paz y estimula el apropiado recurso al sistema de tales acuerdos". Estaba Álvarez Tabío molesto, profundamente irritado, por "la réplica de olímpico menosprecio del representante de los Estados Unidos a mi intervención".[315]

La lucha aumentaba en la isla. "El poder en la República Dominicana, en aquellos días negros, apuntaba McGeorge Bundy, estaba en las calles".[316] Ya se encontraba en aquella isla el embajador Ellsworth Bunker como representante personal del presidente y el Gral. Bruce Palmer "el más calificado de los oficiales del Pentágono". Definitivamente, la República Dominicana no sería una segunda Cuba.

José Antonio Mayobre, Representante Personal en Santo Domingo del Secretario General de las Naciones Unidas, había negociado una tregua para darle a la Cruz Roja la oportunidad de recoger los cadáveres de aquellos que habían perecido en los últimos días de la semana que terminaba el 22 de mayo; pero José A. Mora, Secretario General de la OEA, trataba de lograr un poco más: convertir en tregua permanente la cesación de hostilidades que se había concertado por veinticuatro horas. Eran, por el momento, acuerdos sólo en el papel.

---

[315] Intervención del Embajador Álvarez Tabío ante la Sesión del Consejo de Seguridad, mayo 4, 1965.

[316] Philip Geeyelin, "Lyndon B. Johnson y el Mundo".

Finaliza el mes de mayo con Imbert, que preside el Gobierno de Reconstrucción Nacional, manteniéndose firmemente en el poder. Las hostilidades han cesado esos últimos días. McGeorge Bundy, asesor del Presidente Johnson, se reúne en la capital dominicana, por cuatro horas, con el Coronel Caamaño. Fracasa la huelga general convocada por los seguidores del líder rebelde que se autotitula "presidente constitucionalista". Haciendo juegos malabares con el idioma, la prensa cubana llama "golpistas" a las fuerzas del gobierno, y "constitucionalistas" a las de Caamaño.

Junio va terminando con noticias preocupantes para Castro. Se internan en los montes, derrotadas, "las fuerzas constitucionalistas" de Caamaño. Y de Argelia llega una alarmante noticia: Ha sido depuesto el Presidente Ben Bella. Se ignora su paradero.

Para agosto, la crisis dominicana había quedado resuelta. La Junta Cívico Militar presidida por Antonio Imbert presenta su dimisión y asume el poder Héctor García-Godoy que habrá de presidir el Gobierno de Reconstrucción Nacional. Caamaño, de regreso de los montes, se entrevista con García Godoy y, días después, sus fuerzas entregan las armas. La Fuerza Interamericana de Paz comienza a retirarse del país.[317] La intentona golpista, alentada por Castro, ha fracasado.[318]

Liquidada la intentona golpista de Caamaño, desconocido el paradero de Ben Bella, amigo de la Revolución Cubana; marginado el díscolo y ya no confiable Guevara; ahondada la crisis que separa a Moscú de Pekín, el régimen cubano dirige su esfuerzo a recoger "la gran cantidad de armas de combate que han quedado diseminadas por todo el país".

A ese efecto, el MINFAR y MININT conminan, a través de Avisos Preventivos, a que antes del "primero de septiembre del año en curso, todos los ciudadanos, sean miembros o no de Uni-

---

[317] Se convoca a elecciones libres y democráticas que se celebran en junio de 1966. Joaquín Balaguer, que se encontraba en Nueva York cuando la revolución se había iniciado, salió triunfante. Juan Bosch, que permanecía en Puerto Rico cuando el brote revolucionario, fue derrotado en las urnas. Fidel Castro había perdido una nueva batalla.

[318] Pacificado el país, el presidente García-Godoy fuerza el retiro del Gral Wessin quien parte hacia Miami el 10 de septiembre.

dades de Reserva o de la Defensa Popular, entreguen las armas de combate, parque, que tuvieran en su poder". El primer Aviso Preventivo se publica el 13 de agosto; el último, el 28 de septiembre.

La repetición de estos avisos y las continuas referencias que a ellos se hacían, mostraba la preocupación del gobierno por la resistencia interna que el régimen se esforzaba en aplastar.

CAPÍTULO XVI

LIQUIDACIÓN POLÍTICA DE ERNESTO GUEVARA

SE VAN DISTANCIANDO CASTRO Y EL CHÉ

Las negociaciones soviéticas realizadas a espaldas de los dirigentes cubanos durante la Crisis de los Cohetes, acentuaron en Guevara su distanciamiento de la línea moscovita. También, de los integrantes de la Vieja Guardia.

En el campo doméstico el Ministro de Industrias fracasaba en su programa de "industrialización acelerada" y de "diversificación de la economía"; al tiempo que, en la arena internacional, se distanciaba de la línea de Moscú al oponerse a la política de "coexistencia pacífica" y abogar por el camino de la lucha armada. El Ché había tomado, abiertamente, una posición Maoísta; pro-china. Sostenía, ante el imperio que ya estaba sufragando los elevados gastos de la Revolución Cubana, una actitud descarnadamente antisoviética. Posición tolerada, tal vez alentada, por Castro en los meses que transcurren entre la Crisis de los Cohetes (octubre 1962), cuya solución tanto lo irritó, y su regreso de Moscú en junio de 1963; pero, no más allá.

Castro llegó de Moscú domesticado. El Ché, sin embargo, se mostraba cada vez más reacio a aceptar los dictados soviéticos. Ya había mostrado el antiguo jefe de La Cabaña[319] profundas diferencias, fundamentalmente teóricas, con Carlos Rafael Rodríguez, Director del INRA. En agosto de 1963, en el periódico Revolución, hace una descarnada crítica a la actuación —o no

---

[319] En enero 2 de 1959 es designado Jefe Militar de la Fortaleza de La Cabaña, pasando a ocupar, en octubre 7 de aquel año, la jefatura del Departamento de Industrias del INRA. El 26 de noviembre asume, también, la presidencia del Banco Nacional de Cuba en sustitución de Felipe Pazos. El 23 de febrero de 1961 se crea el Ministerio de Industrias y Guevara es designado ministro.

participación— de los dirigentes del antiguo Partido Socialista Popular en la lucha contra Batista.

En septiembre de 1963 ocupa la tribuna del Primer Encuentro Internacional de Profesores y Estudiantes de Arquitectura, celebrado en La Habana. Enfatiza aquella tarde que "los deberes de la Revolución Cubana están más allá de las fronteras de la isla. Cuba tiene el deber de expandir la llama ideológica de la Revolución por todos los rincones del continente".

A Moscú le preocupaba que "la exportación de la Revolución" emanada desde Cuba, favoreciese a China, ya que mientras la Unión Soviética abogaba por la "coexistencia pacífica", Pekín respaldaba —al menos, de palabra— la lucha armada.

La quiebra del, hasta ayer, monolítico bloque chino-soviético se hacía evidente en toda la América Latina. Cuba no sería la excepción.

En el hemisferio, debido en parte al limitado número de embajadas soviéticas en el área durante aquellos años, la posición soviética contra China era generalmente expresada por los partidos comunistas prosoviéticos y no por los representantes diplomáticos de Moscú.[320] Actitud consecuente con la posición tradicional asumida por estos partidos que, sin vacilación alguna, se alineaban servilmente a la línea trazada por el Partido Comunista de la Unión Soviética.

En algunos países, como Venezuela y Guatemala, -anota William Ratliff en la obra citada- donde los partidos comunistas no se dividieron siguiendo líneas chino-soviéticas, los ataques a la línea china fueron mantenidos a un mínimo o no existieron.

Las diferencias entre Cuba y la Unión Soviética (en un principio expresadas por Castro y Ché Guevara; luego, sólo por Guevara) se centraban, fundamentalmente, sobre cual debía ser el camino revolucionario apropiado para los países latinoamericanos. Los partidos pro-soviéticos en Latinoamérica, con tácito respaldo ruso, calificaban a los grupos de guerrilleros como "ultraizquierdistas", "pequeños burgueses" o "maoístas".[321]

---

[320] William E. Ratliff, "Castroísmo y Comunismo en Latinoamérica, 1959-1976".

[321] William E. Ratliff. Obra citada.

Cuba, con las limitaciones que le imponía su dependencia económica, sostenía que los partidos pro-soviéticos "no se encontraban en la vanguardia de la lucha revolucionaria", apuntando, principalmente, hacia el Partido Comunista de Venezuela.

Los ataques a la tibia posición de Moscú volverán a surgir, pocos años después, en el enjuiciamiento a Aníbal Escalante y su llamada "microfacción".[322] Por supuesto, la Unión Soviética no deseaba ver su bandera marginada de la lucha guerrillera en Latinoamérica y oficialmente sostenía que "ningún partido comunista en Latinoamérica niega las proposiciones marxistas-leninistas sobre el camino armado en la lucha revolucionaria".

Dentro de ese marco —que, repetimos, hizo crisis años después, en 1968, en el juicio de la microfacción—, se desarrollaba el gradual distanciamiento entre Fidel Castro y el Ché Guevara. El primero alentando y abogando por la acción guerrillera en Latinoamérica pero, al mismo tiempo, viéndose sometido a los dictados de Moscú; mientras que el militante argentino, sin atadura alguna, se concentraba en su tema favorito: La Revolución Latinoamericana. Para producirla sólo había un camino que él pretendió facilitar con su obra "La Guerra de Guerrillas: Un Método", un resumen del cual fue publicado por "Cuba Socialista" en septiembre de 1963.

El Ché defendía "la socialización total de la distribución... la Revolución es sacrificio, lucha, confianza en el futuro". Combatía "el interés, el lucro y los estímulos materiales". En una de sus muchas polémicas concluyó con esta frase: "Es necesario cambiar la mentalidad para obtener un *hombre nuevo*". La frase tuvo fortuna pero "el hombre nuevo" del Ché Guevara no se distinguió, para bien, del "hombre antiguo". Fue, sólo, una frase vacía.[323]

En el cuadro político de la isla, apuntaba un periodista francés, Dorticós era el blando; Castro el semiduro, y Guevara el duro. Pero concluía, con absoluta precisión, que en esa pugna Castro era el árbitro.

---

[322] Enero a Febrero de 1968.

[323] "Para crear al *hombre nuevo*, el Ché no vacilaría en exterminar a la humanidad" (Luis Ortega en "Yo soy el Ché". 1970).

LAS RELACIONES CHINO-SOVIÉTICAS HACEN CRISIS

A medio mundo de distancia, cuando, en noviembre de 1963, el Presidente Kennedy era abatido en las calles de Dallas, se celebraba en Pekín la sesión final del Segundo Congreso Nacional del Pueblo.[324] Con este largo nombre se identificaba al Congreso de la República Popular China cuyos 10,000 diputados seguían dócilmente la línea de Mao Tse-Tung, de abierta confrontación —en aquel momento— a la política de coexistencia pacífica enarbolada, un poco a regañadientes, por Nikita Kruschev.

A fines del pasado año las relaciones chino-soviéticas se habían deteriorado aún más por la decisión, inconsulta, del Premier Soviético de retirar de Cuba los cohetes nucleares. Decisión que fue duramente criticada por Pekín que calificó de "capitulacionista" la política soviética. En julio de 1963, quedaron rotas las conversaciones bilaterales entre ambos países al considerar Mao que la Unión Soviética había violado el Tratado de Amistad y Asistencia Mutua firmado por los dos países, al retirarle Moscú a China asistencia técnica. La verdadera razón parecía encontrarse en la intención de Kruschev de llegar a un arreglo con los Estados Unidos sin contar con la China de Mao.

En esa pugna Kruschev utiliza al líder caribeño. En enero de 1964, como ya señalamos, Castro vuelve nuevamente a Moscú. Lo acompañan, esta vez, los comandantes Pedro Miret, Aldo Santamaría y René Vallejo y el Capitán Bienvenido Pérez. También participarán en las pocas recepciones oficiales, dos funcionarios cubanos que radican en Moscú: el Agregado Militar, Comandante Eduardo Suñol y el Encargado de Negocios de Cuba en la URSS, Manuel García Fuentes. Firma Castro un convenio,

---

[324] El Segundo Congreso Nacional del Pueblo se venía celebrando, intermitentemente, desde 1958. En marzo de 1962, luego de un lapso de dos años, se desarrolló, a puerta cerrada, también en Pekín, la tercera sesión de este dilatado Congreso. Se mantenía intacto, en lo externo, el "monolítico bloque chino-soviético". Aunque en las Naciones Unidas la Unión Soviética votaba consistentemente en favor de la China Comunista, como en la separación de la China Nacionalista del alto organismo internacional, las relaciones se iban resquebrajando por la posición neutral asumida por la Unión Soviética en el conflicto fronterizo de China con India y por los esfuerzos soviéticos de estrechar sus relaciones con la disidente Yugoeslavia, mientras China cortejaba al gobierno de Albania.

a largo plazo, sobre suministros de azúcar a la Unión Soviética, pero le hacen ver al mandatario cubano que es una limosna:

> *"No obstante que la Unión Soviética está en condiciones de fabricar una cantidad de azúcar suficiente para satisfacer la demanda de su población y para la exportación, sin embargo, tomando en cuenta las relaciones de amistad fraternal existentes entre la República de Cuba y la Unión Soviética se ha llegado a este Acuerdo".*

Quedaba nuevamente Cuba condenada a la monoproducción y a la monoexportación. Las relaciones que antes eran "repudiables por explotadoras" con los Estados Unidos, son, ahora, el reflejo del "espíritu de sincera y cordial amistad entre la Unión Soviética y Cuba".

Al mismo tiempo en La Habana, se formaliza un Protocolo de Comercio con la República Popular China. La China comunista suministrará arroz, soya, aceite, carnes en conserva, tejidos de algodón, papel, laminados de acero, maquinarias, productos químicos, medicamentos y otras mercancías. Cuba ofrecería a la China comunista azúcar cruda. Era, como vemos, un intercambio de fantasía. La supuesta importación de arroz se convertirá en pretexto o razón para una profunda crisis en las relaciones de Cuba con China, y Cuba estaría incapacitada de cumplir los suministros de azúcar ofrecidos, simultáneamente, a la Unión Soviética y a la China de Mao.

Entró y salió Castro de Rusia sin fanfarria alguna. Su sumisión ya es plena. Ahora se toma al dirigente cubano como a una mujer fácil a la que no hay que halagar ni es conveniente exhibir. La visita se realiza sin el derroche publicitario del viaje anterior. Apenas si hay fotos o declaraciones.

Los intereses de las dos grandes naciones del bloque comunista, China y la Unión Soviética, chocaban. Cuba se encontraba entre ambas potencias. Pekín objetaba vociferadamente la política soviética de "coexistencia pacífica". Las relaciones se hicieron más críticas en el Consejo de Solidaridad de los Pueblos Afro-Asiáticos celebrado en Argelia en el mes de marzo.

En abril, China logró, en reunión celebrada en Jakarta, excluir a Moscú de participar en la Segunda Conferencia de Dirigentes Asio-Africanos que se celebraría en febrero del próximo año. Kurschev perdía prestigio en su histriónica lucha con la China de Mao.

En octubre de 1964 Castro recibió una inesperada sorpresa. Durante la segunda semana de octubre, Osvaldo Dorticós y Raúl Roa presidieron una delegación que asistía a una reunión en El Cairo de las Naciones No Alineadas. Llevaban con ellos una carta de Castro sugiriendo una conferencia en La Habana para el año siguiente.

Al terminarse la Conferencia Dorticós siguió hacia Moscú donde fue recibido por Anastas Mikoyán. Horas después, el 16 de octubre, conoció Dorticós, en Moscú, que Nikita Kruschev había sido depuesto y sustituido por Leonid Breznev como Secretario General del Partido Comunista, Aleksei Kosygin como Premier, y Nicolai Podgorni como Jefe de Estado. Días después, en noviembre, el Ché Guevara voló a Moscú en lo que sería su última visita.

No demoró en hacerse público un documento de los nuevos líderes soviéticos acusando a Kruschev de una treintena de errores políticos, entre ellos, su irresponsabilidad, en 1962, de introducir cohetes en Cuba.

De regreso a La Habana, donde ya se sentía incómodo, el Comandante Guevara se preparaba para participar en la reunión de dirigentes afro-asiáticos.

GUEVARA EN LAS NACIONES UNIDAS

Primero, hablaría en la Asamblea General de las Naciones Unidas, y luego se trasladaría, de inmediato, a Argelia para establecer los contactos necesarios en otros países de África en un recorrido que le habrá de tomar tres meses y que producirá un mayor distanciamiento entre los dos guerrilleros de la Sierra Maestra cuyos grandes egos no les permite vivir, juntos, en tan pequeña isla.

Guevara arribó a Nueva York en diciembre de 1964 para hablar ante la Asamblea General bajo muy estrictas medidas de seguridad. Tantas, que la Delegación Cubana se reservó el derecho de cambiar el turno del combatiente argentino para el viernes 18 o el lunes 21. Había llegado el jueves 10. La policía neoyorkina no informó, siquiera, donde se hospedaría. Cientos de detectives y policías uniformados fueron encargados de mantener el orden en los alrededores de las Naciones Unidas y custodiar la persona de Guevara durante su estadía en la ciudad. Recogían el hecho las agencias noticiosas.

Miles de exiliados cubanos habían, desde antes, comenzado los preparativos para efectuar manifestaciones de protesta en contra del antiguo jefe de La Cabaña.

No fue el 18 o el 21 que Guevara habló en el organismo internacional. Inesperadamente, fue el viernes 11 que el Ministro de Industrias de Cuba pronunciaba su discurso ante la Asamblea General de las Naciones Unidas. Resultó un discurso sonado y sonoro. Una explosión frente a aquel edificio provocó que se elevara una columna de agua de siete metros de altura. La explosión sacudió el inmueble. De inmediato, se consideró que "personas no identificadas realizaron un disparo de mortero...que cayó en el Río Este, a unos 30 metros de distancia de las Naciones Unidas". Cientos de manifestantes anticastristas que desfilaban en el exterior lucharon por penetrar en el edificio.

En "una búsqueda sin precedente por tierra, río y aire", la policía encontró un mortero tipo militar y un equipo electrónico de disparo, al otro lado del Río Este frente al rascacielo de 39 pisos de las Naciones Unidas.

Guevara no pareció inmutarse, y continuó su extensa disertación.

Algunas acotaciones de su discurso lo distanciaban de la línea soviética: "El camino de la liberación, que es el del socialismo, se logrará con balas en casi todas partes" y "la coexistencia pacífica no puede significar coexistencia entre explotadores y explotados; entre opresores y oprimidos".

Poco después de terminar su discurso en la XIX Asamblea General de la ONU, volvió a la tribuna, esta vez para arremeter contra los delegados de Costa Rica y Nicaragua por la "cómplice tolerancia de los gobiernos de esos países a bases de contrarrevolucionarios" que allí funcionan. Ya, para entonces, las bases se estaban cerrando.

Cuando Guevara retomó la palabra en las Naciones Unidas lo hizo, primordialmente, aguijoneado por los comentarios del Ministro de Relaciones Exteriores de Nicaragua, Alfonso Ortega Urbino, quien al referirse a las palabras de Guevara afirmó: "Hemos oído al delegado cubano pronunciar un discurso ruso con acentos argentinos". Tal vez lo que, en aquel momento, más le mortificó fue el calificativo de "discurso ruso". Porque, insospechadamente para el canciller nica, era hacia la Unión Soviética hacia quien comenzaba a dirigir el guerrillero argentino sus dardos envenenados.

A los dos días de su exposición en el organismo multinacional, el Ché fue invitado al programa Face the Nation, de la CBS, ante un panel compuesto de los periodistas Tad Szulc, de The New York Times y Paul Niven y Richard Hottelet, de la propia CBS. Los tres entrevistadores eran corresponsales acreditados ante las Naciones Unidas y conocedores de las luchas internas dentro del grupo dominante en Cuba y sus difíciles relaciones con la metrópoli soviética. Pero el Ministro de Industrias evadió toda referencia a las pugnas y tensiones entre los integrantes de la "vieja guardia" del comunismo cubano y los demás miembros del gobierno, así como a la cuerda floja que, en esos momentos, bailaba Cuba en sus relaciones con Moscú.

Al salir del estudio de televisión, el Ché tuvo que enfrentarse nuevamente a centenares de anticastristas que proferían los gritos hostiles que ya había escuchado al llegar y salir, días atrás, de las Naciones Unidas.

Mientras, la policía continuaba su investigación sobre el "bazukazo" a las Naciones Unidas. El 22 de diciembre, tres cubanos fueron arrestados, acusados del ataque del día 11. La policía los identificó como "Carlos Pérez, de 31 años, mecánico de teletipos; Ignacio Novo, de 26, vendedor de zapatos y un hermano de Novo que trabaja como portero en North Bergen, New Jersey".

Eran miembros del Movimiento Nacionalista Cubano, organización recientemente creada que utilizaría medios de lucha no convencionales, dirigida por Felipe Rivero quien dio a conocer que "Ignacio Novo era el Secretario General, Guillermo Novo el

Delegado en New Jersey y Julio Carlos Pérez el Jefe del Departamento Naval."[325]

El juicio de los tres combatientes cubanos quedó señalado para el 6 de enero, y , luego, pospuesto varias veces, se celebró en el mes de junio.[326]

La visita del Ché Guevara a los Estados Unidos perseguía un propósito, para él, más importante que hablar en el recinto de la ONU: fortalecer en unos casos e iniciar, en otros, contactos con las delegaciones afroasiáticas con vista al Seminario de la Organización de Solidaridad Afroasiática que se celebraría en Argel. El 17 de diciembre partía rumbo a Argel donde lo recibió Ben Bella. Conversaron,[327] reservadamente, sobre la forma de enfrentar a los rusos en la conferencia del mes de febrero, sin necesidad de alinearse en el frente chino. Allí se mantiene durante una semana en plena actividad estableciendo los contactos con los grupos revolucionarios del continente americano y preparando su intervención en el Seminario de Solidaridad.

HACIA EL CORAZÓN DE ÁFRICA

Una semana después, el 26 de diciembre, el Ché estaba en la República de Mali, la pequeña nación del oeste de África que limita con la propia Argelia. Ya comenzaban a llamarlo en aquel continente "el Mao de América Latina". Terminaba el año 1964. Llega en enero 2 al Congo Brazzaville, la antigua colonia francesa que, pocos meses antes había establecido relaciones diplomáticas con Argelia y, poco después, lo hará con la China de Mao Tse-Tung. Parte en enero 8 hacia Guinea gobernada por Sekou Doure, que recientemente había intercambiado visita con Shou En-Lai, el Primer Ministro de la República Popular China, y

---

[325] Cable de la A.P., diciembre 23, 1964. Miami News.

[326] Por un tecnicismo legal (el caso Escobedo —precursor de la doctrina Miranda que obliga a las autoridades a leerles sus derechos a los detenidos—) los encartados, a quienes se les había fijado una fianza de $5,000, quedaron en libertad. (Entrevista de Guillermo Novo con el autor).

[327] Hugo Gambini "El Ché Guevara".

con el Presidente de Argelia, Ben Bella. Doure[328] mantenía una línea Maoísta en su política exterior, y se manifestaba en favor de las guerras de liberación nacional.

Significativamente, la prensa cubana que viene cubriendo con grandes titulares y fotos, en su primera plana, el recorrido del Comandante Guevara, no hace mención alguna de sus actividades, contactos y entrevistas en este país africano que se mueve en la órbita china, y donde ha permanecido por más de una semana.

Durante esos ocho días en que permanece en la pro-china nación africana, el nombre de Ernesto Guevara ha desaparecido de la prensa oficial. Se publican dos artículos sobre la amistad de los pueblos de Cuba y Guinea sin, siquiera, hacer mención en las largas cuartillas del nombre del Ministro de Industrias. Con esto, Castro le ha enviado un claro mensaje al guerrillero argentino: estamos obligados a mantenernos a la línea soviética. Guevara desdeña el aviso. Volverá a cometer el error y lo pagará caro.

El incansable viajero sigue visitando capitales africanas en busca de respaldo a su tesis de la lucha armada y, también, para mantenerse alejado de la isla del Caribe que ya resultaba muy pequeña para sus ambiciones y sueños.

Al salir de Guinea y dirigirse a Ghana vuelve Guevara a aparecer en la prensa controlada de La Habana. Se traslada el 16 de enero a Ghana y se entrevista con el mandatario Kuame Nkrumah. Ghana, Guinea y Mali eran un triángulo clave en el recorrido de Guevara, pues los tres países habían pactado luchar por la unificación de África Occidental.

Ha visitado, hasta ese momento, además de Argelia, países que forman el corazón de África. En Ghana ha permanecido otra semana y todas sus actividades han sido destacadas en la primera plana del periódico Revolución. Siguió el 21 de enero a Dahomei. Acompañado del Comandante Jorge Serguera, embajador cubano en Argelia, regresa a ese país el 25 de enero. Se reúne

---

[328] Había sido el embajador de Guinea en La Habana quien, el pasado año, había informado al embajador norteamericano William Attwood las posibilidades de propiciar un acomodo entre los Estados Unidos y Castro (Ver capítulo VI).

con Ben Bella informándole los pormenores de su viaje y con él discute los asuntos que a ambos interesan: los países del Tercer Mundo, la disputa entre China y la Unión Soviética y, por supuesto, los temas que Guevara quiere desarrollar en el Segundo Seminario Económico de la Organización de Solidaridad Afro Asiática. Planeada tenía una visita a Tanzania y a la República Arabe Unida. Pero hubo un cambio repentino de planes. Algo inesperado, no programado, ocurre.

EL VIAJE VEDADO

Hasta ahora, repetidamente, la prensa cubana ha destacado, con excepción de su estadía en Guinea, "la gira del Comandante Guevara por países africanos".[329] El 30 de enero, una pequeña nota en la prensa de La Habana informa que "Ché llega a París. Irá a Pakistán". Será a Cantón donde llega el Ministro de Industrias. El 2 de febrero se conoce el arribo de Ernesto Ché Guevara a Cantón, en la República Popular China. Decisión repentina, in-

---

[329] Antes de iniciar su viaje, Ché Guevara era, permanentemente, noticia de primera plana para la prensa controlada del régimen. Veamos:

FECHA	PROMINENCIA
Dic. 1o.	Primera plana. Foto. Resumen de acto en Santiago de Cuba.
Dic. 3	Primera plana: Palabras en la Universidad de Oriente contra el Burocratismo.
Dic. 4	Un mural sobre normalización técnica del Ministerio de Industria
Dic. 9	Primera plana: Ché Guevara hacia las Naciones Unidas
Dic. 10	Primera plana: Guevara hablará mañana en la ONU
Dic. 11	Primera plana: Guevara hablará hoy en la Asamblea General
Dic. 12	Primera plana: "Luchará el pueblo de Cuba junto a su Gobierno", Ché.
Dic. 14	Primera plana: Ché en la TV de Estados Unidos
Dic. 15	Primera plana: Reunión de Ché y Gromyko
Dic. 18	Primera plana: Parte Ché de Nueva York hacia Argelia
Dic. 19	Primera plana: Ché arribó a Argelia
Dic. 22	Primera plana: Ben Bella celebró nueva reunión con Guevara
Dic. 23	Primera plana: Ché en Argelia. ¿Razón de su viaje? Visitar varios países africanos
Dic. 26	Primera plana: Guevara hacia Mali
Dic. 29	Primera plana: Entrevista del Comandante Guevara y el Ministro de Justicia de Mali.

Durante el mes de enero de 1965 continúa este prominente destaque del Comandante Guevara; el único culto a la personalidad, distinto al suyo propio, que permite Fidel Castro. Hasta el inesperado, sorpresivo, viaje a la China de Mao.

consulta. Error de apreciación que habrá de costarle caro al "condottiero" argentino.[330] El inesperado y, muy probablemente, inconsulto viaje a Cantón, donde se entrevista con Mao Tse-Tung, ahondará las diferencias ya casi insalvables entre el dogmático e inflexible Guevara y el pragmático y moldeable Castro.

La decisión de Guevara sorprende e irrita a Castro y, para salvar en algo las apariencias, la prensa oficial informa que "con esta visita inicia Guevara su anunciada gira por distintos países asiáticos". Con este viaje, Guevara exterioriza su distanciamiento de la línea soviética de Castro. El dictador cubano no se lo perdonará.

En esos momentos, Guevara se siente alejado de la Unión Soviética. Pronto, dentro de pocos meses se apreciará, también, su distanciamiento de Castro.

En el número de Revolución de febrero 3 de 1965 apareció la inesperada noticia: "Llegó Ché Guevara a Cantón. Recibido por líderes del partido comunista en la región". Pero en la edición del día siguiente eran declaraciones de Fidel Castro y una foto de Raúl Castro las que tomaban la primera plana

Además de las palabras de Fidel: Casilda; el viaje de Kosygin a Vietnam; Camilo José Cela; y los 27,000 macheteros ubicados en el corte de caña. A quien no se pudo ubicar en el periódico fue al Ché. La prensa cubana no vuelve a hacer mención del Ché Guevara ni de su viaje.

Ya el 29 de enero había conocido Fidel, y los hombres de su confianza, la decisión de Guevara de ir a China a entrevistarse con Mao Tse-Tung. Por eso, Carlos Rafael Rodríguez, de inmediato, con la obvia autorización de Castro, comienza la tarea de colocar en su sitio a este díscolo guerrillero que se había jactado de su profundo dominio de los principios marxista-leninistas y que, en su arrogancia, pretendía trazarle pautas a Fidel.

Durante la sesión final de trabajo en la reunión nacional del INRA celebrada el sábado 30 de enero de 1965, Carlos Rafael le lanza esta andanada al disidente Ministro de Industrias que ha defendido la línea Maoísta y el principio de los incentivos morales:

---

[330] Una afectuosa carta dirigida a sus padres, escrita probablemente en mayo de 1965, y en la que les anuncia, vagamente, su salida de Cuba, la termina con la frase "acuérdense de vez en cuando de este pequeño condottiero del siglo XX".

"Podemos afirmar, que en lo que a nosotros atañe, al concebir los incentivos materiales como instrumentos de trabajo, no hacemos otra cosa que entenderlos en la forma que el creador genial del socialismo, Carlos Marx lo postuló, cuando analizó estos problemas y en particular en su célebre "Crítica al Programa de Gotha" de los socialista Lassallanos".[331]

El viejo militante comunista identifica las ideas de Guevara con las de Lassalle, uno de los más profundos críticos del marxismo.

Dos párrafos más adelante, en su vitriólico discurso, Carlos Rafael vuelve, sin mencionarlo, a calificar de hereje a Guevara:

"La dialéctica nos enseña a distinguir entre el pensamiento mecánico y el pensamiento que toma en cuenta el desarrollo interno de las propias contradicciones. Es fácil separar de un lado a los partidarios de los incentivos materiales y de otro lado a los partidarios de los incentivos morales"

Acusa, ahora, a Ernesto Guevara de *mecanicista*. Con este ataque sitúa al dirigente fuera de la filosofía marxista

Durante una semana, mientras Guevara se entrevista (sin fruto alguno) con Mao Tse-Tung, la primera plana de Revolución la cubren estas notas: "las palomas mensajeras de Cuba establecen récord mundial"; el "Primer Chequeo de la Molienda"; "Análisis de Metas Educacionales"; "Campaña de Ayuda a Vietnam"; "La Acción en la Poesía y Pintura".

Marcado y comprensible interés tiene Castro en ocultar la escapada hacia Cantón que, por decisión propia e inconsulta, realizó Guevara. Así narra el equipo de "reporteros-escritores de la revista Cuba, de La Habana, dirigido por Lisandro Otero y Ernesto González Bermejo", los últimos días de Ernesto Guevara en el continente africano.

"Al regreso de un recorrido por el interior de Argelia, se anuncia que viajará a la RAU. A comienzos de marzo llega a

---

[331] La "Crítica al Programa de Gotha" se refiere a un análisis, cáustico y mezquino, realizado por Carlos Marx al programa del partido social demócrata alemán que había sido fundado por Fernando Lassalle quien tuvo profundas diferencias con Marx cuando éste dio a conocer su Manifiesto Comunista (1848).

El Cairo. Se entrevista nuevamente con los dirigentes árabes. Y visita la prensa de Aswan, en construcción".

A continuación de ese párrafo termina la historia transcribiendo un cable de Prensa Latina:

*"La Habana, marzo 14, (PL)– El Ministro de Industrias, Comandante Ernesto Ché Guevara, regresó hoy a esta capital después de un recorrido de poco menos de tres meses por varios países de **África**".*

Han suprimido, estos "biógrafos" del Comandante Guevara, su visita a China y su entrevista con Mao Tse-Tung. No podemos culpar a estos "biógrafos", pues la prensa oficial no se hace eco del viaje de Guevara a Cantón. Por eso, dos años después, cuando su muerte en Bolivia lo convierte en noticia obligada, muchos de los que escriben sobre el guerrillero argentino ignoran ese viaje a China al cubrir su periplo por África. Los escritores cubanos (Fernández Retamar, Antonio Benítez Rojo, Reynaldo González, y otros), lo silencian. Otros, no todos cubanos pero simpatizantes de Guevara, mencionan el viaje a China pero sin comentario alguno (Ricardo Rojo, "Mi Amigo el Ché"; Norberto Frontini, "Crítica"; John Álvarez y García, "Ché Guevara"; Luis González, "El Gran Rebelde"; José Leopoldo Decamiri, y otros).

El 12 de febrero llega Guevara a Tanzania en visita oficial de cinco días. Se entrevista con el Presidente Julius Nyerere quien, poco después, también viajará a Pekín. Irá el Ché, luego, a Sudán. La prensa cubana seguirá ignorándolo, hablando del cumplimiento de las metas agrícolas, de la llegada de Rosita Fornés, Fidel, Raúl, Janos Kadar, Dorticós, Hart. De todos, menos de Guevara.

Ya desde el principio del año anterior (1964), era evidente el distanciamiento ideológico entre Pekín y Moscú. El Primer Ministro Chino Chou En-Lai había desestimado todas las exhortaciones de Kruschev para resolver en conversaciones privadas las diferencias que separaban a estas dos potencias socialistas. El camino que recorre en enero y febrero de 1965 Guevara por los países de África lo había transitado en los mismos meses del pasado año, el Primer Ministro Chino. Antes que lo hiciera Guevara, Chou había fustigado de "revisionista" la política de Kruschev. El Premier Chino había visitado Argelia, la República Arabe Unida, Mali, Ghana. Un año después, Guevara seguía los mismos pasos.

El 27 de febrero está, por tercera vez, de regreso en Argel y habla en la Conferencia, como observador cubano, para criticar a los dirigentes soviéticos que quieren

"regatear su apoyo a las revoluciones populares en beneficio de un política exterior egoísta, distanciada de los grandes objetivos internacionalistas de la clase obrera".

El ataque a la política de la metrópoli moscovita es frontal:

"La tarea consiste en fijar los precios que permitan el desarrollo, y habrá que cambiar el orden de las relaciones internacionales. No debe ser el comercio exterior el que fije la política sino, por el contrario, aquel debe estar subordinado a una política fraternal hacia los pueblos".

Con estas palabras sintetizaba Guevara, en el Segundo Seminario Económico de la Organización de la Solidaridad Afro Asiática, sus diferencias con los dirigentes del Kremlin que

"regatean su apoyo a las revoluciones populares en beneficio de una política exterior egoísta, distanciada de los grandes objetivos internacionalistas de la clase obrera"....
*"No debe hablarse más de desarrollar un comercio de beneficio mutuo, basado en los precios que la ley del valor y las relaciones internacionales intercambian e imponen a los países atrasados"... "si establecemos este tipo de relación entre los dos grupos de naciones, debemos convenir en que **los países socialistas son, en cierta manera, cómplices de la explotación imperialista".***

Aquella tarde, en la capital de Argelia, Guevara sabía que con estas palabras quebraba el ya frágil eslabón que lo unía a la Revolución Cubana supeditada, económica y políticamente, a Moscú. Lo confirmaría a su regreso, pocos días después, a La Habana.

La profusa publicidad que, por meses, se le había dado al Seminario impidió que el régimen ignorase la celebración del evento y la presencia de Guevara. En su edición de marzo 2, el periódico Revolución muestra una foto de la presidencia del acto en la que aparecen en primera fila Ben Bella y otras personalidades. Como lacerante humillación al representante cubano concluye así el pie de grabado:

"Al fondo, detrás de Ben Bella, aparece el Comandante Ernesto Guevara"

En efecto, se ve, bien diminuta, apenas la cabeza de Guevara. Está al fondo, no sólo en la foto, sino, también, en los cuadros jerárquicos de la isla. Pronto lo comprobará.

La prensa cubana sólo lo vuelve a mencionar, pero sin mucho destaque, para informar que ha llegado a El Cairo y se ha reunido con ministros de la RAU.

El 14 de marzo, con mucha parquedad, la prensa controlada informa que "el Ministro de Industrias, Comandante Ernesto Ché Guevara regresó hoy a esta capital después de un recorrido de poco menos de tres meses por varios países **de África**". Lo reciben, con marcada frialdad y sin protocolo alguno, Fidel Castro y Osvaldo Dorticós.

CHÉ GUEVARA: UN CADÁVER POLÍTICO

Literalmente el nombre de Ernesto Guevara desapareció de la prensa cubana. Aparece la reproducción, en la revista Verde Olivo, del artículo de Guevara "Socialismo y el Hombre en Cuba" que había sido publicado, semanas atrás, en la revista uruguaya "Marcha", con las críticas expresadas por el Ché Guevara a los errores incurridos por Fidel Castro en el asalto al Cuartel Moncada y su falta de preparación marxista-leninista en los comienzos de la Revolución.

Guevara es degradado. Su democión es completa. Pagaba así su arrogancia de haber calificado —en su artículo de la revista "Marcha", publicado durante su viaje— el ataque al Cuartel Moncada de "fracaso transformado en desastre". Es decir, el Moncada no era, para el ahora apóstata Guevara, el inicio de la Revolución Cubana, como repetían a coro Castro y sus seguidores. El Moncada era "un fracaso", "un desastre".

El Ché no asiste al Ministerio de Industrias; no participa de actividades oficiales; no rinde un informe oficial de su viaje; no forma parte en los preparativos que se realizan para dar a conocer "el nuevo partido". El Ché Guevara ha sido políticamente decapitado.

No puede ocultar que ha fracasado. Que no ha alcanzado ninguno de los objetivos que en su vida política se había trazado: No consiguió persuadir a la Unión Soviética de adoptar hacia Cuba la "equitativa visión socialista de participación internacional que daría a los países subdesarrollados liberados el necesario capital".[332] Fue incapaz de lograr una respuesta generosa en su visita a la supuesta "pura" República Popular China. Igual, o peor, no fue capaz Guevara de anotarse un solo éxito en América Latina en el campo en que se creía experto: la revolución armada.[333]

Era un record de completo fracaso. Lo sabía Ernesto Guevara. Lo sabía, y se lo recordaría con frecuencia, Fidel Castro.

Guevara perdería su Ministerio de Industrias, donde había sido tan evidente su descalabro.[334] Tres meses después de su regreso de ese viaje, Castro critica abiertamente el principio guevarista de los "incentivos morales para la construcción del socialismo". Castro se muestra abiertamente alineado a la línea de Moscú y a los comunistas cubanos de la Vieja Guardia, abogando por los "incentivos materiales"[335] (que, por supuesto, nunca se materializaron para el obrero cubano).

En Argel, el guerrillero argentino había denunciado a la Unión Soviética acusándola de no estar ayudando suficientemen-

---

[332] Palabras de Guevara en el Segundo Seminario Económico de la Organización de la Solidaridad Afro Asiática, en Argel.

[333] Daniel James. "Ché Guevara".

[334] La producción industrial en 1964 se encontraba en un 60% por debajo de la del último año prerevolucionario. "Antes de la revolución la industria cubana -sin contar la azucarera- empleaba una sexta parte de la fuerza laboral del país. El azúcar, el níquel y el tabaco eran un sector de la producción industrial en donde los salarios estaban al nivel de los de los Estados Unidos y, en algunos casos (tabaco), por sobre esos niveles". Radoslav Seluck, economista checo, artículo publicado en la revista "Literrassi Noviny", de Praga, el 8 de agosto de 1964. Fuente: "Informe sobre Cuba", número 94, noviembre 7, 1964, redactado por Antonio Alonso Avila. Archivo personal de Enrique Ros.

[335] Discurso de Fidel Castro el 24 de Julio de 1965, en Santa Clara.

te a los países en desarrollo. "Los países socialistas tienen la obligación moral" de asistir a los países del Tercer Mundo, de lo contrario "se convierten en cómplices de la explotación imperialista". Los soviéticos —había expresado Guevara en varios de sus discursos en diversos países de África— eran unos "revisionistas marxistas"; el peor insulto que, en aquella época, podía lanzarse a un comunista.

Y, ya en La Habana, quien le responde, no es Castro. Será, nada menos, Blas Roca, el más típico representativo cubano de la Vieja Guardia, quien se atreve a responder[336] —con dureza— los exabruptos de quien, hasta ese momento había sido la tercera figura jerárquica en los cuadros dirigentes de la isla. Por supuesto, el acomodaticio Blas no hubiera dado ese paso sin la autorización, —sin el aliento, tal vez— de Fidel y Raúl.

Poco antes[337], Carlos Rafael Rodríguez —cuando Ché Guevara viaja sin autorización previa a Cantón— había iniciado, como ya expusimos, el ataque al "guevarismo".

"La tesis... (de Guevara)... de estímulos morales es un profundo error debido a ignorancia, o a un deseo de enturbiar el problema."

El Ché ha sido totalmente marginado. Ni siquiera le hacen llegar los urgentes mensajes de Buenos Aires que le anuncian la gravedad de su madre y su inminente fallecimiento.[338]

DESAPARECEN NOMBRE Y FIGURA

A los pocos días de la discreta llegada del Ché a La Habana y su sobria recepción, otro personaje también arriba. Regresa a

---

[336] Periódico "Hoy", abril 24, 1965. Mencionado por Daniel James en su obra "Ché Guevara".

[337] Periódico "Hoy", La Habana, enero 31 de 1965.

[338] No le entregan la carta de abril 14 de su madre ni le transmiten la llamada del 10 de mayo colocada por su amigo Ricardo Rojo para informarle del crítico estado de Celia Serna de Guevara, que moriría el 19 de mayo. Al sepelio no asiste representación alguna del Partido Comunista Argentino. (Fuente: Ricardo Rojo, "Mi amigo el Ché".

la capital, "después de visitar la Unión Soviética, Polonia, Hungría y Bulgaria, el Segundo Secretario del Partido Unido de la Revolución Socialista Cubana y Ministro de las Fuerzas Armadas, Comandante Raúl Castro".

Al recibir "a tan distinguido viajero acudieron al Aeropuerto Internacional el Presidente de la República Dr. Osvaldo Dorticós; el Ministro de Relaciones Exteriores, Raúl Roa; los miembros de la Dirección Nacional del PURSC, Comandantes Juan Almeida, Ramiro Valdés, Faure Chomón y Guillermo García; Blas Roca, Carlos Rafael Rodríguez, Capitán Osmany Cienfuegos; el Ministro de Comunicaciones, Comandante Jesús Montane. También se encontraban presentes los comandantes Belarmino Castilla, Rene Rodríguez, José R. Fernández, Rogelio Acevedo, Julio García Olivera, Fernando Ruiz, Rolando Díaz Azdaraín, Narciso Fernández, Diocles Torralba y otros oficiales de nuestras FAR".

Era notable el diferente recibimiento ofrecido a los dos dirigentes; pero no era, aún, perceptible la ausencia de Guevara en este comité de recepción.

El 11 de abril, los más altos funcionarios del Gobierno y dirigentes del Partido "dan el paso al frente en esta nueva batalla, la batalla de la zafra, que es la batalla de nuestra economía".

Con grandes titulares se engalanan las primeras páginas de los periódicos: "Encabeza el Gobierno la marcha hacia los cañaverales". Y mencionan, con gran destaque, "los que han respondido al llamado del Primer Ministro para dar el máximo impulso a la V Zafra del Pueblo. La encabezan el Presidente Osvaldo Dorticós; el Primer Ministro Comandante Fidel Castro; los Ministros y dirigentes nacionales del PURSC, Armando Hart Dávalos, de Educación; Manuel Luzardo, de Comercio Interior y Carlos Rafael Rodríguez; los Ministros y presidentes de organismos Alfredo Yabur, de Justicia; Comandante Jesús Montane, de Comunicación; Marcelo Fernández, de Comercio Exterior, José Llanusa, Director del INDER; Comandante Faustino Pérez, Presidente del Instituto Nacional de Recursos Hidráulicos, y el Capitán Antonio Núñez Jiménez, Presidente de la Comisión de la Academia de Ciencias. Viajan también, Joel Domenech e Isidoro Malmierca".

Se citan otros nombres; pero no aparece, tampoco esta vez, entre los que han partido al corte de caña, el Comandante Ernesto Guevara.

A las 24 horas se da a conocer que la Comisión Interestatal Soviético-cubana "que ha venido discutiendo algunos aspectos del desarrollo de la producción metalúrgica, o fertilizantes y prospectición geológica, había terminado sus trabajos preliminares con importantes acuerdos". Aparecen los nombres de los representantes soviéticos; también el de aquéllos que componen la delegación cubana. El primer nombre que se menciona es el del "compañero Arturo Guzmán, Ministro p.s. de Industrias". No se hace mención del Ministro titular.

La prensa lanza al vuelo sus campañas para destacar, al día siguiente, que "el líder cortó ayer 417 arrobas". Se refería, por supuesto, a "Fidel, que en pleno cañaveral, mientras manejaba la mocha sin tregua, cortando rápido, uniforme con ritmo sostenido, cortó 417 arrobas ayer martes". Se repetían de nuevo, los nombres de los Ministros y dirigentes que con Castro se encontraban: Dorticós, Chomón, Montane, Luzardo, Yabur, Hart, Machado Ventura, Aragonés, Severo Aguirre, Carlos Rafael, Llanusa, Pepín Naranjo, Núñez Jiménez, Malmierca; Boti, Faustino Pérez. Hasta el Comandante Jorge Serguera, el embajador en Argelia que había acompañado a Guevara en su estadía en aquel país del norte de Africa. Todos aparecen. Todos son mencionados, menos uno. En la Cuba oficial, Guevara ya no existe.

Cuatro días después muere, tras una larga dolencia, César Escalante. Fallece el hermano de Aníbal el 18 de abril. El duelo lo despedirá Osvaldo Dorticós, Presidente de la República. Durante tres días se publican largos relatos sobre "este valioso compañero que, enfermo durante más de dos años, siguió trabajando". En tres ediciones consecutivas se publicaron numerosas fotos. En las crónicas se menciona, prácticamente, a toda la dirigencia nacional: Fidel, Raúl, Dorticós, Blas Roca, Carlos Rafael, Haydee Santamaría, Hart, Flavio Bravo, René Vallejo, Raúl Roa, Raúl Curbelo, Ramón Calcines, Ramiro Valdés, Osmany Cienfuegos, José Abrahantes, y a todos los miembros del PURSC. Hasta aparece, en media docena de fotos, Aníbal Escalante, el recién perdonado sectario. En los funerales, en las fotos, en las cronicas, el Ché es el gran ausente.

Pasaron las semanas, los meses. Corren mil rumores sobre la prolongada ausencia de Guevara. Unos afirman que está participando en la cruenta guerra civil que desangra al pueblo dominicano. Otros, especulan que ha regresado a Argel o al Congo. Algunos lo hacen en la Argentina, en Bolivia. En mil sitios a la vez.

En junio 17, con motivo del cuarto aniversario del Ministerio del Interior, al resumir el acto celebrado en el teatro Chaplin habla Castro, sin ton ni son, de las derrotas y los fracasos que "el imperialismo está cosechando en todo el mundo". A continuación, con la misma falta de hilación, menciona, por primera vez en tres meses, a Ernesto Guevara:

"Nuestros enemigos están muy intrigados sobre el Ché Guevara... ¡qué les importa dónde está Guevara!... ¡si están preocupados, que sigan preocupados!... nuestro pueblo no se preocupa, conoce a su Revolución y conoce a sus hombres". [339]

"Cuando se preocupan los imperialistas por el Comandante Guevara es señal que lo respetan. Es señal que lo valoran".

Quien no lo respeta ni, mucho menos, lo valora es Castro. Volverá a silenciar su nombre y lo mantendrá en el ostracismo durante los siguientes cuatro meses. Pocos sospechan la afrenta de que ha sido objeto el otrora orgulloso guerrillero argentino.

LA CARTA SIN FECHA DE GUEVARA

Guevara ha sido sometido a un intenso proceso de autocrítica. Se lo facilita su formación marxista y su interés de salir, cuanto antes, de aquella isla que es ya, para él, una cárcel. Esto explica la redacción de una carta que —aunque escrita en abril será leída, con gran dramatismo, en octubre de ese año— y en la que llena de elogios a su verdugo:

---

[339] Periódico Revolución, junio 17, 1965.

> ..."Mi única falta de alguna gravedad es no haber confiado más en tí desde los primeros momentos en la Sierra Maestra... y no haber comprendido, con suficiente celeridad, tus cualidades de conductor y de revolucionario...".

> ..."Me enorgullezco también de haberte seguido sin vacilaciones, identificado con tu manera de pensar y de ver y apreciar los peligros y los principios".

> ... "Otras tierras del mundo reclaman el concurso de mis modestos esfuerzos. Yo puedo hacer lo que a tí te está negado por tu responsabilidad al frente de Cuba...".

La misiva, sin fecha, fue entregada a Castro "para ser leída en el momento en que lo considerara más conveniente".[340]

La redacción recuerda los testimonios de Zinoviev y Kamenev en los juicios a que fueron sometidos por Stalin en las purgas de los años 20. Trae la imagen, también, de las últimas palabras del General de División Arnaldo Ochoa Sánchez, Héroe de la Revolución, al concluir su alegato frente al tribunal que lo juzgaba:

> "Si yo fuera condenado al paredón, yo le prometo a todos ustedes que, en aquel momento, mi postrer pensamiento estará junto a Fidel y a la gran Revolución que él le ha dado a nuestro pueblo".

Fidel utilizará con maestría la misiva sin fecha del comandante Guevara. Al presentar la composición del Comité Central del Partido Comunista Cubano el 3 de octubre de 1965, Castro muestra la carta y dice textualmente:

> "No fue puesta la fecha, puesto que esta carta estaba para ser leída en el momento en que lo considerásemos más conveniente, pero ajustándonos a la estricta realidad, fue entregada el 1o. de abril de este año,..." (Periódico Gramma, octubre 4, 1965. Primer número de aquel periódico).

---

[340] A la carta del Ché Guevara, Castro, y los escritores que sirven al régimen, le ponen las fechas que más les interesan. A veces afirman que fue escrita el 1o. de abril. Otras veces la cambian al 20 del propio mes. Otras veces, lo que es cierto, tienen que admitir que era una misiva sin fecha alguna.

Ernesto Ché Guevara había sido separado de todos sus cargos, pero nada se había informado a la nación. El 22 de agosto la prensa cubana menciona a Arturo Guzmán como Ministro de Industrias,[341] cargo que ocupaba el combatiente. Pero había sido el 12 de junio —se sabrá después— que Guevara había sido reemplazado en aquel Ministerio. El 28 de septiembre, en la Plaza de la Revolución, Castro anuncia que había terminado los esfuerzos para lograr la organización de un Partido Comunista y que daría a conocer en pocas horas la composición de su Comité Central. Tres días después, el 2 de octubre, el propio Castro relacionaba los nombres de los que compondrían la dirección del partido. No aparecía en esa lista Ernesto Ché Guevara.

A las veinticuatro horas, se informa a la ciudadanía la renuncia de Guevara al ya antiguo Partido Unido de la Revolución Socialista (PURS), a su puesto de ministro (del que ya lo habían renunciado el 12 de junio), a su grado de comandante y a su condición de cubano. A los efectos formales, el documento-renuncia fue escrito, para unos, el primero de abril. Para otros, el 20 de aquel mes. La fecha no importa. La carta significaba para el Ché Guevara poder salir de la isla que ya lo asfixiaba más que el asma que lo atormentaba. Partiría hacia el Congo donde, ya antes, había estado.

En junio de 1965, apenas a los tres meses de su silencioso regreso había sido depuesto el Jefe de la Revolución Argelina. Las alianzas con países africanos que Guevara había formalizado, o al menos, alentado, a la vera de Ben Bella, entraban en crisis. La doble necesidad de alejarse de Castro y de salvar aquellos lazos que con tanto tesón había formado antes lo impulsan a regresar a África. En octubre de 1965 Guevara estaba de regreso en Congo Brazzaville.

SE QUIEBRAN LAS RELACIONES CHINO-CUBANAS

Sin relación alguna, aparentemente, a la defenestación de Ernesto Guevara, pocos meses después, en noviembre de 1965,

---

[341] Agencia Reuter, 22 de agosto 1965.

hicieron crisis las relaciones entre Cuba y China al llegar la delegación económica cubana a Pekín, encabezada por el Director del Ministerio de Comercio, Ismael Bello y enfrentarse a la inesperada negativa del gobierno de Mao a continuar el intercambio comercial de arroz por azúcar.

La República Popular China se negaba a continuar el aumento del volumen de intercambio que se había mantenido en los últimos años. China aducía que no podían ofrecer a Cuba cantidades de arroz superiores a las del año 1964 (135,000 toneladas métricas) por las siguientes razones:

a) Necesidad de crear reservas "en caso de que se produzca un ataque por parte de los imperialistas yanquis".
b) La ayuda que tiene que prestarle a Vietnam.
c) Déficit en la producción de otros cereales, que los obliga a efectuar importaciones del área capitalista.

Por ese motivo, Mao se negaba a recibir para el siguiente año las 800,000 toneladas de azúcar ofertadas por Cuba.

La China de Mao rompía, abiertamente, con la Cuba de Castro.

La reacción no se hizo esperar. En enero 2 de 1966 Castro dio a conocer a la población cubana la inesperada disminución de las importaciones procedentes de China. Esperando, aún, algún posible arreglo no exteriorizó, en aquel momento, ningún virulento ataque contra el gobierno de la República Popular China.

Pero, fracasadas las conversaciones que aún en secreto se mantenían, el 6 de febrero lanzó Castro un feroz ataque contra el gobierno de Mao Tse-Tung. La cruda verdad le llegó al pueblo cubano. La decisión china "encierra una gran hipocresía y revela un sentimiento de menosprecio hacia otros pueblos" dijo, con amargura Castro. "Sus dirigentes no han podido negar que para 1966 sólo aceptaron entregar 135,000 toneladas métricas de arroz. Es decir 115,000 menos que el año anterior, y 145,000 por debajo de las necesidades planteadas". Volvía a estar en quiebra —profunda quiebra— la solidaridad socialista.

LA MUERTE DEL CHÉ, UN ALIVIO PARA CASTRO

Cuando el lunes 16 de octubre de 1967 el Gramma confirma que "es dolorosamente cierta la muerte del Comandante Ernesto Guevara" y da a conocer el Acuerdo del Consejo de Ministros del 15 de Octubre de rendirle honores excepcionales a Guevara, hace el periódico un recuento cronológico de sus actividades desde el desembarco en las costas de Oriente hasta su muerte junto al río Yuro, cerca de Higueras, en Bolivia. Pero hay una omisión. En esa edición del periódico Gramma de octubre 16 de 1967, que está dedicada a honrar la memoria del guerrillero argentino, se omite, desvergonzadamente, el viaje de Guevara a China el 3 de febrero de 1965.

Sin pudor alguno muestran esta secuencia:

Enero 21   Partió de Ghana rumbo a Dahomey.
Febrero 12 Llegó a Dar Es Salaam, capital de Tanzania, en visita oficial de cinco días.

Aún después de muerto, en la propia edición en que pretenden honrar su memoria, quieren descontaminar a Guevara del virus maoísta que pudo haber contraído en su tantas veces silenciado viaje a Cantón. Ni muerto, lo respetan.

En el fondo, su muerte representaba un alivio para los que se encuentran en la línea oficial soviética. La desaparición de Ernesto Guevara del escenario político cubano favoreció a Castro, a los comunistas de la vieja guardia y, por supuesto, a la Unión Soviética. Había sido marginado, al fin, un elemento perturbador en las relaciones de estos tres socios.

CAPÍTULO XVII

CAMARIOCA Y LOS VUELOS DE LA LIBERTAD

OCTUBRE DE 1965. MES CRÍTICO PARA EL RÉGIMEN

Octubre de 1965 fue un mes que dejó profunda huella en la historia de la Revolución Cubana.

Queda, oficialmente, excluido Ernesto Ché Guevara de toda actividad en la vida pública cubana. Ha sido desposeído de todos sus cargos. En este definidor mes de octubre, se constituye el "Partido Comunista de Cuba". Quedan atrás las primeras organizaciones que habían tanteado el camino: Las ORI (Organizaciones Revolucionarias Integradas), que el temerario Aníbal Escalante había pretendido escamotearle a Castro; y el Partido Unido de la Revolución Socialista (PURS), nombre que "dice mucho pero no dice todo, porque Partido Unido da todavía la idea de algo que fue necesario unir". El nombre, Partido Comunista de Cuba, dado a conocer por Castro en la concentración del domingo 3 de octubre, había sido aprobado por el Primer Comité Central del Partido el día anterior.

Llega a La Habana, para ultimar detalles de la Conferencia Tricontinental que el próximo mes de enero se celebrará en la capital cubana, el marroquí Mahai Ben Barka, presidente del Comité Preparatorio.[342]

---

[342] A su regreso a París, el 29 de octubre, Ben Barka fue secuestrado. El 10 de noviembre la agencia cablegráfica Prensa Latina destacó "las manifestaciones de centenares de estudiantes que desfilaban por las calles de Rabat protestando contra el secuestro" del presidente del Comité Preparatorio Internacional. Días después aparecía su cadáver.

Se conmemora, también, el Quinto Aniversario de la creación de los Comités de Defensa de la Revolución (CDR), presididos por José Matar.[343]

El Coronel Francisco Caamaño entrega, en acto de acatamiento a la presidencia de Héctor García-Godoy, las armas recogidas en el sector rebelde de Ciudad Nueva. Juan Bosch, el depuesto presidente, regresa a su patria para iniciar su campaña presidencial que culminará, para él, dentro de pocos meses, en una aplastante derrota.

El periódico "Revolución" cambia de nombre. No de contenido. Ahora, desde octubre 4, se llamará "Gramma".

Se producen otros imprevistos cambios en este mes de octubre.

CAMARIOCA

Se abre Camarioca. En su discurso conmemorando el 5to. aniversario de los Comités de Defensa de la Revolución (CDR), el 28 de septiembre, Castro lo había anunciado.

"Nosotros estamos dispuestos a habilitar un puertecito en algún lugar para que todos los que tienen parientes aquí no tengan que correr ningún riesgo, no tengan que exponer a sus familiares a riesgos de ningún tipo. Podríamos habilitar, digamos —por ejemplo— el Puerto de Camarioca, en Matanzas, para que a todo el que tenga algún pariente le demos permiso para venir en el barco, sea quien sea, con todas las garantías, avisando con tiempo por correspondencia".

Camarioca comenzaría a funcionar como "puerto internacional" el 10 de octubre.

"Ahora, los imperialistas tienen la palabra; vamos a ver que hacen o que dicen". "A partir del 10 de octubre se puede allí habilitar algún albergue. No le vamos a cobrar ni la comida.

---

[343] José Matar designado en este mes de octubre de 1965 como miembro del Comité Central del recién constituido Partido Comunista de Cuba, será separado del cargo en enero de 1968 al ser involucrado en el proceso conocido como la "Microfacción".

¿Para qué?. Que lleguen allí y puedan estar hasta 48 horas, y los ayudamos a que les avisen a sus familiares y los trasladen a Estados Unidos".

Creía Castro que muy pocos aceptarían esa invitación. Castro se equivocaba.

La respuesta vino de inmediato desde Washington:

"He dado instrucciones a los ministerios de Estado, Justicia, Salud, Educación y Asistencia Social, para que hagan los arreglos necesarios para que quienes en Cuba buscan la libertad puedan entrar ordenadamente a los Estados Unidos".

Eran, éstas, las palabras con las que el Presidente Lyndon B. Johnson respondía al reto de Fidel Castro. De pronto, Camarioca, el pequeño puerto de la provincia matancera, "adquiere relieves internacionales". En el nuevo muelle se agrupan las embarcaciones procedentes de la Florida en busca de aquellos familiares que desean abandonar el territorio nacional, informa la revista Bohemia.

LLEGAN LOS PRIMEROS BARCOS

Durante los primeros días la prensa controlada del régimen cubrió con simpatía el arribo de "los cubanos que llegaban a Camarioca en pos de un pariente. Los exiliados se hacían eco del ofrecimiento de la Revolución y se movilizaban rápidamente. Muchos vendían televisores, ropas y otras prendas personales para alquilar la embarcación que los trasladaría a Cuba. Otros, apelarían a un amigo para realizar la travesía". Eran notas humanas, amables, simpáticas, con las que se describían las actividades de los que, en la imaginación de los funcionarios del régimen, serían los pocos centenares que abandonarían la isla. En pocos días la situación comenzaba a cambiar.

La primera lancha que llegó a Camarioca fue el Mayda, que arribó al recién construido muelle del ahora activo pequeño puerto el sábado 9 de octubre, 24 horas antes de la fecha señalada por Castro. Para el jueves 14, más de 15 embarcaciones habían llegado a Camarioca, a pesar del mal tiempo en las aguas del golfo que obstaculizaba la navegación. Al día siguiente, el viernes 15, arribaban 16 nuevas embarcaciones.

Comenzaba la preocupación para el régimen: "La pequeña y humilde Camarioca se había convertido en una de las capitales del mundo de la noticia".[344] El sábado eran 24 las embarcaciones que tocaban el diminuto puerto. En Miami los exiliados, que apenas comenzaban a asentarse económicamente, se endeudaban para, con esfuerzo infinito, comprar pequeñas y viejas embarcaciones cuyo precio se elevaba vertiginosamente día tras día. Ya eran centenares de pequeñas y viejas embarcaciones, muchas de ellas apresuradamente reparadas, las que llegaban al pequeño puerto matancero. Castro había fallado en su cálculo.

Tan pronto se iniciaron los viajes, Castro puso una cruel limitación: los varones comprendidos entre los 15 y 26 años de edad tendrían que cumplir, primero, el Servicio Militar Obligatorio antes de marcharse de Cuba. Dividía, así, a la familia cubana. Atrás, en la isla, quedarían los jóvenes como rehenes. Política que continuaría, por años, al impedir que viajase, junta, toda una familia.

Uno de los periodistas que reportaría sobre el éxodo de Camarioca era Lee Lockwood [345] quien recién regresaba a la isla después de haber permanecido en ella hasta agosto de este año. Cubría el evento para revista Life.

Tan estrecha era la relación que se había creado entre Castro y el periodista norteamericano que la noche en que éste arribó a La Habana, estaba entrevistándose con el dictador, acompañado del Comandante Vallejo. Ya se habían iniciado negociaciones conducidas por Ernst Stadelhofer, el embajador suizo que representaba los intereses de los Estados Unidos, y el propio Castro.

La "Operación Camarioca" entró en su fase liquidatoria. Una nota del Ministerio del Interior, publicada en "Gramma" y luego reproducida en "Bohemia", informaba que a partir de las doce de la noche del jueves 28 de octubre sólo se autorizaba la salida de

---

[344] Revista Bohemia, La Habana, octubre 22, 1965.

[345] Lee Lockwood escribiría después un libro muy elogioso para Castro y para el régimen "Castro Cuba, y, Cuba Fidel" con gran profusion de fotos y que tuvo una gran circulación.

aquéllas embarcaciones ya en territorio nacional o las que estuviesen en camino al momento de dictarse la Resolución.

Aquella generosidad de permitir que saliesen de Camarioca las lanchas que ya habían arribado antes del jueves 28 era una promesa vacía porque, aduciendo las malas condiciones del tiempo, forzó la salida de muchas de esas embarcaciones sin llevar persona alguna a bordo con excepción de los tripulantes. Varios millares de cubanos ya habían abandonado la isla. La nota del Ministerio del Interior terminaba expresando que "los interesados en reclamar sus familiares podrían acogerse a las nuevas facilidades que se abrirían a ese fin". ¿Cuáles eran esas "nuevas facilidades"?

La siguiente semana se confirmó el rumor que corría de boca en boca.

El 6 de noviembre el Presidente Johnson dio a conocer "el acuerdo con Cuba para el transporte de entre tres y cuatro mil refugiados por mes desde Cuba a Estados Unidos en aviones norteamericanos". El transporte aéreo de los refugiados, que de inmediato será conocido como "Vuelos de la Libertad" comenzará el primero de diciembre.

Mientras, la administración norteamericana comienza a transportar en amplios y seguros cargueros a los 3,500 cubanos que se habían quedado varados en Camarioca cuando Castro cerró, abruptamente, el pequeño puerto.

Como se había previsto, el primer avión de los "Vuelos de la Libertad" arribó a Miami el miércoles primero de diciembre.

Si a Camarioca arribaban cubanos ansiosos de rescatar familiares, a San Juan, Puerto Rico, llegaba, el 12 de octubre, otro navío, tripulado también por cubanos exiliados, con una misión distinta. "Una explosión, intencionalmente provocada, abrió una grieta de metro y medio sobre la línea de flotación, en la borda derecha del barco español Satrústegui, que se encontraba amarrado al muelle local". Describe, así, la prensa oficial el ataque del que acusa a la organización MIRR dirigida por Orlando Bosch. El jueves 14 ya el gobierno español estaba presentando ante el Departamento de Estado una nota de protesta considerando, sin mayor fundamento, que la nave atacante había partido de puerto norteamericano.

En noviembre de 1965, Orlando Bosch vuelve a denunciar la política de obstrucción a los esfuerzos que realizan los combatientes cubanos. "Mientras los estadounidenses combaten al comunismo en Vietnam, ellos impiden en el Caribe nuestra lucha contra la consolidación del comunismo en este hemisferio" declaró el dirigente cubano en Hartford, Connecticut el 30 de este mes.

Ampliaba así el Coordinador General del MIRR un comunicado anterior de la organización emitido con motivo del encarcelamiento de Marcelino García, Jefe de Dirección del MIRR, y del suyo propio, cuyo documento había sido suscrito por Marcelino, Pedro Yáñez, Gervelio Gutiérrez, Castor Moscú, Miguel A. Gómez, Carlos N. Lluch, Luis Berlot, Roger Queralt, Orlando Ramírez, Eugenio Lafitte, Ectore Reynaldo y Jorge Moniz.

Comenzaba en La Habana la Convención de la Unión Cubana de Jóvenes Com unistas.

JOHNSON Y LA CIA. CAMBIOS EN LA AGENCIA CENTRAL.

Al ascender Johnson a la presidencia tras la trágica muerte de Kennedy, el equipo dirigente de la CIA ya no era el mismo que rodeaba al asesinado presidente cuando la invasión de Bahía de Cochinos.

El propio JFK se había encargado de realizar algunos cambios. Allen Dulles es sustituido, a fines de 1961 por John McCone, cuyos minuciosos informes sobre el ingreso y emplazamiento en Cuba de cohetes balísticos serán ignorados o desestimados por el Presidente Kennedy. A Richard Bissell, Jefe de Operaciones Encubiertas de la Agencia Central, otra víctima del desastre de Girón, lo reemplaza, en febrero de 1962, su asistente Richard Helms, antiguo Sub-Director de Planificación. Helms había sido arbitrariamente marginado por Bissell de la operación que condujo al desastre de Playa Girón.

Kennedy produce otros cambios. Robert Amory es sustituido, como Sub-Director de Inteligencia, en marzo de 1962, por Ray S.

Cline;[346] movimientos menores también se realizan. Con Johnson rodarán nuevas cabezas y se producirán más cambios.

Menos de año y medio se mantendrá McCone como Director de la CIA bajo la presidencia de Johnson. En abril de 1965 renuncia a la posición, principalmente por no sentirse satisfecho en sus relaciones con el nuevo presidente. En ese momento aparecían tres posibles sustitutos, ninguno de los cuales había estado muy estrechamente relacionado con la *Operación Cuba*: Dick Helms (que en ese momento era Vice-Director de Operaciones Encubiertas; Lyman Kirkpatrick, Director Ejecutivo, y, Ray S. Cline, Vice-Director de Inteligencia (DDI). Ninguno de ellos ocupará el cargo en ese momento.

Nombra Johnson para esa posición a otro tejano que lo había pródigamente respaldado durante la campaña de 1964. Ocupará la posición el Almirante William Raborn, oficial retirado de la Marina, sin experiencia en labores de inteligencia pero que se había distinguido en el programa que condujo a la producción del Submarino Polaris.[347] Y asciende a Richard Helms a Jefe de Operaciones Encubiertas, que es la segunda posición de importancia de la CIA.

Helms, marginado por Bissell durante todo el proceso que culminó en Girón, ha ascendido vertiginosamente dentro de la estructura de la Agencia Central de Inteligencia luego de aquella derrota. En 1965 es Sub-Director de la Agencia Central (DDCI) cuando la Dirección la ocupa el Almirante Raborn. Exactamente un año después, Helms es designado Director de la Agencia Central de Inteligencia, cargo que mantendrá hasta febrero de 1973.

---

[346] Ray S. Cline, como Sub-Jefe de Inteligencia, fue el primero en ver las fotos tomadas reveladas el 15 de octubre de 1962 que mostraban el emplazamiento de cohetes nucleares en Cuba.

[347] Ray S. Cline. Secrets Spies and Scholars. Blue Print of the Essential CIA.

INTENTOS DE ASESINATOS, SU EJECUCIÓN O FRACASOS, PASOS EN LA DIVULGACIÓN DE LOS MISMOS

En 1961, 1962 y 1963, durante la presidencia de John F. Kennedy, cuando Allen Dulles y John McCone ocupaban la Dirección de la Agencia Central de Inteligencia, se trató de poner en práctica distintos planes para la eliminación física de Castro y de otros gobernantes extranjeros. Estas acciones —exitosas en la de otros mandatarios, pero, lamentablemente, fracasadas en las que a Castro concernían— no trascendieron a la luz pública y eran conocidas, dentro de la Agencia, como "las joyas de la familia".

El asesinato de Kennedy, en noviembre de 1963, dio motivo a las primeras especulaciones sobre la posible participación del dictador cubano en el crimen; pero tales conjeturas fueron oficialmente —tan sólo oficialmente— desmentidas en el voluminoso, pero poco convincente, Informe de la Comisión Warren, publicado en 1964 a los pocos meses de la muerte de Kennedy.

Menos de tres años después, como hemos descrito, el artículo de Drew Pearson en marzo de 1967, fuerza al presidente Johnson a ordenar una exhaustiva investigación. Ésta la comienza a realizar el Inspector General Jack Earman el 23 de marzo, siguiendo instrucciones of Richard Helms, en aquel momento Director de la CIA.

Todos los papeles de trabajo, junto con todos los anexos de aquel muy amplio informe, fueron destruidos. Sólo existe el original que aún se mantiene clasificado como Secreto Sensitivo.

¿Por qué, entonces, si es aún un documento secreto se conocen los detalles de ese informe del Inspector General?. La razón es sencilla y quedará explicada párrafos más adelante.

Helms, "profesional entre los profesionales",[348] ha sido sustituido como Director de la Agencia (febrero 2, 1973). Se está produciendo el escándalo de Watergate en el que aparecen vinculadas figuras, aunque subalternas, de la CIA y los más altos funcionarios de la Casa Blanca. Hay un clamor para que se hagan

---

[348] John Ranelagh. "The Rise and Decline of the CIA"

del conocimiento público las actividades de la Agencia Central. Su nuevo Director, William Colby (1973-1976) cede a la presión y da a conocer —en las sesiones del Comité Selecto del Senado, que está investigando los alegados planes de asesinato a dirigentes extranjeros— los detalles mencionados en el Informe del Inspector General.

Las deliberaciones del Comité Selecto del Senado, por decisión de sus miembros, se hacen públicas el 20 de noviembre de 1975 y, con ellas, muchos de los detalles, hasta ese momento secretos que aparecían en el Informe del Inspector General que había sido redactado en marzo de 1967.

En ese momento se hacen de dominio público "las joyas de la familia".[349] Muchos dentro de esta institución no le perdonaron, jamás, a William Colby la, también a nuestro juicio, incorrecta decisión de revelar tales secretos.[350]

El Informe del Comité Selecto del Senado de noviembre de 1975 (no el del Inspector General) era un informe provisional, interino. Pocos meses después, en abril de 1976,[351] se habrá de publicar el Informe Final.

SE PUBLICA EL REPORTE FINAL

El informe provisional o interino de 1975 detallaba los distintos planes elaborados para la liquidación física de gobernantes extranjeros. El Informe Final, de 1976, se concentra en la posible

---

[349] Con esta expresión, "las joyas de la familia", se conocía, dentro de la Agencia Central, los varios intentos realizados por la CIA para eliminar físicamente a Castro, los que pudieron haber impulsado al dictador cubano a intentar igual acción en contra del Presidente Kennedy.

[350] Cuando el domingo 28 de abril de 1996 la canoa en que el ya retirado Director de la CIA, William Colby, apareció volcada en las orillas del río Wicomico, cerca de su casa de retiro en Rock Point, Maryland, se produjeron grandes especulaciones sobre la desaparición de Colby. Durante una semana nada se supo sobre el paradero del Ex-Director de la CIA. Una semana después, el lunes 6 de mayo de 1996, apareció su cadáver. Los médicos determinaron que se había ahogado al caer de la canoa cuando sufrió un ataque al corazón.

[351] Informe Final, Libro V, Reporte No.94-755, de abril 23 de 1976.

conexión entre los intentos contra la vida del dictador Castro y el asesinato de J.F. Kennedy.

No serán éstas las únicas audiencias públicas sobre este hecho que tan íntimamente está ligado a la lucha contra la más sangrienta de las tiranías que ha conocido el hemisferio.

Ya antes, el Presidente Gerald Ford creó la Comisión para Investigar las Actividades de la Agencia Central de Inteligencia dentro de los Estados Unidos, más conocida como la Comisión Rockefeller, que revisó más de 2,500 páginas relacionadas con la muerte de Kennedy. Poco después, la Cámara de Representantes, en 1976, estableció el Comité Selecto sobre Asesinatos para reabrir la investigación en vista de alegaciones de que las anteriores pesquisas no habían recibido la cooperación total de las agencias federales.

Más recientemente, en noviembre de 1993, el Comité sobre Operaciones del Gobierno, de la Cámara de Representantes, celebró audiencias para revisar la implementación de la Ley 102-526, originada en el propio Comité sobre la recopilación de información en el asesinato de Kennedy y en relación a la cual el año anterior el Sub-Comité de la Cámara había celebrado tres audiencias separadas.

En esta profusión de documentos, de audiencias, de deliberaciones, un documento básico se mantiene aún alejado del escrutinio público: El Informe del Inspector General de la Agencia Central de Inteligencia de marzo 23 de 1967.

LA "TEORÍA DEL DOMINÓ" EN EL SURESTE ASIÁTICO Y "LA VITRINA" PARA CUBA

Dos teorías, nefastas ambas para la causa cubana, prevalecieron en este período en la política exterior de los Estados Unidos.

El temor de que los países del sureste asiático pudieran caer uno tras otro —como fichas de dominó— bajo regímenes comunistas, había convertido a aquella región en el área de mayor preocupación para la Administración del Presidente Johnson.

LA ATENCIÓN SE CONCENTRA EN VIETNAM

En julio de 1965 el Presidente Johnson concentra toda su atención en la guerra de Vietnam. El caso cubano quedará reducido a una vitrina para evitar "una segunda Cuba". En la foto el presidente norteamericano y el Secretario de Defensa Robert McNamara.

CUBANOS COMBATEN EN VIETNAM

El cubano se enfrentaba al totalitarismo marxista en distintos frentes. Muchos de los jóvenes que participaron en le frustrada invasión de Playa Girón se incorporaron luego al ejército norteamericano tomando parte en la guerra de Vietnam. Uno de ellos fue el Capitán Félix Sosa Vallejo que al momento de su muerte en combate en aquella región había ganado doce condecoraciones, entre ellas, dos Corazones Púrpuras, dos Estrellas de Plata, una Estrella de Bronce, dos medallas aéreas y la más alta condecoración del ejército vietnamita: la Estrella de Plata. La foto recoge el momento en que el general norteamericano William Westmoreland imponía al Capitán Félix Sosa Camejo una de sus medallas.

Para impedirlo, se multiplicó la asistencia militar norteamericana a los tambaleantes, corruptos y efímeros gobiernos de la Península Indochina. No se escatimaron recursos ni esfuerzos. Mayor preocupación generaba la influencia chino-comunista en el sureste de Asia a miles de millas del continente americano, que la amenazadora existencia de un régimen comunista de manufactura soviética a sólo 90 millas de las costas de esta nación.

Para justificar esta inacción en el caso cubano, se creó una nueva teoría: la de "La Vitrina".

Cuba, con su brutal tiranía, con su incesable paredón, resultaba útil, como un ejemplo, para el continente. Nuestra isla comenzaba a ser mostrada como una vitrina. Para esta administración, como para la anterior, era tolerable una Cuba comunista. Lo que se consideraba inaceptable era "una segunda Cuba". Así lo había expresado, con vergonzosa claridad, el Secretario de Estado, el siempre presente en nuestras horas negras, Dean Rusk, en los difíciles momentos de la revolución dominicana recién aplastada.

Luego de la Crisis de los Cohetes —lo hemos dicho una y otra vez— Cuba queda abandonada a su suerte. Más que abandonada, queda condenada a su esclavitud. Las sucesivas administraciones se esforzarón en cumplir las obligaciones contraídas en el infame pacto Kennedy-Kruschev. El convenio sobre el que los arquitectos del mismo, Anatoly Dobrynin, el Embajador Soviético, y Robert Kennedy, el Fiscal General, acordaron no publicar documento alguno.

Se confirman las palabras de Miró Cardona en su carta-renuncia de abril 9 de 1963: "Castro goza de inmunidad absoluta".

Los Estados Unidos se esforzarán en aplicar —en palabras textuales de Kennedy en octubre año anterior— "las medidas recíprocas para asegurar la paz en el área del Caribe". Medidas recíprocas a la retirada de los cohetes de Cuba eran las de garantizar la inmunidad de Castro; garantizar su permanencia en el poder.

En Cuba continúan alzándose heroicos combatientes. Pero el celo de los guardacostas norteamericanos y de las agencias de investigación obstaculizan el suministro de la necesaria ayuda. "Los compromisos contraídos" se siguen cumpliendo.

En los campos de Cuba los hombres que se oponen al régimen son cercados y aplastados por las milicias que forman los batallones de la Lucha contra Bandidos (LCB). Del exterior no puede llegarles ayuda alguna. La posición de los Estados Unidos en aquel momento, lo señalará Mario Lazo en su magnífica obra "Daga en el Corazón", es "aún más negativa que la política del quietismo absoluto". Emplea su fuerza para impedir la organización de movimientos de actividades anticastristas en el Caribe.

A mediados de la década del 60, ya la atención de la política exterior norteamericana se centraba en África y el sureste asiático y no en el Caribe; al menos, no en Cuba. Atrás quedaba el camino de la acción, y administraciones sucesivas intentarán transitar por el camino del acomodo y del entendimiento que inició John F. Kennedy. William Attwood y Jean Daniel fueron los precursores. Vendrán después los Alexander Haig y los Vernon A. Walters.

Quietismo, acomodo, obstáculos a las acciones comandos y a la insurgencia interna. Todo se pone en práctica. Todo, menos tolerar o respaldar a los que mantienen la línea de la confrontación.

La rebelión interna es ahogada en sangre sin que pueda recibir ayuda del exterior. Al terminar la década de los 60, combatientes cubanos a quienes, en palabras de Syla Cuervo,[352] "el honor, la lealtad, el valor, el amor a la tierra que los vio nacer, les ha formado su carácter" optan por una nueva estrategia: la guerra por los caminos del mundo. Las cárceles estadounidenses pronto se llenarán de revolucionarios cubanos. Pero Castro —con la doble protección soviético-americana— permanecerá en el poder. Para verguenza nuestra y de nuestros supuestos aliados.

---

[352] Syla Cuervo. Prólogo de la obra "Los Caminos del Guerrero" de Luis Posada Carriles.

BIBLIOGRAFÍA

Agee, Phillip "Inside the Company: CIA Diary".

Álvarez Tabío, Fernando "La Revolución Dominicana de Abril vista por Cuba". Editorial USAD, Santo Domingo, Rep. Dominicana 1974.

Arango Z., Carlos "FARC-Veinte Años". Ediciones Aurora, Bogotá, Mayo 1984.

Arenas, Jacobo "Cese al Fuego. Una Historia Política de las FARC". Editorial Presencia, Bogotá, 1985.

Arenas, Jaime "La Guerrilla por Dentro. Análisis del E.L.N. Colombiano". Ediciones Tercer Mundo, Bogotá, 1971.

Attwood, William "The Reds and the Blacks". Harper and Row, 1967.

Báez, Luis "Guerra Secreta". Editorial Letras Cubanas, La Habana, 1978.

Berle, Adolf A. "Navigating the Rapids". Hartcourt Brace, 1973.

Branch, Taylor "The Kennedy Vendetta".

Burns, Dean "Guide to American Foreign Relations". ABC-CLIO, California.

Burt, Al "The Mirage of Havana". The Nation, January 25, 1965.

Califano, Joseph A. "Governing America".

Cannon, Terence "Revolutionary Cuba". Thomas J. Crowley, New York.

Castro Contreras, Jaime "Violencia Política y Subversión en Perú". Editorial San Marcos, Lima 1992.

Cline, Ray S. "Secrets, Spies and Scholars".

Clifford, Clark "Counsel to the President". Random House, New York.

Daniel, Jean "An Historic Report from Two Capitals". The New Republic. December 7 and 14, 1963.

Draper, Theodore "Castrismo. Teoría y Práctica". Frederick Praeger, New York, 1965.

Evans, Rowland & Robert Novak "Lyndon B. Johnson: The Exercise of Power". The New American Library, New York, 1966.

Fonzi, Gaeton "The Last Investigation". Thunder, Mouth Press, New York, 1993.

Franck, Thomas M. "Secrecy and Foreign Policy". Oxford University Press, 1974.

Franqui, Carlos "Family Portrait with Fidel". Vantage Books New York.

Fuentes, Norberto "Cazabandido". Arca Editorial, Montevideo.

Geyelin, Philip "Lyndon B. Johnson and the World". Pallmall Press, London, 1966.

Gunthman, Edwin O. "Robert Kennedy in his own words". Bantam Books, New York, 1988.

Hinckle, Warren "The Fish is Red". Hooper & Row, Publishers, New York, 1981.

Howard, Lisa "Castrols Overture" WAR/PEACE Report, September, 1963.

Johnson, Haynes "Fulbright. The Dissenter". Doubleday & Company, New York, 1968.

Johnson, Lyndon B. "The Vantage Point". Holt, Renehart and Winston, New York, 1971.

Kirkpatrick, Lyman B. "The Real CIA". The MacMillan Company, 1968.

Kuntz, Diane B. "The Diplomacy of the Crucial Debate". Columbia University, NY, 1994.

Lechuga, Carlos "In The Eye of the Storm". Ocean Press. Melbourne, Australia, 1995.

Llano Montes, Antonio "Santo Domingo: Barricadas de Odio". Editores Mexicanos Unidos, México, 1966.

Mañon, Melvin "Operación Estrella". Editorial Universal, 1989.

Martin, John Bartlow "Robert Kennedy: In his own words".

Ortega, Gregorio "Santo Domingo, 1965". Ediciones Venceremos, La Habana, 1965.

Paterson, Thomas G. "Kennedy's Quest for Victory. American Foreign Policy, 1961-1963". Oxford University, 1987

Phillips, David Atler "The Night Watch".

Piñeyro, Bonaparte Gautreau "El Gobierno de Caamaño, 1965". Santo Domingo, 1989.

Plank, John "Cuba and the United States". The Brookings Institution, Washington D.C., 1967.

Powers, Thomas "The Man who Kept the Secrets: Richard Helms & the CIA". Alfred A. Knopf, Inc. New York, 1979.

Prendes, Álvaro "En el Punto Rojo de mi Kolimydor". Instituto Cubano del Libro. La Habana 1974.

Prendes Álvaro "Prólogo para una Batalla". Editorial Letras Cubanas, La Habana, 1988.

Ranelagh, John "The Rise and Decline of the CIA".

William E. Ratliff "Castroism and Communism in Latin America, 1959-1976". Stanford University, 1976.

John Prados "Presidentsf Secret Wars", William Morrow and Company, N.Y. 1986.

Saiz Cidoncha, Carlos "Guerrillas en Cuba y en otros Países de Iberoamérica". Editora Nacional, Madrid, 1974.

Smith, Joseph B. "Portrait of a Cold Warrior". G.P. Putman, New York.

Smist, Frank J. "Congress Overseas the United States Intelligence Community". The University of Tennessee.

Wise, David "The Politics of Lying", Random House. New York, 1973.

Wise, David Thomas Ross. "The Invisible Government". Random House. 1964.

Entrevistas de Tad Szulc con
    Fidel Castro, Febrero 1-11, 1985
    Norberto Fuentes, Mayo 22, 1985
    Blas Roca, Junio 4, 1985
    Carlos Rafael Rodríguez, Mayo 24, 1985
    José Ramón Fernández, Abril 11, 1985
        (versiones taquigráficas J F Kennedy Library).

SubCommittee of Interamerican Affairs. House of Representative: "Communism in Latin America". H. Res 84, Abril 14, 1965.

Select Committee Governmental Operations.

U.S. Senate. Final Report 94-755, abril 14, 1976.

Select Committee Government Operations.

U. S. Senate Interim Report 94-465, November 18, 1975.

John H. Crimmins. Oral Hist. JFK Library, Mayo 23, 1964.

Richard Bissell. Oral History, JFK Library, abril 25, 1967.

Thomas C. Mann. Oral History, JFK Library, Marzo 13, 1988.

Gral. David M. Shoup. Oral History, JFK Library, Abril 7, 1967.

John McCone, Oral History, JFK Library, Octubre 4, 1972,

Robert A. Hurwitch, Oral History, Marzo 4, 1964.

Richard Helms, Oral History, Abril 4, 1969.

W.A. Harriman, Oral History, 3-13-1990.

ENTREVISTAS

Abreu, Ernestino
Alonso, Felipe
Álvarez, Santiago
Aragón, Ernesto (Bebo)
Arrizurieta, Luis
Besú, Juan (Juanito)
Blanco, José L.
Boffil, Ricardo
Bosch, Orlando
Cancio, René
Diaz Isalgué, Miguel
Díaz Pou, Antonino
Garcia Toledo, Rafael
Grau, Alberto
Grau, Ramón
Hernández, Carlos (Batea)

Hernández, José M. (Manolín)
Inclán, Clemente (Mente)
Messer, Nilo
Navarro, Jorge (El Puma)
Novo, Guillermo
Oviedo, Enrique
Pardo Mazorra, Angel
Quintero, Rafael (Chichi)
Rodríguez, Félix I.
Rodríguez Aragón, Roberto
Sánchez-Villalba, Jorge
Sanz, Antonio (El Gallego)
Vázquez Robles, Félix Rafael
Veciana, Antonio
Yáñez, Julio
Zorrilla, Esteban

ANEXOS

MIEMBROS DE LA BRIGADA 2506 QUE TERMINARON EL CURSO ESPECIAL DE ADIESTRAMIENTO EN LA ACADEMIA MILITAR DE FORT BENNING, GEORGIA, EN 1963

A
Acebo Rodríguez, Pedro
Acevedo Alemán, Oscar L.
Aguilar Marquez, Manuel
Agusti Marrero, Alfredo
Amaro Milián, Modesto
Avila López, Pedro

B
Bacallao Perdomo, José H.
Bacallao Fonte, Valentín
Battle Vargas, José Miguel
Barrera Amador, Alfredo
Bárcena Serrano, Luis C
Basulto, José J.
Beruvides Balle, Esteban
Borges Torres, Diego
Bosch Rodríguez, Fernando

C
Caballero Acosta, Conrado
Caballero Parodi, Armando
Casañas Sánchez, Manuel E.
Castañer López, Modesto
Casto García, René
Collazo Díaz, Ramón Samuel
Comas Menéndez, Arturo
Corona Villar, Ramón
Cortina López, Humberto J.
Costo García, Raúl J.
Cruz Cruz, Tomás
Cruz González, Máximo
Cuervo Castillo, Syla
Cuervo Galano, Rolando
Curbelo Hernández, Antonio

D
Díaz Ané, Higinio
Díaz Hernández, Rodolfo
Díaz Pérez, Lomberto
Diego-Aday, Arsenio F.
Diego-Aday, Carlos A.
Dilio Carrazana, León
Dorta García, José

E
Escobar Morejón, Esteban

F
Fajardo Montano, José M.
Fernández Uriarte, Eduardo
Fernández de Valle, Erik
Ferrer González, Jaime J.
Ferrer Massip, Manuel
Ferrer Nueva, Ramón Julián
Fontana Menéndez, Humberto

G
García Gali, Federico
García Lavaniegos, José M.
García Rubio, Jorge A.
Giraud Leiva, Jorge

Gómez del Río, Ramón
Gómez Figueroa, René
González, David
González Castro, José A.
González Ferregul, Silfredo
González Gómez, Serafín
González Higuera, José R.
Gremier Martínez, Rafael Alfonso

H
Hernández Herrera, Rodolfo

I
Iglesia Pons, Antonio

J
Jiménez Rojo, Mario E.

L
Lamar Maza, Luis de
Lamar Maza, Héctor de
Lamar Maza, René D.
Lastre Estopiñán, Guillermo
Lavandeira, Eulogio R.
López Estrada, Armando
López Oña, Carlos
Lora Hernández, Gustavo S.
Loriga Chávez, Martín

LL
Lluesma-Pares, Esnesto de los A.

M
Macía Vinet, Roberto
Martínez, Esteban A.
Martínez Castro, Luis E.
Martínez de la Cruz
Martínez Faura, José R.
Más Canosa, Jorge
Menéndez Rodill, Arturo
Miranda Hernández, Segundo M.

Miyares, Mendoza, Sergio
Molinet Pérez, Cándido
Montero Díaz, Noelio
Montero Duque, Juvenal
Montes Peláez, Juan A.
Montesino Acosta, Isidro
Muina Boniz, Alberto
Mujica Herrera, Angel Roberto

N
Navarro Rodríguez, Jorge M.
Noriega Pais, Juan E.
Noriega Ruiz, Isidoro

O
Oliva González, Erneido
Olivera Pérez, Humberto
Otegui Alvarez, Miguel

P
Padrón Hernández, Francisco J.
Padrón Hernández, Ricardo
Peleguín Hernández, Práxedes
Penabaz Tobio, Manuel
Penton Alfonso, Giraldo
Penton Alfonso, Miguel
Pérez Hevia, Pablo
Pérez Lugones, Aurelio
Pérez Marquez, Manuel de
Pérez Pérez, Yldo
Pérez Rodríguez, Celso
Pérez San Román, Roberto
Pérez Sordo, Alberto
Pérez Tamargo, Félix
Pérez Veytia, Ramón
Pertierra Raymat, Roberto
Piñeiro Galbán, Ramón L.
Pou Mencia Juan E.
Posada Carriles, Luis C.
Posada Gómez, Emilio
Prendez Paz, Reinol

Q
Quintana de la Torre, Juan M.

R
Rodríguez Fleites, Jorge
Recarey García-Vieta, Jorge
Rodríguez Alvarez, Orlando P.
Rodríguez González, Roberto
Rodríguez González, Rogelio
Rodríguez Pineda, Juan
Rodríguez Martínez, Luis O.
Rodríguez Mendigutía, Félix I.
Rojas González, José R.

S
Sánchez González, Arturo
Schuss Alvarez, William
Silva Cadena, Felipe
Sierra López, Luis J.
Sonvilla Lazama, Jorge A.
Sosa Camejo, Félix
Sosa Chabau, Juan L. de
Soto Camacho, Julio C.

T
Taboada Reguera, Raúl
Tomeu Vasallo, Oliverio
Torrente Torrente, Espino
Trinchería Díaz, José I.

U
Uria Hernández, Luis
Usatorres Corvo, Rafael

V
Varona González, Raúl de
Vázquez Casanova, Tomás
Vicens Valdez, Ramón R.
Villaverde Lamadriz, Rafael
Vivanco Prado, José L.

Z
Zubizarreta Besu, Rolando

FUERZA AÉREA
Alfonso Bobes, Mario
Baula Guinea, Eduardo
Balboa Alvarado, José
Carro Suárez, Miguel A.
Cereceda Corvo, Alfonso
Cereceda Corvo, Castro
García Acosta, Tristán
Gómez Gómez, Fausto I.
González Matos, Tomás
Hernández Martínez, José A.
Herrera Cabrera, Gonzalo
López Domínguez, Angel
Martínez Roig, Oscar G.
Navarro Machado, Manuel
Pérez Menéndez, José
Ponzoa Alvarez, Gustavo C.
Puig, Fernando
Rodríguez Rodríguez, Eduardo
Rosa González, José
Reyes Martin, Ricardo R.
Villoldo Sampera, Gustavo
Valdez Campanel, Fausto
Vega Vega, Oscar
Varona Fernández, Héctor E.

MARINA
Alonso de la Mora, José E.
Afont Rodríguez, Tomás
Cosculluela Iduat, Juan L.
Fernández Berrio, Luis M.
Font, Boullosa
González Arias, Patricio
Lazo Marrero, Reinaldo
Llorena Coye, Alfredo
Pérez Rodríguez, Demetrio
Pruna Berlot, Andrés
Rojas González, Ignacio

Secodes López, Vicente C.
Suárez Real, Sandalio Suárez
Soto Hernández, Octavio
Vazquez Martin, Raúl
Zamora Munni, Antonio R.

MARINES
Abreu Pazos, Sergio

Blanco Navarro, Renaldo
Gaugol Tabares, Amado
Hernández Calvo, Francisco J.
Garay Saavedra, Benjamín
Pino, Nestor
Peña Flores, Florencio de
Vilaboa Llerena, Napoleón

LISTA PARCIAL DE LOS CUBANOS ENTRENADOS EN FORT JACKSON, SOUTH CAROLINA, EN 1963

Agras-González, Manuel
Albo-Valladares, Lázaro
Bango-Suárez, Umbelino
Becerra García, Sergio A.
Borges-Soto, Carlos L.
Cerra-Alonso, Fernando M.
Delgado-Bello, Román
Díaz Fernández, Armando
Domínguez-Tamayo, Eneldo
Espino Alonso, Sixto Félix
Fernández Lobo, Roberto
Fernández-Arencibia, Eduardo
Figueroa-González, Luis M.
Font-Serrano, Sergio E.
Foyo-Echevarría, Feliciano M.
Fuentes Erito, Orlando L.
García Martínez, Pelayo O.
Garrandes García, Manuel
González Bardina, Tirso
Hernández Helibert de Jesús
Jiménez Domínguez, Raúl
Larrazabal-Rabanal, Jorge
López Fernández, Félix M.
López-Quintero, Rodobaldo
López-Sardana, Humberto I

Lugo-López, Nelio A.
Martínez-Herrera, Epifanio
Medina-Estrada, Arael
Mir-Pupo, Elvio
Miró-Torra, José A.
Montero Pérez, Rigoberto
Morales Navarrete, Rolando
Niera Hernández, Juan A.
Oviedo León, Enrique Fernando
Palacio Combarro, Guillermo S.
Poveda Pacheco, Argimiro
Piñeiro-Castiñeira, Isidoro
Quintana-Barbón, Ramón L.
Quintana-García, José
Rodríguez-Toymill, Salcedo
Sánchez-León, Jorge A.
Santos-Arrojo, Renato
Serna-Patterson, Salvador
Soto-Díaz, Miguel
Suárez-León, Luis
Tejera-Gutiérrez, Luis
Trespalacios-Pérez, Fernando
Valdez-Tabares, Luis
Valladares-Acosta, José

AGENCIA CENTRAL DE INTELIGENCIA (CIA)

DEL MONCADA AL MARIEL

DIRECTORES

Allen W. Dulles	Febrero 26, 1953 - Noviembre 29, 1961
John B. McCone	Noviembre 29, 1961 - Abril 28, 1965
Vice Almirante William F. Raborn	Abril 28, 1965 - Junio 30, 1966
Richard Helms	Junio 30, 1966 - Febrero 2, 1973
James Schlesinger	Febrero 2, 1973 - Julio 2, 1973
William Colby	Septiembre 4, 1979 - Enero 30, 1976
George Bush	Enero 30, 1976 - Marzo 9, 1977
Almirante Stansfield Turner	Marzo 9, 1977

SUB - DIRECTORES

Gral. Charles P. Cabella	Abril 23, 1953 a Enero 31, 1962
Tte. General Marshall Carter	Abril 3, 1962 - Abril 28, 1965
Richard Helms	Abril 28, 1965 - June 30, 1966
Vice Almirante Rufus Taylor	Octubre 13, 1966 - Enero 31, 1969
Tte. Gral. Robert E. Cushman	Mayo 7, 1969 - Diciembre 31, 1971
Tte. Gral. Vernon Walters	Mayo 2, 1972 - Julio 7, 1976
Henry Knoche	Julio 7, 1976 - Julio 31 '1977
John F. Blake	Julio 31, 1973 - Febrero 10, 1978
Frank C. Carlucci	Febrero 10, 1978

DIRECTORES DE OPERACIONES
(Antes de 1973, Directores de Planes)

Frank G. Wisner	1952 - 1958
Richard Bissell	Octubre 1958 - Febrero 1962
Richard Helms	Febrero 1962 - Abril 1965
Desmond Fitzgerald	Abril 1965 - Julio 1967
Thomas Karamessines	Julio 1967 - Feb 1973
William Colby	Febrero 1973 - Mayo 1973
William Nelson	Mayo 1973 - Abril 1976
William Wells	Abril 1976 - Febrero 1977
John McMann	Marzo 1977

ÍNDICE ONOMÁSTICO

A

Aballí y de la Torre, Rafael, 164
Abrantes, José, 73, 172
Abreu, Ernestino, 20, 22
Acción Ejecutiva, 93
Acebo, Pedro, 20, 21
Acosta, Zacarías, 44
Agrupación Montecristi, 81
Aguirre, Severo, 170
Aja, Ramón, 32, 33
Alexeiev, Alexander, 72
Alfa 66, 31, 46, 48, 53, 81, 83
Alfonso Morejón, Nilo, 240, 243
Almeida, Juan, 279
Alonso, Felipe, 54, 195
Álvarez de la Campa, Odón, 224, 234
Álvarez Díaz, José, 82
Álvarez Panego, Manuel, 42
Álvarez Pita, Manuel, 42
Álvarez Tabío, Fernando, 258
Álvarez, Miguel, 49
Álvarez, Santiago, 18, 82, 215
AM/LASH, 54, 92, 96, 98, 119, 128, 140, 192, 232, 233, 237
Amejeiras, Efigenio, 164, 170
Andreu, José R., 82
Angulo, Jesús, 80
Anzoátegui, 45, 46
Aragón, Ernesto, 75
Aragonés, Emilio, 73, 74, 156, 172, 231
Arosamena, Pedro, 22
Arrizurieta, Luis, 19, 203, 204
Artime, Manuel, 16, 17, 25, 26, 27, 71, 82, 181, 202, 207, 209, 218, 230, 231, 233, 234, 237
Asencio, Lázaro, 241
Assef Yara, José, 164

Assef, José, 158
Attwood, William, 110, 111, 113, 115, 116, 117, 120, 121, 297

B

Baku, 31
Balboa, José, 179
Bango, Umbelino, 180
Baño, Angel del, 241
Basulto, José, 179
Batista Falla, Laureano, 26, 77, 80, 182
Batista, Fulgencio, 118
Bella, Ben, 73, 269, 271, 276, 283
Ben Barka, Mahai, 286
Benítez, Conrado, 42
Berle, Adolf, 256, 257
Besú, Juanito, 196, 199, 200
Betancourt, Rómulo, 71
Bissell, Richard, 93, 99, 291
Blanco Navarro, Renaldo, 179
Blanco, Alberto, 223
Blanco, Pedrito, 21
Boitel, Pedro Luis, 194
Borges, Segundo, 19
Bosch, Juan, 28, 71, 151, 250
Bosch, Orlando, 44, 51, 53, 56, 82, 191, 220, 221, 239, 245, 290
Bowles, Chester, 110
Bradlee, Ben, 115
Breznev, Leonid, 266
Bringas, Generoso, 21
Bringuier, Carlos, 124, 125
Bulkey, John D., 151
Bundy, McGeorge, 14, 84, 86, 90, 92, 93, 98, 105, 106, 107, 108, 111, 113, 128, 254, 256, 258, 259
Burt, Al, 205

Busto, Alberto del, 65

C

Caamaño Deñó, Francisco, 252, 259
Caballero, Armando, 19
Calcines, Faustino, 157
Calcines, Ramón, 170
Camarioca, 287, 290
Campos Marquetti, Generoso, 43, 82
Cancio, Guillermo, 60, 61
Cancio, René, 24, 25, 212, 215, 218
Carbó Serviá, Juan Pedro, 155
Carbó, Sergio, 78, 82
Carrera, Jesús, 177
Carrillo, Antonio, 230
Casa Blanca, 14, 70, 93, 107, 108, 113, 115, 117, 121, 122, 131, 134, 135, 138
Casilda, 57
Castañer, Modesto, 179
Castro, Fidel, 13, 25, 33, 47, 48, 53, 68, 72, 97, 98, 100, 103, 106, 110, 116, 118, 121, 122, 125, 126, 127, 146, 147, 148, 156, 161, 162, 166, 173, 174, 177, 178, 183, 189, 195, 263
Castro, Raúl, 29, 34, 61, 67, 91, 103, 171
Cazalis, Segundo, 160
Ceñal, José, 80
Chaple, Amparo, 155
Chávez, Ricardo, (el Mexicano), 17, 18, 216, 244
Chomón, Faure, 159, 160, 161, 162, 163, 165, 167, 168, 172, 173, 176, 223, 228, 279
Chou En-Lai, 274
CIA, 16, 26, 42, 54, 55, 63, 67, 86, 88, 89, 91, 93, 95, 96, 97, 104, 107, 119, 122, 128, 129, 130, 135, 141, 146, 207, 219, 227, 229, 231, 232, 233, 247, 291

Cienfuegos, Camilo, 171, 177
Cienfuegos, Osmani, 159, 231
Clifford, Clark, 145
Cobo Sausa, Manuel, 50
Colby, William, 294
Comandos L, 31, 46, 49, 52, 63, 215
Comandos Mambises, 67, 146
Comisión Warren, 127, 128, 130, 135, 136, 140, 142, 143, 293
Comité Church, 127, 130, 138, 140
Comité de Operaciones del Gobierno, 139, 140
Comité de Trato Justo para Cuba, 125
Comité Selecto del Senado, 96, 113, 127, 131, 136, 142, 237, 294
Comodoro Rivera Caminero, 218
Congo Brazzaville, 269
Consejo Revolucionario Cubano, 75, 76, 77, 83
Conte Agüero, Luis, 83
Cribeiro, Giraldo, 197, 199
Crimmins, John, 75
Cruz, Alberto, 197, 199
Cruz, Tomás, 179, 181
Cuba Fernández, Santiago, 164
Cubela, Rolando, 53, 88, 89, 92, 95, 97, 98, 105, 140, 177, 192, 208, 223, 224, 226, 227, 228, 229, 230, 231, 232, 234, 237
Cuesta, Tony, 31, 83, 215

D

Dahomei, 270
Daniel, Jean, 98, 115, 117, 118, 121, 127, 146, 148, 297
Delgado Soto, Elpidio, 22, 206, 240, 243
Díaz Arguelles, Raúl, 158
Díaz Isalgué, Miguel, 223, 224
Díaz Lanz, Marcos, 185
Díaz Lanz, Pedro Luis, 82, 185
Díaz López, Luis, 191
Díaz Madruga, Ernesto, 194

Díaz Pou, Frank, 211
Díaz Rodríguez, Ernesto (Maño), 241
Díaz, Ernesto, 241
Diez Arguelles, Raúl, 164
Directorio Revolucionario, 53, 54, 96, 97, 98, 148, 155, 156, 158
Directorio Revolucionario Estudiantil, 46, 49, 51, 81, 124, 125, 213
Dobrynin, Anatoly, 15, 53, 296
Donovan, James, 94, 101, 108, 109
Dorticós, Osvaldo, 112, 119, 167, 170, 171, 175, 177, 266, 279
Dulles, Allen, 99
Duque, Evelio, 44

E

Eisenhower, Dwight, 13
Escalante, Aníbal, 157, 263
Escalante, Fabián, 54, 88, 89

F

Facio, Gonzalo, 71
Farías, Matías, 181
FBI, 51, 86, 96, 128, 129, 130, 131, 132, 133, 141, 142, 192
Fernández Medrano, Alberto Cesáreo, 186, 187
Fernández Trujillo, Carlos, 50
Figueroa Gálvez, Osvaldo (Maqueca), 54, 195, 197
Figueroa Gálvez, Reynaldo, 54, 195
Fiorini, Frank, 51
Fitzgerald, Desmond, 88, 89, 97, 98, 232
Fleites, Armando, 48, 66, 241
Fonseca Amador, Carlos, 20
Ford, Gerald, 295
Foyo, Feliciano, 180
Fraide, Marta, 156
Franqui, Carlos, 74, 156, 157

FRD, 186
Frente Anticomunista de Liberación, 48
Frente Interno de Liberación (FIL), 55
Fuentes, Roberto (Bobby), 22

G

Galnares, Benigno, 80
Garcerán, Julio, 77, 82, 83
García Buchaca, Edith, 156, 159, 167, 170, 171, 175
García Olivera, Julio, 158, 164
García Toledo, Rafael, 207
García, Marcelino, 291
García-Godoy, Héctor, 259
García-Toledo, Rafael, 208, 211, 213
Ghana, 270
Giancana, Salvatore, 94, 100
Giraud, Jorge, 22, 218
González Gallarreta, José Luis, 231, 234, 235, 237
González Torrecilla, Antonio, 180
Grau, Alberto, 195, 197, 200
Grau, Frank, 195, 197
Grau, Mongo, 197, 199
Grau, Polita, 197, 198, 199
Grillo Longoria, José Antonio, 164
Grobart, Fabio, 159
Grupo Especial, 84, 87, 90
Grupo Especial Aumentado, 92, 99
Grupo Permanente, 84, 90, 91
Guas Inclán, Rafael, 79
Guevara, Alfredo, 155, 156
Guevara, Ernesto Ché, 53, 72, 73, 91, 230, 243, 261, 262, 263, 266, 267, 270, 271, 273, 276, 277, 283, 285
Guin, Ramón, 223, 236
Guinea, 269, 270
Gutiérrez Menoyo, Eloy, 44, 66, 163, 213, 240, 244
Gutiérrez, Gervelio (Mimo), 57

Gutiérrez, Manolín, 24
Gutiérrez, Nicolás, 80

H

Haig, Alexander, 297
Harriman, Averell, 74, 86, 104, 111, 114
Hart Dávalos, Armando, 74, 279
Hart Ramírez, Enrique, 164, 173
Harvey, William, 93, 94, 99, 101
Helms, Richard, 94, 99, 100, 119, 135, 291, 292
Hendrix, Hal, 202, 204
Hernández, Carlos E., 21, 49
Hernández, Francisco J., 179
Hernández, José M., 17, 203
Hernández, Manolín, 18, 23
Herrera, Víctor (Guatusi), 204
Hoover, Edgar, 102, 129, 130, 133
Howard, Lisa, 112
Huertas, Enrique, 82, 83
Hurwitch, Robert A., 34

I

Ibarruri, Dolores, 147
Iglesias, Joel, 170
Iglesias, Tony, 22, 216
Inclán, Clemente, 65
Infante, Hatuey, 19
Izaguirre Hornedo, Alfredo, 194

J

James, Carl, 229
Jaronú, 60
Jiménez, Guillermo, 158, 164
Jiménez, Juan Carlos (el Portugués), 201, 239

Jiménez, Martha, 158, 164
Johnson, Lyndon B., 66, 103, 126, 127, 146, 150, 254, 255
Johnston, James H., 96, 128
JURE, 27, 183, 184, 213, 214, 221

K

Katzenbac, Nicholas, 122
Kennedy, John F., 13, 15, 46, 52, 78, 106, 111, 117, 121, 122, 125, 139, 146
Kennedy, Robert, 15, 16, 52, 87, 90, 91, 97, 100, 102, 107, 207, 296
Kirkpatrick, Lyman, 292
Kruschev, Nikita, 46, 48, 52, 53, 72, 106, 122, 264, 266

L

Lamar, Héctor, 179
Lamar, Luis, 179
Lamar, René, 179
LCB (Lucha Contra los Bandidos), 192
Lechuga, Carlos, 113, 116
León, Miguel (Cuco) de, 226
Llaca, Enrique, 82
Llanusa, José, 170, 279
Llovio-Menéndez, José Luis, 248
Lluch, Carlos N., 291
López, Gilberto Policarpo, 141
López, Humberto, 19
Luzardo, Manuel, 279

M

Machado, José, 155
Madeiro Canto y Castro, Joao De (José Luis), 196

Maheu, Robert, 94
Mali, 269, 270
Mann, Thomas, 256
Mao Tse-Tung, 264, 269, 272, 273, 284
Marinello, Juan, 157, 159
Márquez Sterling, Carlos, 28, 82
Martin, Edwin, 69, 107
Martínez Ararás, Raúl, 185
Martínez Ferro, Aurelio, 201
Martínez Márquez, Guillermo, 82
Martínez Sánchez, Augusto, 177
Martínez Tapia, Marcelino, 186
Matos, Huber, 177
Mayobre, José Antonio, 258
McCone, John, 86, 90, 92, 94, 99, 100, 104, 293
McNamara, Robert, 69, 86, 90, 100
Medina, Diego, 245
Mejicano Chávez, 215
Membibre, Joaquín, 56
Méndez, Vicente, 56
Mesa, Tito, 26
Messer, Nilo, 24, 203, 206, 224, 225, 226, 227, 228
Meza, Blanca Mercedes, 164
Mikoyán, Anastas, 47, 72
Miranda, Segundo, 181
Miret, Pedro, 264
Miró Cardona, José, 75, 77, 83
Miró Torra, José, 180
Molina del Río, Fancisco (El Gancho), 47
Molina, María Caridad, 173
Moniz, Jorge, 57
Monkey Point, 20
Montiel, Edel, 56
Mora, Alberto, 170
Mora, José A., 258
Morales, Ricardo, 49
Morell Romero, José, 79
Morgan, William, 177
Movimiento 20 de Mayo, 81
Movimiento 30 de Noviembre, 81, 83
Movimiento Demócrata Cristiano, 26, 77, 80, 81

Movimiento Insurreccional de Recuperación Revolucionario (MIRR), 53, 56, 63, 221, 290
MRP, 27, 48, 81, 83, 186
MRR, 81, 182, 202, 205, 207, 208, 210, 211, 212, 218, 227, 229, 240
Muiño, Pedro, 63

N

Naranjo, Pepín, 223, 230
Navarro, Jorge (el Puma), 22, 180
Nazario Sargén, Andrés, 241
Nazario Sargén, Aurelio, 245
Neruda, Pablo, 32

O

Ochoa, Arnaldo, 177
OEA, 68, 148, 151, 189, 203, 255, 257, 258
Oliva, Eneido, 179
Olmedo, Ricardo, 35, 36
ONU, 267
Operación Mongoose, 13, 87, 90, 99
Ordoqui, Joaquín, 156, 157, 159, 162, 167, 170, 171, 175
Organville, Hernán, 181
ORI, 286
Orlich, Cornelio, 17
Orlich, Francisco, 17, 23, 206, 249
Orozco, Ramón, 21
Ortega, José Angel, 26, 80
Oswald, Lee Harvey, 122, 124, 125, 127, 129
Otero, Javier, 22
Oviedo Álvarez, Eleno, 30
Oviedo, Enrique, 180

P

Paradela Gómez, Manuel, 186
Pardo, Angel, 195, 197, 198, 199, 200
Pearson, Drew, 133, 135, 293
Pellón, José, 181
Peña, Erelio, 22
Peña, Félix, 177
Peña, Lázaro, 170
Pérez Cowley, Eugenio, 155
Pérez San Román, Roberto, 15, 16, 179
Pérez Sordo, Alberto, 181
Pérez, Faustino, 170
Pernas, Florentino (Kiko), 241
Phillips, David Atlee, 254
Piedra, Orlando, 158
Pino, Rafael del, 108
Piñeiro, Manuel (Barbarroja), 170, 230
Podgorni, Nicolai, 147
Pomar, Facundo, 82, 185
Prats, Hiram, 155
Prieto, Karma, 211
Prío Socarrás, Carlos, 26, 27, 79, 82, 163
Puerto Cabezas, 20
PURS, 283, 286

Q

Quesada Gómez, Ramón, 242
Quijano, Fernando (Mimo), 195, 197
Quintero, Rafael (Chichi), 16, 218, 226, 228, 229
Quirós, Yoyo, 18

R

Raborn, William, 292
Raffo, José, 227
Rasco, José Ignacio, 77, 80, 81, 82
Ray, Manolo, 27, 81, 183, 184, 213, 221
Reboredo, Guillermo, 21
Reid Cabral, Donald, 71, 207, 209, 213, 250, 253
Rescate Revolucionario, 50, 81, 197
Rex, 64, 145, 183
Reyes, Eulogio (Papo), 22
Reynaldo, Ectore, 291
Rivero Caminero, Frank, 212
Rivero Caro, Emilio Adolfo, 194
Rivero, Felipe, 82
Roa Kouri, Raúl, 231
Roa, Raúl, 149, 266, 279
Robreño, Jorge (el Mago), 234
Roca, Blas, 161, 163, 172, 173, 174, 278, 279
Rodón, Lincoln, 81, 82
Rodríguez Alfonso Marcos, (Marquitos), 148, 154, 155, 156, 157, 158, 159, 160, 161, 162, 163, 164, 165, 166, 167, 168, 169, 170, 171, 174, 175, 178
Rodríguez Aragón, Roberto, 44
Rodríguez González, Luis David, 35
Rodríguez Loeche, Enrique, 231
Rodríguez Ramos, Marcos, 245
Rodríguez Triana, Jorge, 49
Rodríguez Triana, Roberto, 49
Rodríguez, Carlos Rafael, 168, 170, 243, 261, 272, 278
Rodríguez, Ernesto, 26, 80
Rodríguez, Félix I., 22, 179, 183, 216, 217
Rodríguez, Fructuoso, 155, 158
Rodríguez, Marcos,
Ros, Enrique, 80, 204
Rosselli, John, 94, 101
Ruby, Jack, 127
Rufin, Evangelio, 49
Rufin, Jorge, 49
Ruiz Alonso Morejón, Nilo, 22
Ruiz Williams, Enrique (Harry), 15, 66, 82, 119
Rusk, Dean, 34, 105, 149, 253, 255, 296

S

Salas Santos, Noel, 242
Salvat, Manuel, 82
San Gil, Tomás, 30
San Román, Dionisio, 156
Sánchez Arango, Aureliano, 28, 53, 82, 185, 186
Sánchez-Villalba, Jorge, 36, 38
Santa Lucía, 57
Santa María, 24, 210, 212
Santamaría, Haydee, 74, 170, 177, 280
Santiago, Antonio, 244
Sanz, Antonio (El Gallego), 24, 216, 224, 225, 226, 228, 233, 235
Sarapiquí, 19, 22, 28
Sardiña, Ricardo Rafael, 79, 81
Schick, René, 18
Schlesinger, Arthur, 113, 115, 120
Segundo Frente del Escambray, 31, 46, 48, 53
Seuc, Napoleón, 221
SGA, 92
Sierra de Aranzazu, 205, 214, 218, 225
Sierra, Alfaro, 158
Sobrado, Tomás, 35
Solís, Humberto, 49
Somoza, Luis, 17, 18, 25, 28
Sopo, Edgar, 22
Sorensen, Theodore, 90, 92
Sorí Marín, Humberto, 177
Starke, Ludovico (Vico), 203, 204
Stevenson, Adlai, 68, 110
Suñol, Eduardo, 177, 264
Szulc, Tad, 268

T

Tamayo, Pedro, 21
Tepedino, Carlos, 224, 232, 234, 235
Tortuguero, 24

Trafficante, Santos, 94, 100
Trujillo Rodríguez, Roberto, 205, 206
Trujillo, Rafael, 151

U

U Thant, 150
UMAP, 247, 248, 249
Unidad Revolucionaria, 35, 36, 80, 196
Urdanivia, Tirso, 155, 170
Urrutia Lleó, Manuel, 245
Utrera, Pepe, 185

V

Valdés Vivó, Raúl, 155, 168, 174
Valdés, Ramiro, 167, 170, 172, 173, 279
Valle, Alejandro del, 50
Valle, Sergio del, 73
Vallejo, René, 116, 174, 264
Valls, Jorge, 155, 169, 223
Varona, Manuel Antonio de, 26, 27, 82
Varona, Raúl de, 179
Veciana, Antonio, 48, 66, 82
Ventura, Esteban, 155, 158
Vidal Santiago, Felipe, 184, 185
Viera, Manolo ("El Gordo"), 196, 198
Viera, Zenón, 21
Villarreal, Ana, 80
Villarreal, Enrique, 80

W

Walters., Vernon A., 297
Wessin Wessin, Elías, 250, 252
Westbrook, José, 155

Y

Yabur, Alfredo, 164, 173, 279, 280
Yáñez, Julio, 203, 204
Ydígoras Fuentes, Ramón, 18, 70
Yergo, Angel Félix (Zenea), 209

Z

Zamora Sosa, José, 35
Zarraluqui, José Antonio, 249

COLECCIÓN *CUBA Y SUS JUECES*
(libros de historia y política publicados por EDICIONES UNIVERSAL):

0359-6	CUBA EN 1830, Jorge J. Beato & Miguel F. Garrido
044-5	LA AGRICULTURA CUBANA (1934-1966), Oscar A. Echevarría Salvat
045-3	LA AYUDA CUBANA A LA LUCHA POR LA INDEPENDENCIA NORTEAMERICANA, Eduardo J. Tejera
046-1	CUBA Y LA CASA DE AUSTRIA , Nicasio Silverio Saínz
047-X	CUBA, UNA ISLA QUE CUBRIERON DE SANGRE, Enrique Cazade
048-8	CUBA, CONCIENCIA Y REVOLUCIÓN, Luis Aguilar León
049-6	TRES VIDAS PARALELAS, Nicasio Silverio Saínz
050-X	HISTORIA DE CUBA, Calixto C. Masó
051-8	RAÍCES DEL ALMA CUBANA, Florinda Alzaga
0-6	MÁXIMO GÓMEZ ¿CAUDILLO O DICTADOR? Florencio García Cisneros
118-2	EL ARTE EN CUBA, Martha de Castro
119-0	JALONES DE GLORIA MAMBISA, Juan J.E. Casasús
123-9	HISTORIA DEL PARTIDO COMUNISTA DE CUBA Jorge García Montes y Antonio Alonso Avila
131-X	EN LA CUBA DE CASTRO (APUNTES DE UN TESTIGO) Nicasio Silverio Saínz
1336-2	ANTECEDENTES DESCONOCIDOS DEL 9 DE ABRIL Y LOS PROFETAS DE LA MENTIRA, Ángel Aparicio Laurencio
136-0	EL CASO PADILLA: LITERATURA Y REVOLUCIÓN EN CUBA Lourdes Casal
139-5	JOAQUÍN ALBARRÁN, ENSAYO BIOGRÁFICO, Raoul García

157-3	VIAJANDO POR LA CUBA QUE FUE LIBRE, Josefina Inclán
165-4	VIDAS CUBANAS - CUBAN LIVES.- VOL. I., José Ignacio Lasaga
205-7	VIGENCIA POLÍTICA Y LITERARIA DE MARTÍN MORÚA DELGADO, Aleyda T. Portuondo
205-7	CUBA, TODOS CULPABLES, Raul Acosta Rubio
207-3	MEMORIAS DE UN DESMEMORIADO-LEÑA PARA EL FUEGO DE LA HISTORIA DE CUBA, José R. García Pedrosa
211-1	HOMENAJE A FÉLIX VARELA, Sociedad Cubana de Filosofía
212-X	EL OJO DEL CICLÓN, Carlos Alberto Montaner
220-0	ÍNDICE DE LOS DOCUMENTOS Y MANUSCRITOS DELMONTINOS, Enildo A. García
240-5	AMÉRICA EN EL HORIZONTE. UNA PERSPECTIVA CULTURAL Ernesto Ardura
243-X	LOS ESCLAVOS Y LA VIRGEN DEL COBRE, Leví Marrero
262-6	NOBLES MEMORIAS, Manuel Sanguily
274-X	JACQUES MARITAIN Y LA DEMOCRACIA CRISTIANA . José Ignacio Rasco
283-9	CUBA ENTRE DOS EXTREMOS, Alberto Muller
293-6	HISTORIA DE LA ODONTOLOGÍA EN CUBA. VOL.I: (1492-1898) César A. Mena
310-X	HISTORIA DE LA ODONTOLOGÍA EN CUBA VOL.II: (1899-1940) César A. Mena
311-8	HISTORIA DE LA ODONTOLOGÍA EN CUBA VOL.III:(1940-1958) César A. Mena
344-4	HISTORIA DE LA ODONTOLOGÍA EN CUBA. VOL IV: (1959-1983) César A. Mena
3122-0	RELIGIÓN Y POLÍTICA EN LA CUBA DEL SIGLO XIX (EL OBISPO ESPADA), Miguel Figueroa y Miranda

298-7	CRITICA AL PODER POLÍTICO, Carlos M. Méndez
313-4	EL MANIFIESTO DEMÓCRATA, Carlos M. Méndez
314-2	UNA NOTA DE DERECHO PENAL, Eduardo de Acha
319-3	MARTÍ EN LOS CAMPOS DE CUBA LIBRE, Rafael Lubián
320-7	LA HABANA, Mercedes Santa Cruz (Condesa de Merlín)
328-2	OCHO AÑOS DE LUCHA - MEMORIAS, Gerardo Machado y Morales
340-1	PESIMISMO, Eduardo de Acha
347-9	EL PADRE VARELA. BIOGRAFÍA DEL FORJADOR DE LA CONCIENCIA CUBANA, Antonio Hernández-Travieso
353-3	LA GUERRA DE MARTÍ (LA LUCHA DE LOS CUBANOS POR LA INDEPENDENCIA), Pedro Roig
354-1	EN LA REVOLUCIÓN DE MARTÍ, Rafael Lubián y Arias
358-4	EPISODIOS DE LAS GUERRAS POR LA INDEPENDENCIA DE CUBA, Rafael Lubián y Arias
361-4	EL MAGNETISMO DE JOSÉ MARTÍ, Fidel Aguirre
364-9	MARXISMO Y DERECHO, Eduardo de Acha
367-3	¿HACIA DONDE VAMOS? (RADIOGRAFÍA DEL PRESENTE CUBANO), Tulio Díaz Rivera
368-1	LAS PALMAS YA NO SON VERDES (ANÁLISIS Y TESTIMONIOS DE LA TRAGEDIA CUBANA), Juan Efe Noya
374-6	GRAU: ESTADISTA Y POLÍTICO (Cincuenta años de la Historia de Cuba), Antonio Lancís
376-2	CINCUENTA AÑOS DE PERIODISMO, Francisco Meluzá Otero
379-7	HISTORIA DE FAMILIAS CUBANAS (VOLS.I-VI), Francisco Xavier de Santa Cruz y Mallén

380-0	HISTORIA DE FAMILIAS CUBANAS. VOL. VII Francisco Xavier de Santa Cruz y Mallén
408-4	HISTORIA DE FAMILIAS CUBANAS. VOL. VIII Francisco Xavier de Santa Cruz y Mallén
409-2	HISTORIA DE FAMILIAS CUBANAS. VOL. IX Francisco Xavier de Santa Cruz y Mallén
383-5	CUBA: DESTINY AS CHOICE, Wifredo del Prado
387-8	UN AZUL DESESPERADO, Tula Martí
392-4	CALENDARIO MANUAL Y GUÍA DE FORASTEROS DE LA ISLA DE CUBA
393-2	LA GRAN MENTIRA, Ricardo Adám y Silva
403-3	APUNTES PARA LA HISTORIA. RADIO, TELEVISIÓN Y FARÁNDULA DE LA CUBA DE AYER..., Enrique C. Betancourt
407-6	VIDAS CUBANAS II/CUBAN LIVES II, José Ignacio Lasaga
411-4	LOS ABUELOS: HISTORIA ORAL CUBANA, José B. Fernández
413-0	ELEMENTOS DE HISTORIA DE CUBA, Rolando Espinosa
414-9	SÍMBOLOS - FECHAS - BIOGRAFÍAS, Rolando Espinosa
418-1	HECHOS Y LIGITIMIDADES CUBANAS. UN PLANTEAMIENTO Tulio Díaz Rivera
425-4	A LA INGERENCIA EXTRAÑA LA VIRTUD DOMÉSTICA (biografía de Manuel Márquez Sterling), Carlos Márquez Sterling
426-2	BIOGRAFÍA DE UNA EMOCIÓN POPULAR: EL DR. GRAU Miguel Hernández-Bauzá
428-9	THE EVOLUTION OF THE CUBAN MILITARY (1492-1986) Rafael Fermoselle
431-9	MIS RELACIONES CON MÁXIMO GÓMEZ, Orestes Ferrara
436-X	ALGUNOS ANÁLISIS (EL TERRORISMO. DERECHO INTERNACIONAL), Eduardo de Acha
437-8	HISTORIA DE MI VIDA, Agustín Castellanos
443-2	EN POS DE LA DEMOCRACIA ECONÓMICA, Varios

450-5	VARIACIONES EN TORNO A DIOS, EL TIEMPO, LA MUERTE Y OTROS TEMAS, Octavio R. Costa
451-3	LA ULTIMA NOCHE QUE PASE CONTIGO (40 AÑOS DE FARÁNDULA CUBANA/1910-1959), Bobby Collazo
458-0	CUBA: LITERATURA CLANDESTINA, José Carreño
459-9	50 TESTIMONIOS URGENTES, José Carreño y otros
461-0	HISPANIDAD Y CUBANIDAD, José Ignacio Rasco
466-1	CUBAN LEADERSHIP AFTER CASTRO, Rafael Fermoselle
483-1	JOSÉ ANTONIO SACO, Anita Arroyo
479-3	HABLA EL CORONEL ORLANDO PIEDRA, Daniel Efraín Raimundo
490-4	HISTORIOLOGÍA CUBANA I (1492-1998), José Duarte Oropesa
2580-8	HISTORIOLOGÍA CUBANA II (1998-1944), José Duarte Oropesa
2582-4	HISTORIOLOGÍA CUBANA III (1944-1959), José Duarte Oropesa
502-1	MAS ALLÁ DE MIS FUERZAS, William Arbelo
508-0	LA REVOLUCIÓN, Eduardo de Acha
510-2	GENEALOGÍA, HERÁLDICA E HISTORIA DE NUESTRAS FAMILIAS, Fernando R. de Castro y de Cárdenas
514-5	EL LEÓN DE SANTA RITA, Florencio García Cisneros
516-1	EL PERFIL PASTORAL DE FÉLIX VARELA, Felipe J. Estévez
518-8	CUBA Y SU DESTINO HISTÓRICO. Ernesto Ardura
520-X	APUNTES DESDE EL DESTIERRO, Teresa Fernández Soneira
524-2	OPERACIÓN ESTRELLA, Melvin Mañón
532-3	MANUEL SANGUILY. HISTORIA DE UN CIUDADANO Octavio R. Costa

538-2	DESPUÉS DEL SILENCIO, Fray Miguel Angel Loredo
540-4	FUSILADOS, Eduardo de Acha
551-X	¿QUIEN MANDA EN CUBA? LAS ESTRUCTURAS DE PODER. LA ÉLITE., Manuel Sánchez Pérez
553-6	EL TRABAJADOR CUBANO EN EL ESTADO DE OBREROS Y CAMPESINOS, Efrén Córdova
558-7	JOSÉ ANTONIO SACO Y LA CUBA DE HOY, Ángel Aparicio
7886-3	MEMORIAS DE CUBA, Oscar de San Emilio
566-8	SIN TIEMPO NI DISTANCIA, Isabel Rodríguez
569-2	ELENA MEDEROS (UNA MUJER CON PERFIL PARA LA HISTORIA), María Luisa Guerrero
577-3	ENRIQUE JOSÉ VARONA Y CUBA, José Sánchez Boudy
586-2	SEIS DÍAS DE NOVIEMBRE, Byron Miguel
588-9	CONVICTO, Francisco Navarrete
589-7	DE EMBAJADORA A PRISIONERA POLÍTICA: ALBERTINA O'FARRILL, Víctor Pino Llerovi
590-0	REFLEXIONES SOBRE CUBA Y SU FUTURO, Luis Aguilar León
592-7	DOS FIGURAS CUBANAS Y UNA SOLA ACTITUD, Rosario Rexach
598-6	II ANTOLOGÍA DE INSTANTÁNEAS, Octavio R. Costa
600-1	DON PEPE MORA Y SU FAMILIA, Octavio R. Costa
603-6	DISCURSOS BREVES, Eduardo de Acha
606-0	LA CRISIS DE LA ALTA CULTURA EN CUBA - INDAGACIÓN DEL CHOTEO, Jorge Mañach (Ed. de Rosario Rexach)

608-7	VIDA Y MILAGROS DE LA FARÁNDULA DE CUBA I, Rosendo Rosell
617-6	EL PODER JUDICIAL EN CUBA, Vicente Viñuela
620-6	TODOS SOMOS CULPABLES, Guillermo de Zéndegui
621-4	LUCHA OBRERA DE CUBA, Efrén Naranjo
623-0	HISTORIOLOGÍA CUBANA IV (1959-1980), José Duarte Oropesa
624-9	HISTORIA DE LA MEDICINA EN CUBA I: HOSPITALES Y CENTROS BENÉFICOS EN CUBA COLONIAL, César A. Mena y Armando F. Cobelo
626-5	LA MÁSCARA Y EL MARAÑÓN (LA IDENTIDAD NACIONAL CUBANA), Lucrecia Artalejo
639-7	EL HOMBRE MEDIO, Eduardo de Acha
644-3	LA ÚNICA RECONCILIACIÓN NACIONAL ES LA RECONCILIACIÓN CON LA LEY, José Sánchez-Boudy
645-1	FÉLIX VARELA: ANÁLISIS DE SUS IDEAS POLÍTICAS, Juan P. Esteve
646-X	HISTORIA DE LA MEDICINA EN CUBA II (Ejercicio y enseñanza de las ciencias médicas en la época colonial, César A. Mena
647-8	REFLEXIONES SOBRE CUBA Y SU FUTURO, (segunda edición corregida y aumentada), Luis Aguilar León
648-6	DEMOCRACIA INTEGRAL, Instituto de Solidaridad Cristiana
652-4	ANTIRREFLEXIONES, Juan Alborná-Salado
664-8	UN PASO AL FRENTE, Eduardo de Acha
668-0	VIDA Y MILAGROS DE LA FARÁNDULA DE CUBA II, Rosendo Rosell
623-0	HISTORIOLOGÍA CUBANA IV, José Duarte Oropesa
646-X	HISTORIA DE LA MEDICINA EN CUBA II, César A. Mena

676-1	EL CAIMÁN ANTE EL ESPEJO (Un ensayo de interpretación de lo cubano), Uva de Aragón Clavijo
677-5	HISTORIOLOGÍA CUBANA V, José Duarte Oropesa
679-6	LOS SEIS GRANDES ERRORES DE MARTÍ, Daniel Román
680-X	¿POR QUÉ FRACASÓ LA DEMOCRACIA EN CUBA?, Luis Fernández-Caubí
682-6	IMAGEN Y TRAYECTORIA DEL CUBANO EN LA HISTORIA I (1492-1902), Octavio R. Costa
683-4	IMAGEN Y TRAYECTORIA DEL CUBANO EN LA HISTORIA II (1902-1959), Octavio R. Costa
684-2	LOS DIEZ LIBROS FUNDAMENTALES DE CUBA (UNA ENCUESTA), Armando Álvarez-Bravo
686-9	HISTORIA DE LA MEDICINA EN CUBA III (1899 a 1909), César A. Mena
689-3	A CUBA LE TOCÓ PERDER, Justo Carrillo
690-7	CUBA Y SU CULTURA, Raúl M. Shelton
702-4	NI CAÍDA, NI CAMBIOS, Eduardo de Acha
703-2	MÚSICA CUBANA: DEL AREYTO A LA NUEVA TROVA, Cristóbal Díaz Ayala
706-7	BLAS HERNÁNDEZ Y LA REVOLUCIÓN CUBANA DE 1933, Ángel Aparicio
713-X	DISIDENCIA, Ariel Hidalgo
715-6	MEMORIAS DE UN TAQUÍGRAFO, Angel V. Fernández
716-4	EL ESTADO DE DERECHO, Eduardo de Acha
718-0	CUBA POR DENTRO (EL MININT), Juan Antonio Rodríguez Menier
719-9	DETRÁS DEL GENERALÍSIMO (Biografía de Bernarda Toro de Gómez «Manana»), Ena Curnow
721-0	CUBA CANTA Y BAILA (Discografía cubana), Cristóbal Díaz Ayala

723-7	YO, EL MEJOR DE TODOS (Biografía no autorizada del Che Guevara), Roberto Luque Escalona
727-X	MEMORIAS DEL PRIMER CONGRESO DEL PRESIDIO POLÍTICO CUBANO, Manuel Pozo (ed.)
730-X	CUBA: JUSTICIA Y TERROR, Luis Fernández-Caubí
737-7	CHISTES DE CUBA, Arly
738-5	PLAYA GIRÓN: LA HISTORIA VERDADERA, Enrique Ros
739-3	FILOSOFÍA DEL CUBANO Y DE LO CUBANO, José Sánchez Boudy
740-7	CUBA: VIAJE AL PASADO, Roberto A. Solera
743-1	MARTA ABREU, UNA MUJER COMPRENDIDA Pánfilo D. Camacho
745-8	CUBA: ENTRE LA INDEPENDENCIA Y LA LIBERTAD, Armando P. Ribas
746-8	A LA OFENSIVA, Eduardo de Acha
747-4	LA HONDA DE DAVID, Mario Llerena
752-0	24 DE FEBRERO DE 1895: UN PROGRAMA VIGENTE Jorge Castellanos
753-9	CUBA ARQUITECTURA Y URBANISMO, Felipe J. Préstamo
754-7	VIDA Y MILAGROS DE LA FARÁNDULA DE CUBA III, Rosendo Rosell
756-3	LA SANGRE DE SANTA ÁGUEDA (ANGIOLILLO, BETANCES Y CÁNOVAS), Frank Fernández
760-1	ASÍ ERA CUBA (COMO HABLÁBAMOS, SENTÍAMOS Y ACTUÁBAMOS), Daniel Román
765-2	CLASE TRABAJADORA Y MOVIMIENTO SINDICAL EN CUBA I (1819-1959), Efrén Córdova
766-0	CLASE TRABAJADORA Y MOVIMIENTO SINDICAL EN CUBA II (1959-1996), Efrén Córdova

768-7	LA INOCENCIA DE LOS BALSEROS, Eduardo de Acha
773-3	DE GIRÓN A LA CRISIS DE LOS COHETES: LA SEGUNDA DERROTA, Enrique Ros
779-2	ALPHA 66 Y SU HISTÓRICA TAREA, Miguel L. Talleda
786-5	POR LA LIBERTAD DE CUBA (RESISTENCIA, EXILIO Y REGRESO), Néstor Carbonell Cortina
792-X	CRONOLOGÍA MARTIANA, Delfín Rodríguez Silva
794-6	CUBA HOY (la lenta muerte del castrismo), Carlos Alberto Montaner
795-4	LA LOCURA DE FIDEL CASTRO, Gustavo Adolfo Marín
796-2	MI INFANCIA EN CUBA: LO VISTO Y LO VIVIDO POR UNA NIÑA CUBANA DE DOCE AÑOS, Cosette Alves Carballosa
798-9	APUNTES SOBRE LA NACIONALIDAD CUBANA, Luis Fernández-Caubí
803-9	AMANECER. HISTORIAS DEL CLANDESTINAJE (LA LUCHA DE LA RESISTENCIA CONTRACASTRO DENTRO DE CUBA, Rafael A. Aguirre Rencurrell
804-7	EL CARÁCTER CUBANO (Apuntes para un ensayo de Psicología Social), Calixto Masó y Vázquez
805-5	MODESTO M. MORA, M.D. LA GESTA DE UN MÉDICO, Octavio R. Costa

www.ingramcontent.com/pod-product-compliance
Lightning Source LLC
Chambersburg PA
CBHW031233290426
44109CB00012B/273